시조로 본 풍류 24경

국립중앙도서관 출판시도서목록(CIP)

시조로 본 풍류 24경 / 지은이: 최승범. -- 서울 : 시간의물레, 2012

   p. ;   cm

ISBN 978-89-6511-048-4 03810 : ₩12000

시조(문학)&#-1時調&#-3
한국 문학&#-1韓國文學&#-3

811.3-KDC5
895.71-DDC21   CIP2012005205

시조로 본 풍류 24경

최 승 범

시간의 물레

문학의 은혜와 인간적 공덕을 기리며
― 최승범 교수 『시조로 본 풍류 24경』에 부쳐

金 載 弘
문학평론가·만해학술원장

원로 시조시인이고 문필가이면서 이 시대의 존경할 만한 국문학자이자 참스승이신 최승범 교수께서 『시조로 본 풍류 24경』을 간행하신다 하니 새삼 감회가 새롭고 깊다.

평소 후학이자 후배 문인으로서 먼발치에서 바라만보다가 필자가 직접적으로 그 분을 뵙고 흠모하게 된 것은 계간 『시와시학』에 「시조 풍류」라는 연재를 부탁드리면서라고 할 수 있다.

선생님께서는 문단의 어른이자 지역의 정신적 지도자로서는 일가를 이룬 처지이며, 무척이나 바쁜 가운데서도 매번 짧지 않은 분량의 원고를 즐거운 마음으로 써 주셔서 어려운 가운데 전문시지를 펴내는 필자를 끊임없이 격려하고 성원해 주셨다. 몇 년이나 지속된 연재물을 원고료도 일체 받지 않고 써 주신 그 고마움은 필자가

지상에 머무는 동안 내내 잊지 않을 것으로 확신한다.

무엇보다도 선생님께서 보여 주신 겸손한 인품과 성실한 생활태도, 꼭 필요한 일이라면 언제나 성심성의를 다하는 그 품격 높은 문학정신, 그리고 사람에 대한 예의범절은 우리가 오래도록 본받아야만 할 가치덕목이 아닐 수 없으리라 생각한다.

이 짧은 글로 바다같이 깊은 은혜와 공덕을 다 표현할 수는 없지만, 선생님의 그 진솔한 인간미와 인간 사랑의 정신은 보잘것없는 필자에게 지금까지도 오래도록 생의 나침반이 돼 주셨다. 앞으로도 어둔 문학적 생애에서 꺼지지 않는 등불이 되리라 확신하며 나날이 노익장, 건강과 건필하시길 진심으로 축수드린다.

목 차

- ■ 문학의 은혜와 인간적 공덕을 기리며 ············ 김재홍 / 4
- 풍류를 꽃피운 황진이 ································· 8
- 송강의 술 풍류 ······································· 23
- 방옹의 산중생활 풍류 ······························· 38
- 홍랑의 시조에 어린 풍류 ·························· 53
- 송계연월옹의 시조 풍류 ···························· 67
- 농촌살이 술자리 풍류 ······························· 81
- 박효관·안민영의 사제 풍류 ······················· 96
- 안민영의 기생 풍류 ································ 110
- 권호문의 한거 풍류 ································ 126
- 창수시조의 풍류성 ·································· 142
- 국화꽃, 그대 한 잔 나도 한 잔 ················· 160
- 몇 생을 닦아야 매화에 이르나 ·················· 177
- 청청한 소나무여, 솔바람 소리여 ··············· 194

난초를 심은 뜻은 ················· 211
정자여, 옛 풍류여 ················· 230
김천택·김수장의 봄 풍류 ··········· 248
'조식소식' 시대의 먹거리 풍류 ······ 264
산수 간에 나도 절로 ··············· 282
높은 산 흐른 물의 소리풍류여 ······· 300
선인들의 잠 풍류 ·················· 317
'늙었다' 물러난 한한함이여 ········· 335
농담시조의 화운적인 풍류여 ········ 352
신계영의 「전원사시가」, 그 풍류성 ··· 368
삼주노인(三洲老人)의 만년 풍류 ····· 385

■찾아보기 / 402
■후기 / 414

풍류를 꽃피운 황진이

1

　황진이는 송도의 기생이었다. 기생으로도 여느 기생과 같은 기생이 아니었다. 다재다능한 명기였다. 명기 중에서도 명기요, 뛰어난 예술가였다.

　일찍이 이능화(李能和)는 그의 『조선해어화사』(1926)에서 우리나라 역대 명기를 다음 몇 갈래로 나누어 말한 바 있다.

① 유재모이채지명기(有才貌異彩之名妓)
② 능시가서화지명기(能詩歌書畵之名妓)
③ 선해담지명기(善諧談之名妓)
④ 절의효지기(節義孝智妓)

　이러한 갈래 중 황진이는 재모와 시가의 두 조항에 들어 말하였다. 말하자면, '출중한 재주'와 '경국의 미색'을 갖추었을 뿐 아니라, 한시와 시조·노래에도 뛰어난 명기로 꼽았다.

이러한 황진이인데도 그녀의 생몰연대는 밝혀져 있지 않다. 김지용(金智勇)은 『역대여류한시문선』(1973)의 「황진이 약전」에서 그녀를 중종 때의 명기로 보고 '중종(1506~1544) 초엽에 활약' 하였다고 했다. 그녀와 교유한 당시 명사들의 생존연대로 미루어 추정한 것이다. 명사들과의 이야기도 몇 가지 야사·시화류에 극히 단편적으로 전할 뿐이다. 유몽인(柳夢寅, 1559~1623)의 『어우야담(於于野談)』, 이덕형(李德泂, 1566~1645)의 『송도기이』, 허균(許筠, 1569~1618)의 『식소록』, 서유영(徐有英, 1801~1853)의 『금계필담』, 김택영(金澤榮, 1850~1927)의 『숭양기구전(崧陽耆舊傳)』 등이 그 대표적인 것들이다.

이처럼 영성한 자료인데 비하여 오늘날까지도 많은 인구에 회자되고 있다. 그녀의 재주와 미모가 그렇고, 그녀가 남긴 시조와 한시가 그렇고, 풍류롭게 살다간 한 생의 이야기들이 그렇다. 그녀의 무덤은 오늘의 북녘에서도 개성 근교인 장단(長湍)에 잘 보전되어 있다고 한다. 그녀의 한 생을 소재로 한 작품들도 줄곧 이어졌다. 한시문들은 제쳐놓고 현대소설만 해도 이태준·박종화·정비석·유주현·최인호에 의한 것들을 들 수 있다.

그녀가 남긴 작품에 관한 연구도 적지 아니 이루어졌다. 이들을 한 권의 책으로 엮은 강전섭(姜銓燮)의 『황진이 연구』(1986)도 있다.

이제 황진이의 전기적인 이야기는 위에 열거한 자료로 대신하여 좋을 것 같다. 여기에선 그동안 내 나름대로 그녀의 삶과 시조에서 느껴온 풍류적인 일면을 들어 삶과 예술을 조명하고자 한다.

2

내가 처음 황진이를 만나게 된 것은 1950년대 초의 대학시절이었다. 가람 이병기(李秉岐) 선생을 통해서였다. 선생께서는 황진이를 지극히 사랑하셨다. '국문학사'·'국문학개론'·'시조론' 등 강의시간, 황진이에 이야기가 이르면 선생께서는 침이 튀는 것도 모르는 열강(熱講)이셨다.

- 나의 시조 스승은 황진이였다.
- 황진이는 기생보다도 시인·예술가였다.
- 황진이의 한시는 이백·두보에 비견할만 하다.
- 황진이의 시조는 개개이 신운(新韻)이 생동하는 절작(絕作)이다.

등등, 요지의 말씀이었다.

가람 선생의 저러한 말씀에 나도 황진이를 사모하기로 하였다. 우선 그녀의 작품들을 찾아보았다. 한시 여섯 수, 시조 여섯 수가 전부였다. 단편적인 자료들도 추심해 보았다. 그리고 3학년 때였던가, 「천성의 시인 황진이」를 제목으로 한 편의 글을 엮어, 전북대학교 국문학과의 학회지 『국어문학』에 발표한 바 있다. 프린트로 발행한 것이다.

지금 되 챙겨볼 수 없게 되었으나, 그녀의 삶이나 시조에 대한 생각은 저때나 이때나 별반 달라진 것이 없다. 그녀의 모습은 언제나 내 앞에 한 폭 미인도로 떠오른다. 그것도 꾸밈없는 검소한 옷차림에 담장(淡粧)한 미인의 그림이다. 그녀의 시조는 언제나 되 읊어도 치렁거린 멋이다. 물론 그녀에겐 정한(情恨)도 있었다. 그러나 그 정과 한도 안으로 접어 노래로 다스린 고즈넉한 멋이었다. 속례(俗禮) 같은 것에 얽매이지 않은 그녀의 자유스러운 성행(性行)에도 외려 향기가 돈는다.

그녀의 이름에 생각이 미친다. 본명은 진(眞)이다. 이로 하여 어려서는 진이(眞伊), 처녀 때에는 진랑으로 불리기도 했다. 기생이 되어서는 명월(明月)이라는 이름이었다.

－眞

에서는 순수, 진실, 자연을 생각하게 된다.

－明月

에서는 청산, 녹수, 청풍이 어우러져 떠오른다. 그녀의 삶에도 그녀의 시조에도 '진'과 '명월'이 어려 있다. 아니 바로 '진'과 '명월' 그것이다. 한마디로 말하여 풍류라 할 수 있지 않을까. 풍류는 고매불기(高邁不羈)한 것이다. 거기엔 맑은 바람의 흐름이 있고 밝은 달의 얼비침이 있기 때문이다.

3

황진이의 여섯 수 시조에서 풍류적인 면을 살펴보기로 한다. 기생들의 시조에는 대부분 그 시조가 지어진 유래 같은 것이 곁들여져 전한다. 소춘풍의 시조에 문무군신(文武群臣)들의 술자리 이야기가 따라 있고, 소백주의 시조에는 박엽(朴燁), 이매창의 시조에는 유희경(劉希慶), 매화의 시조에는 춘설(春雪:妓名), 구지의 시조에는 유일지(柳一枝), 한우의 시조에는 임제(林悌)와의 이야기가 얽혀 있는 것과 유사하다.

황진이의 여섯 수 시조에는 시작 유래담이 전하는 것도 있고, 전하지 않는 것도 있다.

① 청산리 벽계수(碧溪水)야 수이 감을 자랑마라
　일도창해(一到滄海)하면 다시 오기 어려우니
　명월이 만공산(滿空山)하니 쉬어 간들 어떠리.

이 시조에는 종실 이씨(李氏) 벽계수(碧溪守)와의 이야기가 전한다. '벽계수'는 벽계고을의 수령, 시조에선 이와 음이 같은 '벽계수'라 하고 자신의 기명인 '明月'을 짜 넣은 황진이의 기지(機智)다. 얽힌 이야기는 『금계필담』에 전한다.

순수하지 못한 쐼수로 가까이 하고자 한 이벽계수를 낙마(落馬)하게도 하였다는 시조다. 황진이의 기지와 풍류적인 여운에 젖어볼 수 있다.

② 산은 옛산이로되 물은 옛물 아니로다
　주야에 흐르니 옛물이 있을 소냐
　인걸(人傑)도 물과 같도다 가고 아니 오노매라.

③ 청산은 내 뜻이요 녹수는 님의 정이
　녹수 흘러간들 청산이야 변할손가

녹수도 청산을 못잊어 울어 예어 가는가.

이 두 수 시조에는 한 인걸에 대한 애도와 추모의 정이 담겨 있다. 인걸은 누구였을까. 문헌적으로 밝혀진 바는 없으나. 화담 서경덕(徐敬德)을 말함이라 할 수 있지 않을까. 황진이가 평생 '성인'으로 우러러 사모한 인물이 화담이었기 때문이다. 화담과의 이야기는 『식소록』에 전한다.

- 진랑은 평생 화담의 사람됨을 사모하였다. 반드시 거문고와 술을 가지고 화담에게 가서 즐기곤 하였다. 매양 말하기를 지족선사(知足禪師)의 30년 면벽수양을 꺾은 바 있으나, 오직 화담 선생은 여러 해를 가깝게 지냈지만 끝내 관계하지 않았다. 선생이야말로 성인이셨다.
- 진랑은 송도삼절(松都三絶)을 말하기도 하였다.

'송도삼절'이란 황진이가 어느 날 화담에게 한 말이다. "선생님, 송도에는 절미한 세 가지가 있습니다", "무엇인가", "박연폭포와 선생님 그리고 소인입니다"의 대답이었다고 한다. 여기에서도 황진이의 '고매불기'한 풍류를 느낄 수 있다.

두 수 시조는 화담에게 소관된 것으로 보아 마땅하

다. 황진이의 풍류는 속세를 떠나 산수를 즐김에도 있었다. 금강, 태백, 지리 등 여러 산을 유람하고 송도로 돌아온 것은 화담이 세상을 뜬 후였다. 그녀는 화담정사의 물가에 나가 앉아 '지나간 것은 물과 같은 것, 밤낮없이 멎지 않는다'의 공자 말씀을 되챙겨보며 생전의 화담을 애도하고 추모한 시조인 것이다.

①, ②, ③의 세 수 시조는 '유한한 인생의 한 철학을 담고 있으면서도 한갓 설의(設義)가 아닌' 정서적인 멋을 느끼게 한다. 남성은 '물'로 여성을 '산'으로 비유한 것도 황진이의 기지(機智)에 찬 풍류다.

④ 어져 내 일이야 그릴 줄을 모로더냐
  있으라 하더면 가랴마는 제구타여
  보내고 그리는 정은 나도 몰라 하노라.

⑤ 내 언제 무신(無信)하여 님을 언제 속였관대
  월침삼경(月沈三更)에 온 뜻이 전혀 없네
  추풍에 지는 잎 소리야 낸들 어이 하리오.

⑥ 동짓달 기나긴 밤을 한 허리를 베어 내어
  춘풍 이불 아래 서리서리 넣었다가
  어른님 오신 날 밤이어드란 굽이굽이 펴리라.

이 세 편은 정한을 길어낸 시조다. 상대방은 누구였

을까. 이에 따르는 이야기도 전하지 않는다. 기생이었으니 각기 다른 대상을 생각할 수도 있겠다. 그렇다고 보면, 이는 황진이의 풍류를 모르는 이야기다. 한 사람에 대한 애틋한 정한을 노래한 연작(連作)으로 보아야 한다. ④에서는 이별에 아무런 안달없이 보내놓고 나서야 그리워지는 사랑을, ⑤에서는 시간이 흐르고 철이 바뀌어도 잊을 수 없는 그 사랑을, ⑥에서는 그 사랑과 다시 만날 밤의 정경을 상상으로 담아낸 일련의 작품인 것이다.

나는 이 사랑의 대상을 양곡 소세양(蘇世讓)으로 보고자 한다. 임방(任埅, 1640~1724)의 『수촌만록』에 전하는 다음 이야기로 하여서다.

- 양곡 소세양은 몸가짐을 조심하였다. 어느 날 친구들과 약속하기를, '황진이가 재색겸비한 명기라 해도 30일 동안만 동숙하고, 더 미련을 가지면 내가 사람이 아니다'라고 했다. 기한이 다한 날, 황진이는 이별을 슬퍼하는 기색은 조금도 없이 다만 한 가지 청이 있었다. '변변찮은 시 한 수 드리고 싶습니다.' 양곡은 이 시를 읊고 나서, '내가 그래 사람이 아니란 말이냐'라고 자조하며 더 머물렀다는 이야기다.

저 때 황진이의 시는, 『송별 소판서 세양(送別蘇判書世

護)』의 제목으로 전한다. 오언율의 시 전·결구는 다음과 같다.

> 흐르는 물소리는 거문고 소리에 맞추어 차갑고
> 매화향기는 피리 속에 스며들어 그윽하여라
> 내일 아침 서로 헤어진 후에는
> 그리는 마음 푸른 물결 같이 길리라.

> 流水和琴冷　　梅花入笛香
> 明朝相別後　　情意碧波長

 얼마를 더 머물렀는지는 알 수 없다. 그러나 두 사람은 끝내는 헤어질 수밖에 없었고, 양곡은 송도를 떠났다. '헤어짐에 조금도 슬퍼하는 기색을 보이지 않았다'(少無悵別之色)는 황진이가 헤어진 후 이윽고 ④의 시조로 이별의 한을 달랬을 터이다. 매화향기로 보아 봄철이었던가. 송도를 떠난 양곡으로부터는 아무런 소식도 없는데 봄은 가고 여름도 가고 낙엽소리 스산한 가을철에 이르렀다. 가을철 긴 밤을 앉아 황진이는 ⑤의 시조를 흥얼거리지 않았을까.

 다시 가을도 가고 겨울이 이르렀다. 겨울밤은 추야장보다도 더 '기나긴 밤'인 것을, 황진이는 또 한 수의 노래를 챙기지 않을 수 없었다. 이리하여 ⑥의 절창이 이루어졌다고 본다.

떠나간 사람에 대한 울고불고의 원망이 없다. 기껏하여 이별 직후의 아쉬움도 '보내고 그리는 정은 나도 몰라 하노라'로 달래고, 갈아드는 계절 따라 솟아오르는 그리움도 창문을 여닫으며 '추풍에 지는 잎소리야 낸들 어이 하리오'로 씻어 내리고 있다. 동짓달 긴긴 밤엔 님이 '오신날 밤'을 홀로 상상하고 있을 뿐이다. 한 사랑에 대한 유풍여운(流風餘韻)에 젖지 않을 수 없다.

4

황진이에 얽힌 화담 서경덕과 백호 임제(林悌, 1549~1587)의 시조에서도 여운이 짙은 풍류적인 멋을 느낄 수 있다. 화담의 시조는 황진이의 생시에 얽혀 있고, 백호의 시조는 황진이의 사후에 얽혀 있다.

먼저 화담의 시조,

> 마음이 어린 후니 하는 일이 다 어리다
> 만중운산(萬重雲山)에 어느 님이 오리마는
> 지는 잎 부는 바람에 행여 긘가 하노라.

를 본다. 이 시조를 흔히 화담이 황진이를 그리워하여 지은 노래라고 하기도 한다. 이는 앞에서 든 『식소록』의 황진이와 화담과의 이야기와도 걸맞지 않는 속설로 보아야 한다.

'마음이 어린 후니'의 마음은 화담의 마음이 아니요, 황진이의 마음이다. 어느 날이었던가. 황진이는 여느 때와 같이 화담을 찾아갔다. 그녀는 양곡 소세양과의 이별 후 이야기 끝에 전 항에 든 시조 ⑤를 읊었다.

 −추풍에 지는 잎 소리야 낸들 어이 하리오.

이야기와 시조를 다 듣고 난 화담이 위의 시조로 대답을 대신한 것으로 보아야 한다. '네 마음 어리석구나. 서울 벼슬자리로 돌아간 양곡을 기다리다니'의 일깨움이었다. '지는 잎 부는 바람에 행여 긘가 하노라'의 종장도 황진이 시조의 종장 '추풍에 지는 잎소리야'를 받아 '무슨 소리를 하고 있느냐'의 반문이 함축되어 있는 것으로 보아야 한다.

화담의 시조를 황진이 연모의 속설로 본다면 선비의 풍류랄 수 없다. 화담은 벼슬길에도 욕심이 없었다. 현량과(賢良科)에 수석 추천을 받고도, 또 어머니의 권을

이기지 못해 생원시에 장원급제를 하고도 끝내 벼슬길에 나가지 않고 오직 학문과 후생교육에 한 생을 바친 어른이 아니었던가. 화담의 저 시조는 풍류적인 멋에서 물 흐르듯 이루어진 것이다.

백호의 시조,

청초 우거진 골에 자난다 누었단다
홍안은 어디 두고 백골만 묻혔난다
잔 잡아 권할 이 없으니 그를 슬혀 하노라.

는 황진이의 사후 후일담과 더불어 전해진 유명한 노래다.

백호가 평안도사(平安都事)로 부임하는 길에 송도를 지나다가 장단에 있는 황진이의 무덤을 일부러 찾아가서 치제(致祭)하고 읊었다는 시조다. 백호는 이 시조로 하여 조야의 비난을 들었다는 이야기도 전한다. 그러나 비난을 한 이들은 풍류를 모르는 속유(俗儒), 속배(俗輩)들이었을 것이다.

백호는 당대의 풍류랑이었다. 평양기생 한우(寒雨)와의 술자리에서 주고받은 시조도 전한다.

－북천(北天)이 맑다커늘 우장 없이 길을 나니

산에는 눈이 오고 들에는 찬비[寒雨]로다
　　　오늘은 찬비 맞았으니 얼어 잘까 하노라.(白湖)

　－어이 얼어 자리 무삼 일 얼어 자리
　　원앙침(鴛鴦枕) 비취금(翡翠衾)을 어디 두고 얼어 자리
　　오늘은 찬비 맞았으니 녹아 잘까 하노라.(寒雨)

가 곧 그것이다. 이 '화답가'를 놓고도 풍류를 모르는 속유·속배들은 얼마나 수다스럽게 떠들었을까.

멋진 30수의 시조를 남긴 상촌 신흠(申欽, 1566~1628)은 한 수필에서 또한 멋진 말을 남겼다.

　－잔술을 하는 것은 즐거운 일이나 조금이라도 인욕(人慾)을 좇으면 화약을 안은 술지옥이다. 손님을 즐겁게 하는 일은 달통하는 일이나, 조금이라도 속된 흐름에 떨어진다면 희비가 교차하는 인욕의 세계다.

황진이의 무덤을 찾아가 술잔을 기울인 백호에게 무슨 인욕이 있었겠는가. 술자리를 술과 노래로 잗단 세상사 잠시 잊고 흥취를 돋우자는 데에 또 다른 무슨 인욕이 있었겠는가. '얼어 자리', '녹아 자리'도 속되게 풀어서는 안 된다. 술자리에서의 흥취요 아취(雅趣)다. 풍류다.

5

 황진이의 여섯 수 시조와 그녀에게 얽힌 화담과 백호의 시조를 중심으로 풍류를 이야기하자는 것이 장황한 이야기가 되고 말았다.

 풍류란 무엇인가. 일찍이 최치원(崔致遠)은 '현묘지도(玄妙之道)'라 하여, 그것은 우리 고유의 것이면서 유·불·도의 3교까지도 포함하고 있어 사람들을 접화(接化)하는 것이라고 하였다.

 풍류의 원뜻은 여기에 있다. 그러나 뒤로 내려오면서 이 말에도 속기(俗氣)가 끼어들었다. 사전에 따라서는 기루(妓樓), 염사(艶事), 정사(情事)로까지 풀이한 것을 볼 수 있다.

 그러나 풍류는 남녀관계에 있어서도 어디까지나 세속적인 것을 떠난 데서 우러난다. 풍기게 된다. 청풍·명월·청산·녹수와 같은 자연적인 아름다움을 높이 살 수 있는 마음이어야 한다. 이러한 마음일 때 풍류를 꽃처럼 피워낼 수 있다.

 황진이, 서화담, 임백호의 시조는 저러한 풍류에서 피어난 꽃 중의 꽃들이다.

송강의 술 풍류

1

 조지훈(趙芝薰, 1920~1968)의 명문에 「주도유단(酒道有段)」이 있다. 이로써 4백여 년 전 송강(鄭澈, 1536~1593)의 음주 단수를 따져본다면 어느 단을 들 수 있을까. 흔한 일이 아니라면,

 ― 장주(長酒).

에 꼽고 싶다. '장주'를 지훈은 '주도단'으로, '주도 삼매에 든 사람', '주선(酒仙)의 경지라고 했다. 이미 술의 진미·진경을 체득하고 그를 넘어서서 술에 운명을 맡기고 마음 내키는 대로 즐길 수 있는 사람이라는 설명이다.
 송강의 시조 풍류를 이야기하자는데 웬 술 이야기인가. 희떠운 수작이랄 수도 있겠다. 그러나 '송강'하면 술부터 떠오르는 것을 어찌하랴. 이것은 비단 나만의 생

각이 아닐 터이다. 생전 송강의 문인이었던 석주 권필(權韠, 1569~1612)도 송강의 무덤을 찾아가 스승이 좋아한 술 한 잔 다시 권하지 못한 슬픔을 말하였다.

> 빈산에 나뭇잎 지고 비는 쓸쓸히 내리네
> 선생의 풍류는 이제 적막키만 하구나
> 한 잔 다시 잡아 권하지 못하여 슬픈데
> 옛날의 장진주사만이 귀에 쟁쟁하여라

> 空山木落雨蕭蕭　　相國風流今寂寞
> 惆悵一盃難更進　　昔年歌曲卽今朝

 석주의 이 칠언절구는 그 후 널리 인구에 회자되었던 것 같다. 특히 술자리에서의 송강 이야기엔 이 시가 따르고, 다시 한 잔의 권주에도 이 시가 따랐던 것인가.

> 공산목락 우소소한데 상국풍류가 차적료라
> 슬프다 한 잔 술을 다시 권키도 어려워라
> 어즙어 석년가곡이 즉금조인가 하노라.

 석주의 저 절구를 이러한 시조로 풀어 부른 노래가 옛날의 여러 가집에 전하여 오는 것으로 보아 알 수 있다.
 송강이 혹 지훈의 「주도유단」을 알았다면 스스로를 몇 단에 자리매김하였을까. 이 또한 희떠운 생각이나,

— 폭주(暴酒).

로 자처하였을 법하다. 이는 '장주'에서 한 단을 낮춘 겸사로서 '주광(酒狂)의 경지다. 그의 시조,

> 유령(劉伶)은 언제 사람고 진(晉)적의 고사(高士)로다
> 계함(季涵: 송강의 자)은 그 뉘러니 당대에 광생(狂生)이라
> 두어라 고사 광생은 물어 무엇하리.

에서 스스로 '광생'이라 하였거니와 그는 한시에서도 곧잘

— 광생
— 취득명(醉得名)

의 구를 거리낌 없이 사용하였던 것으로 미루어 보아서이다.

아무튼 술을 제쳐놓고 송강을 이야기할 순 없다. 더더욱 송강의 시조 풍류를 이야기하고자 함에랴. 문득 이백(李白)의 「권주의 노래(將進酒)」 한 구절이 떠오르기도 한다.

> 고래의 현달이 모두 적막하거니
> 다만 마시는 자 그 이름을 남기리라
>
> 向來賢達皆寂寞　　惟有飮者留其名

2

'술 권하는 노래'는 송강의 시조에도 있다. 평시조 시형의 것도 있고, 사설시조 시형의 것도 있다. '일정(一定) 백년 산들 긔 아니 초초한가'의 평시조보다도 사설시조 시형에 담긴 「장진주사」가 절창이다.

> 한잔 먹새그려 또 한잔 먹새그려 / 꽃 꺾어 산(算) 놓고 무진무진 먹새 그려. 이 몸 죽은 후면 지게 위에 거적 덮어 주리어 매여 가나 유소보장(流蘇寶帳)에 만인이 울어 예나 어욱새 속새 떡갈나무 백양 숲에 가기 곧 가면 누른해 흰 달 가는비 굵은눈 소소리바람 불제 뉘 한 잔 먹자 할꼬 / 하물며 무덤 위에 잔나비 바람 불 제 뉘우친들 어떠리.

일찍이 홍만종(洪萬宗, 1643~1725)은 『순오지』에서 「장진주사」는 이백·이하(李賀)·두보의 것을 모방하고 시구도 취하여 지었으나 '글의 뜻이 통달하고 글귀가 처완하다' (詞旨通達 句語妻惋)고 평한 바 있다. 동서고금 '술 권하는 노래'야 오죽 많은가. 송강의 「장진주사」에서 더한 풍류적인 멋을 느낀다. 우리말을 콩고물 주무르듯한 노래요, 당시의 벼슬아치·양반들의 권위주의적 체통같은 것도 깡그리 벗어던진 노래다.

송강은 이 「장진주사」를 그의 생애 중 어느 때에 지었을까. 밝혀진 기록은 없다. 송강의 술에 얽힌 일화가 떠오른다. 선조 15년(1582) 전라감사 때의 이야기다. 저 때의 전라도사(都事)는 중봉 조헌(趙憲). 중봉은 술자리일 때마다 송강의 과음을 말리고자 하여,

　－술은 백성의 피(赤子血).

라는 것을 강조하였다.

봄철이었던가. 하루는 송강이 도내순시에 나섰다. 중봉도 따랐다. 강진(康津)의 명승지 청조루(聽潮樓)에 이르러 여러 빈객들과의 술자리를 벌였다.

송강은 잔을 들어,

　－'오늘은 이 아름다운 경개와 더불어 마실 만합니다. 한 잔 드십시다.'

하며, 먼저 중봉에게 권하였다. 이날에도 중봉은

　－'어떻게 백성의 피를 마실 수 있습니까.'

의 꼬장꼬장한 목소리로 술잔을 거절하였다.

　－허 허.

웃음으로 일단 물러선 송강은,

 －한 잔 먹새그려

의「장진주사」를 읊조렸을 법하지 않은가.

다음 순행지인 해남(海南)에서의 일화도 전한다. 송강은 한 촌가를 찾았다. 주인이 반기며 술자리를 베풀었다. 송강은 술잔을 기울이며 시 한 수를 읊었다.

 －옆에 있는 분들 나의 취함을 웃지 마소
  이 술은 백성의 피가 아니라네.

 旁人莫笑酩酊　此酒應非赤子血

이날의 술자리는 가히 노그라졌을 법하다.

 －꽃 꺾어 산놓고 무진무진 먹새그려.

강진의 청조루에서가 아니었다면 해남의 이 술자리에서 「장진주사」는 읊어진 것으로 상상해볼 수 있지 않을까.

아무튼 저 무렵의 송강은 생애에서도 술을 가장 가까이하였던 때가 아닌가 싶다. 전라감사 재임 때의 송강은 47세. 바로 한 해 앞 8월, 송강은 대사성으로 벼슬에서 물러날 것을 결심하고 창평(昌平)으로 돌아왔다. 이때

대사헌이었던 율곡 이이(李珥)는 한강까지 나와 송강을 전송하며,

　－부디 술을 끊으라(操存止酒)

는 당부였다.

그러나 송강은 술을 멀리하려 하지 않았다. 12월 감사직을 제수받아 전라감사에 부임하여서도 술을 좋아했다. 날로 깊어가는 조정의 당파싸움과 각박해가는 인정세태는 외려 송강에게 술마시기를 부채질하고 있었기 때문이다.

42세 때였던가. 송강은 스스로 술을 경계하고자 「계주문(戒酒文)」을 짓기도 했다.

　－내가 술을 즐기는 까닭엔 넷이 있다. 불평이 하나요, 흥취가 둘이요, 대객(待客)이 셋이요, 남이 권함을 거절하지 못함이 그 넷이다. 불평은 운명으로 돌리는 것이 옳고, 흥취는 휘파람이나 읊조리는 것이 옳고, 대객은 성심껏 함이 옳고, 비록 남이 권한다 해도 내 뜻을 확고히 하여 흔들리지 않음이 옳을 것이다.

를 서두로 하여 그 동안 술로 인한 실태를 뉘우치고,

　－실로 붙잡기 어려운 것은 마음이요, 잃어버리기 쉬운

> 것은 뜻이다. 마음이여, 뜻이여 이를 누가 주장하는 것인가. 주인옹(主人翁)은 항상 성성(惺惺)하도다. 진실로 이 말과 같지 않으면 내 어찌 이 강물(漢江: 여기서는 出仕의 뜻)을 보리오.

의 결말로 되어 있다.

그러나 송강은 끝내 술을 끊지 못했다. 불평도 '운명으로 돌리기'엔 너무 벅차고 견딜 수 없었던 것이다.

언젠가, 선조께서는 송강의 술을 들어 탄핵하고자 한 김우옹(金宇顒)·이산해(李山海) 등에게

> ─정철이 술을 좋아함은 마음속 답답함을 풀기 위한 것으로 안다. 그도 나에게 말한 바 있다. 생각하면 가여울 뿐이다. 미워할 것은 못된다.

하여, 송강을 감싸주기까지 했다. 그에게 다른 파당적인 모사나 개인적인 욕심이 있었던 것은 아니라는 것을 임금도 잘 알고 있었기 때문이 아니겠는가.

송강의 시조 「주문답 3수」에는 술을 끊으려다가 술을 끊지 못한 송강의 고백이 담겨 있다.

> ① 무슨 일 일우리라 십년지의(十年知宜) 너를 좇아
> 내 한 일 없어서 외다 마다 하나니
> 이제야 절교편(絶交篇) 지어 전송하면 어떠리.

②일이나 일우려 하면 처음에 사귀실까
　보면 반기실새 나도 좇아 다녔더니
　진실로 외다 곧 하시면 마르신들 어쩌랴.

③내 말 고쳐 들어 너 없으면 못 살려니
　머흔 일 궂은 일 널로하여 다 잊거든
　이제야 남 괴려하여 옛벗 말고 어찌랴.

①은 송강이 술에게, ②는 술이 송강에게, ③은 송강이 다시 술에게 한 말을 시조로 읊조려 낸 것이다. 이는 「계주문」을 쓰고도 술을 끊지 못한 뒷날의 작일 터, 도연명의

　－인호상이자작(引壺觴以自酌)

격으로 술 한 잔에 ①을, 또 한 잔에 ②를, 다시 한 잔에 ③을 읊조리며, 도연히 취향(醉鄕)에 드는 송강의 모습이 약여하다. 풍류롭다.

저때에 흔한 말로 부귀·공명에 대한 욕심이나 권모술수를 생각하는 마음으로는 이러한 풍류의 흉내도 낼 수 없는 일이다.

음주에서도 풍류를 즐기는 사람이면 조촐하고 담박한 술안주를 취하기 마련이다. 송강의 다음 시조에서도 이

를 본다.

> 쓴나물 데온 물이 고기도곤 맛이 있네
> 초옥 좁은 줄이 그 더욱 내 분이라
> 다만 당 님 그린 탓으로 시름겨워 하노라.

취향에 들어서도 이 '시름'으로 하여 송강은 또,

- 일배일배 부일배(一盃一盃復一盃)

로 술을 마시게 된다.

이러한 송강에게 '지주'(止酒)의 충고를 한 벗이 어찌 율곡뿐이었겠는가. 송강과 흉허물 없는 벗들 - 특히 우계 성혼(成渾)·구봉 송익필(宋翼弼) - 의 충고도 적지 않았을 것이다. 벗들의 충고를 되짚어 생각하면서도 송강은 또 술이었다. 다음 시조에서 이를 볼 수 있다.

> ① 이바 이집 사람아 이 세간 어찌 살리
> 솥(鼎)·벼(稻) 다 팔리고 쪽박귀 다 없구나
> 하물며 기울게 다니거든 누를 믿고 살리.

> ② 기울게 다니거나따나 쪽박 귀 없거나따나
> 비록 이 세간 판탕(板蕩)할 망정
> 고운 님 괴기 곧 괴면 그를 믿고 살리라.

송강의 어느 벗이 송강의 집, 세간까지도 환하게 알고 있었던가. 율곡이었을까. 구봉이었을까. 우계였을까. 또 누구였을까. 어느 벗인가가 송강의 집 어려운 세간을 들어가며 송강에게 술을 삼가라는 충고였다.

- 제발 술에 취해 비틀거리고 다니지 마시게나. 집안 형편도 살펴야 할 것 아닌가.

의 당부였던 것 같다. 송강은 이 벗의 충고를 ①에 담아 읊조렸다. 그리고 이내 술 한 잔 마시고, 그 벗을 생각하며,

- 벗은 나에게 이런 말을 했겠다. 그런데 말이야, 내 마음은 다르다네.

하고, 자신의 마음을 ②로 담아 읊은 짓이 된다. ②를 읊고 나서도 송강은 또 한 잔의 술을 들었을 터이다. 한 잔 뿐이었겠는가. 이 친구 저 친구 벗들을 생각하고, 세상꼴·나랏꼴을 생각하며, 타는 목을 연방 달랬을 터이다. 그러면서도 귓결에 와 닿는 벗들의 말,

- 기울게 다니지 말라.

가 자꾸만 마음에 걸렸던 것인가. 그래, 또 한 잔 하는

식으로 술잔을 기울이다가 다음 시조도 읊었을 법하다.

>신술 걸러내어 맵도록 먹어보세
>쓴나물 데워내어 달도록 씹어보세
>굽격지 보요 박은 잣징이 무되도록 다녀보세.

송강은 자신이 처한 세상살이에서 술을 끊을 수는 없을 뿐 아니라, 취중횡보(醉中橫步)를 아니할 수 없다는 결의까지 보이고 있다.

송강의 나이 오십에 읊은 술 노래도 전한다.

>갓 쉰이 젊을까마는 간 데마다 술을 보고
>잇집 들어내어 웃는 줄 무슨 일고
>전전에 아던 것이라 못내 잊어 하노라.

송강은 판돈령의 벼슬자리에 있었다. 이때에도 술로 하여 김우옹·이산보(李山甫) 일파의 입길에 올랐다.

- 정철은 술에 취하면 매양 불평을 늘어놓는다.
- 정철은 편벽되게 사람을 미워함이 너무 과하고 또 술 마시기를 좋아한다.

양사(兩司)의 논핵에 끝내 벼슬에서 물러난 송강은 고양(高陽)에 잠시 우거하다가 다시 창평으로 돌아가게 된다.

이 시조는 자신의 술을 들어 탄핵하는 저들에 대한 비웃음이라 할 수 있다. 술의 진미와 진수를 모르는 무리들과 더불어 왈가왈부 무슨 이야기를 더하겠느냐는 송강의 초연·결연한 모습까지를 볼 수 있다.

송강은 58세로 그의 한생을 마치게 된다. 『선조실록』은

- 정철이 강화(江華)에 우거하다가 술로 병들어 죽었다.

고 했다. 송강의 죽음을 말함에도 술을 떼어 놓을 수는 없었던 것인가. 주검에 내린 선조의 제문에는,

- 하늘이 내린 영재(英才)로 그 풍채와 의표를 세상이 우러렀다. 강직(剛直)·충청(忠淸)은 능히 본받을 만했다.

의 송덕이었다.

3

송강은 왜 저토록 술을 좋아했던 것인가. 술로 하여 많은 사람들 특히 정적(政敵)들의 입길에 오르내리면서도 술을 평생 멀리하지 못했던가. 한때는 「계주문」을 짓고 「지주사객(止酒謝客)」까지 한 바 있으면서도, 끝내 술을 끊지 못했던가.

송강이 돌아가기 한 해 전의 일이다. 임진왜란으로 귀양에서 풀린 송강은 「양호체찰사」의 직임을 맡았다. 이때의 종사관이었던 상촌 신흠(申欽)은 가까이에서 본 송강의 『전(傳)』을 남겼다. 그 중에,

- 그의 풍모는 쇄락하고 천성은 맑고 밝았다. 사람을 사랑하고 선비를 대하되 간격이 없었다. 물욕에 청렴하고 벗을 믿었다. 집에선 효제하고 조정에선 결백하였다. 이로 보아 마땅히 옛사람 가운데서 구할 만하다. 때로 반쯤 취하면 잔을 들고 입으로 읊조리며 손으로 쓰는데 장시(長詩)·단가(短歌)가 올 섞여 연신 이루어졌다. 부드러운 말이 정겨워 인간사를 함께 잃어버릴 만했다. 사뭇 상쾌하여 무릎이 저절로 앞으로 나아감을 깨닫지 못하게 된다. 내가 많은 사람을 대해 보았으나, 일찍이 이런 풍채와 운치는 보지 못하였다.

는 대문이 있다. 이로써 송강이 평생 술을 좋아하고, 술을 끊지 못한 까닭을 짚어볼 수 있지 않을까. 한마디로 말하여 그는 풍류인이었다. 저러한 풍류인으로서 16세기 후반의 나라 사정에 때로는 맞닥뜨리고 때로는 몰려 나기도 해야 한 생애였으니 어찌 술을 멀리할 수 있었겠는가. 송강은 오직 술로써 그의 풍류적인 성정을 펼치고 풀고자 하였던 것이다.

그래, 송강은 좋은 술 소식엔 술을 찾아 나서기도 했다.

재 너머 성권농(成勸農=牛溪) 집에 술 익단 말 어제 듣고
누은 소 발로 박차 언치 놓아 지즐 타고
아해야 네 권농 계시냐 정좌수(鄭座首:松江) 왔다 하여라.

술을 찾아가는 데도 얼마나 풍류적인 송강의 모습인가. 멋들어진 시요 그림이다. 당나라 시인 요합(姚合)의 시구절이 떠오른다. 제목은 「걸주(乞酒)」.

－어찌 묵은 병만을 사라지게 한다 하랴
　새로운 시까지 이끌어 내는 것을

豈唯消舊病 且要引新詩

요합의 이 시구로 송강의 술 풍류 이야기의 끝마무리를 하여도 좋을 것 같다. 송강도 술 풍류로서 가슴 속 '구병'(舊病)을 다스리고, '신시'(新詩)를 이끌어냈기 때문이다.

송강의 술 풍류가 그립다. 그러나 더러 술자리에 앉는다 해도, 어찌 송강의 저 풍류를 챙길 수 있으랴. 사람들 성정도 세상의 술 풍속도 달라진 오늘인 것을….

방옹의 산중생활풍류

1

-계택상월(谿澤象月)

이 말을 처음 알게 된 것은 가람 이병기(李秉岐) 선생의 '국문학사' 강의를 듣던 대학생 때였다.

선생은 조선조 전기의 대표적 한 시인으로 계곡 장유(谿谷 張維, 1587~1638)·택당 이식(澤堂 李植, 1584~1647)을 들고, 이들 4가의 아호 첫 글자를 모아,

-谿澤象月.

을 칠판에 쓰시기도 하였다. 그 후 이 4언구로 하여, 4가 중 어느 한 시인에 생각이 미쳐도 나머지 세 시인이 다 따라들곤 하였다.

4가 중, 특히 시조로 하여 더욱 가까이 우러러온 시인은 상촌 신흠이다. 그의 시조는 『청구영언』에

- '방옹시여'(放翁詩餘)

라 하여 30수가 전한다. '방옹'은 신흠의 또 다른 아호의 하나이거니와 '시여'는 한시와 다른 우리 노래, 곧 시조의 이칭으로 사용한 것이다.

가람 선생은 시조의 '역대 작풍'(歷代 作風)을 논하면서, 이 '방옹시여'에 언급,

- '그의 작(作)에는 음풍농월 보다는 더한 엉뚱한 소리를 하였다.'는 말씀이었다. 이 '엉뚱한 소리'란 무엇을 뜻하심이었던가.

사실, 그의 시조 중 다음의 한 수,

노래 삼긴 사람 시름도 하도할샤
닐러다 못닐러 불러나 푸녹단가
진실로 풀릴 거시면은 나도 불러 보리라.

만을 보아도, 그의 시조가 한갓 풍월로 끝난 것이 아님을 짐작할 수 있다.

'방옹시여' 30수를 창작한 공간과 같은 공간에서 이루어진 방옹의 수필작품,

- 「야언(野言) I·II」

—「산중독언」(山中獨言)

등을 아울러 '시여' 작품들을 살펴보면, 작품 이해뿐만 아니라 저 때 저 공간에 처해 있을 때의 방옹의 생활적인 이모저모까지를 헤아려볼 수 있다.

결론부터 앞세운다면, 저때의 시조나 생활에서는 한 마디로 말하여 방옹의 풍류적인 면모를 가장 여실히 볼 수 있다는 것이다.

2

신흠의 아호는 전항에 보인 '상촌'·'방옹' 외에도 몇 가지를 볼 수 있다. 김상헌(金尙憲)이 찬한 「행장(行狀)」에서 신흠의 호에 대한 언급을 보면 다음과 같다.

— '공은 젊었을 때 경당(敬堂)·백졸(百拙)·남고(南皐) 등으로 호하기도 하고 현헌(玄軒)으로 바꿔 쓰기도 하였다. 김포(金浦) 상두산(象頭山) 아래에서 농막생활을 할 때에는 상촌거사(象村居士)의 호를 썼으며 만년에 들어서는 현옹(玄翁)이라 호했다. 시골에 돌아가 있을 때엔 방옹(放翁)이라 일컫기도 하고, 유배생활에선 여암(旅菴)이란 편액을 걸기도 하였다.'

이로 보면 8개의 아호를 사용하였던 것이 된다. 이밖에도 하루암(何陋菴)·감지(坎止) 등의 당호를 사용하기도 하였으니, 그의 호는 실로 열에 이른다. 추사 김정희는 5백여 개의 호였으니, 10개를 들어 신흠의 호가 많았음을 말하고자 함이 아니다. 오직 10개의 호는 그의 생애 고비고비에서 자호(自號)한 것이요, 호 마다에는 그때그때 뜻한 바[所志]를, 처한 바[所處]를 세상 만난 바[所遇]를, 또는 마음에 즐기고 있는 바[所蓄]를 잘 드러냈다는 데에 흥미가 있다는 것이다.

이렇듯 스스로의 호를 지어 그 호와 더불어 고비고비를 넘기고 그때그때의 삶을 영위하고자 한 면에서도 신흠의 풍류적인 면모를 엿볼 수 있다. 그의 수필 「현옹자서(玄翁自叙)」에는 이런 구절들이 들어 있다.

- '문장으로 세상에 이름이 났으나 문장으로 일삼지 않는다.', '벼슬로 조정에 두각을 나타냈으나 벼슬에 마음을 쓰지 않는다.', '귀양을 가도 마음이 흔들리지 않았다.', '가난해도 부자처럼, 많아도 적은 듯이 마음한다.', '물건을 접해도 그 물건에 마음을 얽어매지 않는다.', '일상에 속물을 감히 범접하지 못한다.'

이 모두 풍류인에게서 볼 수 있는 멋스러운 면들이

아닌가.

각설하고, 여기서는 신흠의 저러한 아호 중 '방옹'으로 이야기를 이어가고자 한다. 그의

 －「방옹시여」

30수의 시조를 중심으로 풍류로운 면을 살펴보고자 하기 때문이다.

'방옹시여' 30수의 창작배경과 그 연대는 「방옹시여 서(放翁詩餘 序)」로 하여 분명해진다. 그 후반부를 옮겨 본다.

 －'내가 전원으로 돌아옴은 세상이 나를 버렸고 나도 세상에 피곤했기 때문이다. 되돌아보니 영화는 이미 쓸데없는 것(糠粃)이 되었다. 오직 사물을 만나 읊자면 처음 뜻과 같이 되지 않은 속된 병(馮婦下車之病)이 드러난다. 마음에 흐뭇한 것이 있으면 시나 문장(漢詩文)으로 나타내고, 또 이어서 우리말(方言)로 가락을 내고 우리 말글로 표기하였다. 이는 하찮은 속요로서 시단(騷壇)에는 낄 수 없겠으나, 놀이(遊戱)에서 나왔으므로 혹 볼만한 것도 없지 않다. 만력계축(萬曆癸丑) 동짓날(長至), 방옹이 금포전사(黔浦田舍)에서 쓰다.'

가 곧 그것이다. 이로써 보아, 방옹의 30수 시조는 광해

군 5년(1613, 계축)에 금포(黔浦: 金浦)에서 지어진 것이 된다.

'세상이 나를 버렸고 나도 세상에 피곤하여'는 무엇을 말함인가. 이는 「산중독언」에서 방옹 스스로 밝혀 놓았다.

- '계축년 4월 25일 옥사(獄事)가 일어났다. 5월 7일 선조 유교칠신(宣祖遺教七臣)에 대한 간원(諫院)의 계청(啓請)이 있었다. 나는 다음날 서강으로 나와 양포(揚浦) 황회원(黃檜原)의 집으로 옮겼다. 조정에서 가죄(加罪)하려는 때여서 멀리 나가지 못하고 몇 개월을 지체하다가 8월에야 금포(黔浦)로 왔다. 계부(季父)의 농막 두 칸을 빌려 우거하였다. 비좁아 가족들이 용납할 수 없자 조카 익량(翊亮)이 네 칸 집을 지어 주었다. 다음해 갑인년(1614) 2월 동양(東陽: 翊聖)이 열 칸 기와집을 지어 5월 17일에 이곳에 옮겨 몸을 의탁하게 되었다.'

로 보아 '계축화옥'(癸丑禍獄)에 몰렸었음을 알 수 있다.

「방옹시여 서」로 보면 이 한 해 계축년에 30수 시조를 다 지은 것이라 할 수 있으나, 「산중독언」을 참조하면 1616년(병진) 가죄(加罪)로 춘천에 유배되기까지의 약 3년간 김포에 거처하는 동안에 지어진 것으로 보아야 할 것 같다. 시조작품에 들어 있는,

- 부용당(芙蓉塘)
- 수간모옥(數間茅屋)

등 어휘로 미루어 보아서도 계축년 다음해인 갑인년(1614) 아들인 동양위가 10칸 건물을 새로 짓고 섬돌도 쌓고 연못도 만든 후의 작(作)인 것을 알 수 있을 뿐 아니라, 30수 작품에는 계축년 8월부터 동짓달까지의 계절에서 벗어난 한식절(寒食節)·봄·도롱이(蓑衣)·신록철 등에서 읊어진 시조도 있기 때문이다.

3

이제 방옹의 시조작품을 들어, 그 풍류성을 살려보기로 한다.

산촌에 눈이 오니 돌기이 무쳐셰라
시비(柴扉)를 여지마라 날 차즈리 뉘 이시리
밤중만 일편명월(一片明月)이 긔 벗인가 하노라.

「방옹시여」 30수 중 첫 번째 작품이다. 작품마다엔 방옹 자신의 한역시를 곁들이기도 하였다. 이도 다른 시인에게서 흔히 볼 수 없는 방옹의 한 멋이라 할 수 있다.

그는 '계축화옥'으로 신상에 어려움이 닥치고 있는 데도 태연자약이었다. '신기(神氣)가 평상시와 같았고, 말이 순리에 맞고, 사리 또한 분명했다.'고 한다.

이 시조에서도 저러는 방옹의 모습을 볼 수 있다. 여기 '산촌'은 계축년 8월 김포 선산 아래에 돌아가 몇 칸 초옥을 마련하여 가처하던 바로 저 공간을 말한다. 아주 협착하고 사람이 살만한 곳이 못되었으나, 방옹은 '하루암'(何陋菴)의 편액까지 달고 느긋해하는 마음이었다고 한다. 낮에는 설경을 밤이면 한 조각 밝은 달을 즐기며 유유자적이다.

    초목이 다 매몰(埋沒)한 제 송죽만 프르럿다
    풍상 섯거친제 네 무스 일 혼자 프른
    두어라 내 성(性)이어니 무러 무슴 하리

설경에서는 푸른 솔·소나무의 생각이다. 눈속에 한 빛으로 묻혀버린 일반 초목과 달리 독야청청한 그 성정으로 자신의 심경을 비추어 보기도 한다.

    어젯밤 눈 온 후에 달이 조차 비최였다
    눈 후 달빗치 말그미 그지업다
    엇더타 천말부운(天末浮雲)은 오락가락 하나뇨

세상일 잊고 유유자적하면서도 때로는 눈이 든 후의 맑은 달빛을 하늘 끝 뜬구름이 오락가락 흐리게 하는 것에 마음을 쓰기도 한다. 방옹 자신이 '시여 서'에서

말한,

— 빙부하거지병(馮婦下車之病)

은 바로 이런 경우를 말함이 아니었던가.

그러나 아무리 풍류인이라 해도 '계축화옥'으로 나랏일을 잘못 몰아가는 부류들에 대한 생각이 어찌 없을 수 있겠는가.

　　냇가에 해오라바 므스 일 셔잇나냐다
　　무심한 저 고기를 여어 므슴 하려난다
　　아마도 한 물에 잇거니 니저신들 엇다리

이는 '계축화옥'을 일으킨 이른바 대북파(大北派)의 무리들을 넌지시 풍자한 것이다. 「산중독언」에는 저때의 일을 다음과 같이 말하였다.

—'변이 일어나 재앙이 못 속의 물고기에까지 미쳤다. … 나는 시골로 돌아가는 정도로 죄가 마감되었다. 아침저녁으로 죽을 먹고 한 잔 술에 시 한 수씩 읊으며 지팡이 짚고 짚신 끌며 전원을 소요할 수 있는 것은 모두 성은이다. 인홍(仁弘)이 아무리 모함을 하고 국량(國亮)이 집어살킬 듯 으르렁댔어도 모두 중상할 수 없었으니 이제야 비로소 화복이란 인위적인 억지로 미치게 할 수 없다는 것을 알겠다.'

이를 보아 '해오라비'(白鷺)는 정인홍 등 대북파의 무리를, '고기'는 계축화복에 얽힘을 받는 무고한 사람들을, '물'은 조정(朝廷)을 비유한 것임을 알 수 있다. 한쪽을 마구 죽일 놈으로 몰아붙일 만도 한데, 반목파쟁을

- 잊어신들 어떠리.

의 느긋함이다. 「산중독언」의 인용부분이나 이 시조 한 수에서도 방옹의 세상살이 멋에 젖을 수 있다.

혯가레 기나 쟈르나 기동이 기우나 트나
수간모옥을 자근 줄 웃지마라
어즈버 만산나월(滿山蘿月)이 다 내 거신가 하노라

이 시조의 이해를 위해서도 「산중독언」을 챙겨볼 필요가 있다.

- '산속 깊은 골짜기에 조그마한 초옥을 엮었다. 때는 여름철 녹음이 둘레에 드리우고 멀리 포구가 눈 가득 들어온다. 들리는 것은 유려한 꾀꼬리들의 주고받는 소리일 뿐, 이에 절구·율시 한 수씩을 지었다.'

이 초옥은 김포에 들어서도 3년 후인 1616년에 지은 것이다. 방옹은 이 초옥을 퍽이나 흡족해 했고, 저 율시

에서는 '이곳이 바로 지상의 선계'(即此幽居是地仙)라고까지 읊었다.

'만산나월'은 산에 가득 우거진 풀덩굴에 비친 달빛을 일컬음이다. 이러한 안빈낙도를 즐거워함에서도 방옹의 한 풍류적인 모습을 볼 수 있다.

> 술 먹고 노난 일을 나도 왼줄 알건마난
> 신릉군(信陵君) 무덤 우희 밭 가난 줄 못 보신가
> 백년이 역 초초(亦草草)하니 아니 놀고 엇지 하리.

어느 날 먼길 찾아온 친구에게 술 한 잔 넉넉히 대접하고 싶었던가, 방옹은 인생 백년을 산다 해도 고되고 괴로움인 것을,

— 아니 놀고 어찌하리.

의 권주(勸酒)의 노래다. 그러나 「야언」에 보면 방옹만큼 술 마시는 데도 풍류를 챙기고 있는 분은 드물다.

> —'술을 마시는 진정한 아취는 취하는 데에도 있지 않고, 취하지 않는 데에도 있지 않다.', '술은 정서를 부드럽게 푸는 정도로 그쳐야 한다. 지나치면 뒤집혀 질탕(佚蕩)하게 되고 만다.', '한 잔 술이 즐거운 일이긴 하지만 한 생각이라도 남의 흥취에 따라가는 것(徇

人)이 있게 되면 감옥처럼 답답하기 그지없다.'

「야언」에 있는 방옹의 술철학이다. 풍류롭지 않은가. 술의 청·탁을 가리지도 않았던 듯,

> 술이 몇 가지오 청주와 탁주로다
> 먹고 취할선정 청·탁이 관계하랴
> 달 밝고 풍청(風淸)한 밤이여니 아니 깨들 엇다리.

의 시조도 볼 수 있다. '취할선정'은 취할망정, '달 밝고 풍청한 밤'은 곧바로 풍류를 즐길 수 있는 밤이다. 이러한 밤, 술항아리에 술이 있고, 자리에 속되지 않은 손(客)들이 있으면, 술로 하여 세상 번거로운 일 잊고 싶다는 시조도 남겼다.

방옹의 시조에서 한자어가 없는 순우리말로 된 시조 한 수,

> 반되 불이 되다 반되지 웨 불일소냐
> 돌히 별이 되다 돌이지 웨 별일소냐
> 불인가 별인가 하니 그를 몰라 하노라.

에서는 당시 파당에 의한 쟁론·시비에도 맞부딪뜨리지 않고 완곡한 표현을 취하고 있다. '반되'는 반디, 곧 개똥벌레. 반디를 반딧불이라 한다 하여 반디가 불이 되

며, 돌에서 튀는 석화(石火)를 별이라 한다하여 돌조각이 별이 되겠느냐는 것이다. 억지를 세운다 하여 그게 참이 될 수 없다는 것을 말하는 것이 된다. 이는 곧 계축화옥같은 무고(誣告)를 풍자한 것이다. 세상을 향한 차분한 타이름을 볼 수 있다.

방옹은 음악적인 풍류도 즐겼다.

> 보허자(步虛子) 맞츤 후에 여민락(與民樂)을 니어 하니
> 우조(羽調) 계면조(界面調)에 객흥(客興)이 더어셰라
> 아해야 상성(商聲)을 마라 해 져믈가 하노라

의 시조에서 볼 수 있다. '보허자'는 악곡의 이름, '여민락'은 아악의 일종, '우조'·'계면조'는 곡조를 일컫는 말이다. '더어셰라'는 더하였도다.

방옹은 산중 은거의 생활에 때로 술과 음악도 즐겼던 것이나, 「야언」에서는 다음과 같이 말한 바 있다.

 -'향락적인 풍류를 즐겨도 그 시간이 지나고 나면 문득 비애의 감정이 솟구치게 된다. 그러나 적막하면서도 맑고 참된 경지에서 노닐게 되면 시간이 가면 갈수록 점점 더 의미가 있는 것을 느끼게 된다.'

「야언」에는 산중생활에 요량해야 할 것들을 열거한

바도 있다. 그 중 재미있는 두셋을 들어본다.

- '버들개지'로 만든 베개.
- 갈대꽃을 모아 만든 이불.
- 송백(松柏)으로 만든 향(香).

베개와 이불에서도 야취 어린 풍류가 돋거니와, 향의 이야기 또한 재미있다. 손수 만든 향이다. 곧 소나무·잣나무의 뿌리·가지·잎·열매 등을 한데 모아 짓찧은 것을 단풍나무 진에 섞어 환(丸)을 지어 말린 것이다. 이 향은 '한 알씩 사를 때마다 청고(淸高)한 분위기를 조성하기에 충분하고'라 했다.

방옹은 인조반정(1623) 후, 부름을 받아 이조판서로 입조하여 영의정 벼슬에까지 올랐다. 서울에 있던 집이 그동안 퇴락하여 수리할 바를 집사람들이 청하자,

- '나라 일이 아직 안정되지 않았는데 어떻게 집안 일을 손댈 수 있겠는가'

하며 허락하지 않았다는 일화도 전한다.

송백으로 만든 향이 '청고한 분위기'를 조성해 준다는 말과도 통하는 일화라 할 수 있다.

– 청고(淸高)는 '청렴결백하여 곤궁에도 안주하는 것'을 일컬음이다.

풍류야말로 이 청고의 정신이 없으면 이룰 수 없는 것 아니겠는가. 방옹의 산중생활에서의 시조를 읽자면, 청고한 정신이 꽃피운 풍류에 젖는 기쁨을 안겨 준다.

홍랑의 시조에 어린 풍류

1

최근 원본(原本)의 발견으로 새롭게 매스컴의 빛살을 받은 시조가 있다.(조선일보 2000년 11월 14일자 참조) 그 지어진 연대(1574)로부터 427년의 세월이 지난 홍랑(洪娘)의 시조,

묏버들 갈히 것거 보내노라 님의 손디
자시는 창밧긔 심거두고 보쇼셔
밤비에 새닙 곳 나거든 나린가도 녀기쇼셔.

가 곧 그것이다. 알려진 바와 같이, 이 시조는 16세기 조선조 삼당시인(三唐詩人)의 한 사람인 고죽 최경창(孤竹 崔慶昌, 1539~1583)과 소관되어 왔다. 고죽은 전라도(영암)가 고향이요, 홍랑은 함경도(경성)가 고향이었다. 이 '남남북녀'의 사랑이야기는 오늘에 다시 챙겨보아도 풍류

스럽기 그지없다. 그리고 그들의 사랑의 정은 황진이의 시구,

　―내일 아침 우리는 헤어지지만
　　사랑의 정 강물처럼 끝이 업으리.

　　明朝相別後　　情與碧波長

마따나 오늘에도 시공을 초월하여 어디선가 이어지고 있을 것만 같다는 생각이다. 기왕 이들의 풍류스러운 사랑에 다시금 생각이 미친 김에 홍랑의 시조와 나와의 만남에 대한 이야기로부터 이 글을 이어가고자 한다.

2

지난 세기 50년대의 초반이었다. 대학 재학 중 가람(李秉岐) 선생으로부터 '시조와 창작론'의 강의를 듣던 어느 날이었던가, 선생은 황진이·이매창·한우·구지와 더불어 홍랑의 시조를 열거하시고,

　　―'이런 기생들은 인정세태를 잘 알고 음률풍류 속에
　　　익어 그 작(作)들이 다 멋이 있다.'

는 말씀이었다.

홍랑의 시조에 얽힌 멋스럽고도 애틋한 이야기를 들었던 것도 저때의 일이다. 그리고 선생의 주석서인 『역대시조선』(1940)에서 홍랑의 시조를 한역한 고죽의 시도 볼 수 있었다.

    折柳寄與千里人　　人爲試向庭前種
    須知一夜生新葉　　憔悴愁眉是妾身

이 곧 그것이다. '버들가지를 꺾어 천리길 떠나시는 님에게 부치오니, 뜰 앞에 심어 두고 저를 보시듯 하소서, 어느 날 밤 새잎이 돋아난 것을 보시면, 초췌한 얼굴 시름 쌓인 첩의 몸인가 여기소서'의 풀이니, 바로 홍랑의 저 시조를 한역한 것으로 시제에서도 「번방곡(翻方曲)」이라 밝혀 놓았다.

'절양류(折楊柳)'는 중국 악부(樂府)의 이름이기도 하다. 임과의 이별에 버드나무 가지를 꺾어 주며 석별의 정을 노래한 내용으로 되어 있다. 홍랑은 고죽과의 헤어짐에 저 악부를 생각하였던 것인지도 모른다. 그러나 가람 선생은 악부의 내용을 답습한 것이 아니요, 홍랑의 새로운 창작이라고 하셨다.

순연한 우리말로 짜인 이 시조에 나도 더없는 매력을

갖지 않을 수 없었다. 저때로부터 곧 암송한 애송시의 한 수가 되었다. 가람 선생께 들은 이들의 멋스럽고도 애틋한 사랑 이야기를 뒷날 글로써 확인할 수 있었던 것은 상허 이태준(尙虛 李泰俊)의 「기생과 시문」(文章, 1940. 12월호)을 통해서였다. 그리고 홍랑의 시조와 그 배후 이야기의 출처가 위창 오세창(葦滄 吳世昌) 선생의 진완(珍玩)에 의하여 밝혀진 것도 알 수 있었다. 아슬아슬한 일이었다. 위창이 한 골동품점에서 고죽의 수초(手抄)로 된 한 「시첩(試帖)」을 발견하지 못했다면 어떻게 되었을까.

위창은 골동품점에서 건져낸 저 〈시첩〉을 가람과 상허에게 보임으로써 홍랑의 시조와 사랑이야기는 다시 세상의 햇빛을 보게 되었던 것이다.

고죽이 직접 화전지(花箋紙)에 써서 가전(家傳)케 하였다는 홍랑과의 사랑이야기를 다시금 챙겨보면 다음과 같다.

- 만력 계유년(1573) 가을에 나는 북도평사로 부임하였다. 그때 홍랑이 군막(軍幕)에 따라다녔다. 다음해의 봄, 내가 서울로 돌아오게 되자 홍랑이 쌍성(雙成)까지 따라와서 헤어졌다. 돌아가는 길에 함관령(咸關嶺)에서 날이 저물고 비가 내리자, 노래 한 장을 지어서 나에게 보내왔다.

여기 말한 '노래 한 장'(歌一章)이 바로 홍랑의 저 시조임은 물론이다. 이야기에 이어 홍랑의 시조와 자신이 한역한 「번방곡」을 옮겨 적고, 다시 이야기를 잇는다.

- '그 후 소식이 끊기었다. 을해년(1575)에 내 병이 깊어 봄부터 겨울까지 병상을 떨치지 못하였다. 홍랑이 이 소식을 듣고 그날로 길을 떠나 무릇 칠주야(七晝夜)를 지나 서울에 이르렀다. 때는 양계(兩界) 사람의 서울 출입을 금한데다가 국상(國喪: 인순대비의 상)이 있어 평상시와 같지 않았다. 사람들이 이 일을 많이 들어 말하여 나는 드디어 면관(免官)이 되었다. 또한 홍랑은 그 고향으로 돌아가게 되었다. 이별함에 이를 써 준다. 만력 병자년(1576) 여름 고죽병인(孤竹病人).

상허는 「기녀와 시문」에서 한문 원문으로 된 이 이야기를 옮겨 소개하고, '눈물겨운 루맨스다'고 하였다.

저때 고향 경성(鏡城)까지 되집어가야 하는 홍랑의 마음도 마음이려니와 칠주칠야(七晝七夜)의 먼 길을 찾아와 자기의 병시중을 들던 사랑하는 여인을 돌려보내야만 했던 고죽의 마음은 어떠했을까, 사랑을 말할 수 있는 사람이면 누구나 가슴 찡한 이야기가 아닐 수 없다.

고죽은 저 이별하는 날, 두 수의 한시를 홍랑에게 지어 준 바 있다. 「시첩」에도 적혀 있다 하거니와 두 수의 이별시 「증별(贈別)」을 내가 직접 찾아본 것은 이가원(李家源)의 『한국역대한시시화』(1980)에서 였다. 허경진의 『고죽최경창시선』(1990)에도 수록되어 있다.

> 玉頰雙啼出鳳城　　曉鶯千囀爲離情
> 羅衫寶馬河關外　　草色迢迢送獨行
>
> 相看脈脈贈幽蘭　　此去天涯幾日還
> 莫唱咸關舊時曲　　至今雲雨暗靑山

첫째 수엔 이른 아침 서울을 떠나 먼 길을 나선 홍랑의 모습이 점차 멀어져 감을 담았고, 둘째 수에 기약 없는 이별 길, 이젠 '묏버들' 옛 노래를 부르지 말라, 운우의 정만이 청산을 뒤덮고 있을 뿐이라는 고죽 자신의 안타까운 마음을 담아놓았다.

이 이별시를 한시 아닌 우리말 노래로 엮어놓았다면 얼마나 좋았을까. 무애 양주동(无涯 梁柱東) 선생도 어느 글에선가

> ─홍랑의 뛰어난 노래를 우리말로 창수(唱酬)하지 못한 고죽은 그 문장의 이름에 오히려 부끄럽다 하리라

며 아쉬운 바 있다.

사실, 오늘날 욕심에서 말하면 그렇다. 고죽이 우리말

로 창수하였다면, 백호(白湖)와 한우(寒雨)의 화답가와 같은 풍류시조를 우리는 또 하나 가질 수 있었을 것이기 때문이다.

그러나 무엇에나 욕심은 한정이 없는 것, 저 삼당파 시인으로 당대에 시명을 떨친 고죽이 한문으로나마 홍랑과의 애틋한 사랑이야기를 손수 써서 집안에 전하게 하고, 두 수의 이별시를 덧붙였다는 것만으로 고죽의 풍류를 높이 사서 좋을 것 같다.

또한 무애는 같은 글에서

- '뉘라서 이 북지(北地)의 순정한 재원(才媛)을 화류의 몸 이라 하느뇨'

하여, 홍랑을 기생으로 보는 것을 못마땅해 하였다.

그러나 홍랑이 기생이냐 아니냐는 것 또한 문제삼을 것이 못된다는 생각이다. 고죽도 이를 분명히 하지 않았다. 오직 그녀와의 처음 만남의 이야기에서,

- '홍랑이 군막에 따라와 있었다'

洪娘隨在幕中

고 하였을 뿐이다. 군막에서 시중 든 여인이었다면 저때

의 제도에서 보아 소실이라기보다도 수청기생 신분의 여인이었을 공산이 크다. 그래, 북도평사에서 천직된 고죽은 홍랑과 헤어질 수밖에 없었던 것이다. 기생 신분의 여인이 저렇듯 눈물겹고 뜨거운 사랑의 길을 좇은 것이라면 반가(班家) 여인이 저 길을 좇은 것보다도 더 높고 귀한 가화(佳話)로 전해져야 마땅하지 않을까.

물론 옛 기생을 모두 속되게 보아서의 이야기가 아니다. 송이(松伊)라는 기생은

'솔이 솔이라 하니 무슨 솔만 여겼난다
천심절벽(千尋絕壁)에 낙낙장송 내괴로다
길 아래 초동(樵童)의 접낫이야 거러볼 줄 이시랴.

며, 치근덕거리는 남성들에게 자신의 당찬 마음을 드러내 보인바 있거니와 의기(義妓)와 절기(節妓)도 어디 한두 사람이었던가.

그러나 고죽과 홍랑의 사랑에 얽힌 이야기는 되생각할 때마다 멋스럽기만 하다. 나만의 생각이겠는가. 나손 김동욱(羅孫 金東旭) 교수가 주관한 '한국문학비건립동호회'에서는 '홍랑시조비'를 건립하여 저들의 사랑을 기린바 있다.

20년 전인 1981년 11월 9일의 일이다. 장소는 경기도

파주군 다율리, 그리고 비에 새긴 홍랑 시조는 고죽이 저 「시첩」에 임사(臨寫)한 글씨를 확대한 것으로 되어 있다.

『나손서실통신(羅孫書室通信)』 제25호(1982. 1. 1)에서, 비석에 관한 일부를 옮겨 뒷날의 참고를 삼고자 한다.

 - '최만리(崔萬理)의 자손 해주 최씨 문중의 협조를 얻어 이태극(李泰極) 교수의 집전(執奠)으로 비가 세워졌다. 여기에 그 후손 최태호(崔泰鎬)·최기호(崔起鎬) 양 교수 및 연대에서 전규태 교수가 참석하여 성대하게 거행되었다.'

 - '비문은 최원보씨가 소장하고 있던 최고죽의 친필을 원형 그대로 확대해서 각자하였다.'

'한국분학비선립동호회'에서 홍랑의 시조비를 네 번째로 세우게 된 것도 저 멋진 시조에 얽힌 고죽과의 풍류가화를 기리자는 것이 아니었겠는가.

나손의 시조비건립 경과의 글에서 눈여겨볼 바는,

 - '최원보씨가 소장하고 있던 최고죽의 친필'

이란 대목이다. 여기 고죽의 친필이란 바로 홍랑의 시조를 임사한 고죽의 글씨를 말한 것이 된다. 이로써 보면 1930년 후반, 위창의 진장(珍藏)이던 「시첩」이 최원부씨 조상으로 된 것을 알 수 있다.

뿐만 아니라, 이 최원부씨의 소장이 지난번 〈조선일보〉 기사로 보아, 다시 '학고재(學古齋)' 소장으로 바뀐 것이 아닌가 싶다. 소장자야 누구이던 옥을 옥으로 간수하여 주었으면 싶은 마음 간절할 뿐이다.

이번 이 「시첩」이 다시 신문에 알려짐을 계기로 나는 「시첩」에 담겨 있지 않은 그 후의 홍랑과 고죽 간의 사랑이야기를 이어서 알게 되었다. 그것은 정민(鄭珉) 교수에 의하여 새롭게 밝혀진 이야기다. 반세기 남학명(南鶴鳴)의 『회은집(晦隱集)』에 전하는 이야기라 했다.

- 고죽의 후손에게 들으니, 홍랑은 고죽의 죽음 뒤에 스스로 얼굴을 지저분하게 하고 파주에서 묘를 지켰다 한다. 임진왜란 중에서 고죽의 시고(詩稿)를 등에 지고 피난가서 병화를 소실됨을 피할 수 있었다. 아들 하나가 있었다. 홍랑이 세상을 뜨자 고죽의 산소 아래 장사를 지냈다.

가 곧 그것이다. 「회은집(晦隱集)」 또한 직접 살펴보지 못하였으나, 이로 보면 1576년 서울에서 헤어졌던 홍랑과 고죽을 그 후에 다시 만날 수 있었던 것이다. 그것은 1582년 고죽이 종성부사(鐘成府使)의 임명을 받고 함경도에 갔을 때였다고 본다. 이때에도 함경도지방 수령으로의 임명이 부당함을 말한 일부의 반대가 있자, 고죽은 성균관 직장(直長)으로 고쳐 임명되었다. 다시 서울로 돌아와야 할 판인데 경성(鏡城) 객관에서 일생을 마치게 된다. 경성은 바로 홍랑의 고향이요, 고죽이 1573년 홍랑을 처음 만난 곳이기도 하다.

이렇게 되자, 홍랑은 고죽의 영구를 따라, 파주 해주 최씨 선산의 장지에 이르게 되었고, 평생 그 묘를 떠나지 않았을 것은 뻔한 일이다. 홍랑이 일생을 마치자 문중에서는 고죽의 묘 앞에 후장을 했다는 이야기다.

이상으로 나의 대학시절 홍랑의 시조를 처음 만난 이후, 고죽과의 애틋하면서도 풍류스러운 사랑이야기를 살펴 본대로 들어보았다. 물론, 서두에서도 말한 바 '홍랑의 시조 원본의 첫 공개'라는 조선일보의 기사로 하여 다시금 홍랑의 멋스러운 시조에 생각이 미쳤기 때문이다.

3

다시금 홍랑의 시조를 읊조려 본다. 저 〈시첩〉에 고죽이 임사한 옛 표기를 오늘의 표기법으로 옮겨 읊조려 본다.

묏버들 갈해 꺾어 보내노라 님의손대
자시는 창 밖에 심거 두고 보소서
밤비에 새닢곳 나거든 날인가도 너기소서

이렇듯 순연한 우리말로 풀어낸 옛시조는 흔하지 않다. '묏버들'은 산버들. '갈해 꺾어'는 가리어 꺾어, 골라 꺾어. '님의손대'는 님에게. 송강 정철의 「훈민가」에도 '손대'가 쓰인 예를 볼 수 있다. '뉘손대 태어났기에'. '심거'는 심어. '곳'은 강세조사. 이러한 낱말풀이가 없다 해도, 저 순연한 우리말로 엮어진 초·중·종장의 시행을 입 안에 공굴리며 나직이 읊조리자면 저 멋스러운 이별의 장면이 환하게 어려 든다.

이별이 불이되니 간장이 타노매라
눈물이 비 되니 끌듯도 하건마는
한숨이 바람이 되니 끌동말동 하여라

동방이 밝아오니 못내 이별 되겠구나
원수금야잔등별(怨讐今夜殘燈別)이오 명조불견상마시(明朝
不見上馬時)라
천고에 끝없는 한은 이뿐인가 하노라

울며불며 잡은 소매 떨치고 가들 마오
그대는 장부라 도라가면 잊건마는
소첩(少妾)은 아녀자라 못내 못잊습니다.

 이별을 두고 읊은 옛시조야 얼마나 많은가. 그 이별 마당의 노래들을 보면 '눈물'·'한숨'·'간장'·'한'·'원수' 등의 낱말들이 십중팔구 들어있다.
 사랑하는 사람끼리 헤어져야 한다는 것은 사실 슬픈 일이다. 안타까운 일이다. 어질어질 어지러울 일이다. 그렇다고 울며불며 붙잡고 아득바득 사생결단을 내겠다하여 이별이 그칠 것도 아니다.

잡사와 두어리 마나난
선하면 아니 올세라
셜은님 보내압노니
가시난닷 도셔 오쇼셔

의 부탁이나 바람도 차하다. 이별 마당에 자기 앞을 먼저 챙기는 일은 속되다. 이별도 한 치 물러서서 생각할 수 있을 때 멋스럽지 않을까.

　홍랑의 시조엔 속기가 없다. 담담함 속에서 순정을 느끼게 한다. 벼슬길을 내어던진 고죽의 사랑도 멋이 있다. 애인의 노래를 임사하고「시첩」을 만들어 집안에 전하게 한 고죽의 마음도 풍류적이다.

　사랑이 어지러운 세상일수록 사람들은 시공을 초월하여 홍랑의 시조와 고죽과의 사랑이야기를 되챙기지 않을까. 그리하여 빛을 더해 가리라는 생각이다.

송계연월옹의 시조풍류

1

송계연월옹(松桂煙月翁)의 신원은 미상이다. 오직 『고금가곡(古今歌曲)』의 편자로 알려져 있을 뿐이다.

필사본으로 전하여 온 『고금가곡(古今歌曲)』에는 두 종이 있다. 도남본(陶南本)과 가람본이 곧 그것이다. 도남본은 조윤제 소장본을, 가람본은 이병기 소장본을 일컬음이다.

두 책의 차이는 수록된 시조의 작품 수에서 볼 수 있다. 도남본에는 302수의 시조가 수록되어 있고, 가람본에는 305수의 시조가 수록되어 있다.

『고금가곡(古今歌曲)』은 원본의 표지가 떨어져나가 그 책명을 알 수 없었던 것을 이 책 편자의 시조작품 중,

'고금 가곡을 모도와 쓰는 뜻은'

의 중장이 있음을 들어 손진태(孫晉泰)가 명명한 것이다. 이 책의 편자가 밝혀진 것은 이 책의 끝부분에 있는,

- 「갑신춘 송계연월옹(甲申春松桂煙月翁)」이란 기록으로 하여서였다.

가람 이병기는 「조선어문학명저해제」(문장, 1940년, 10월호)에서 '갑신'년을

- 영조 40년(1764).

으로 추정하였다. 그리고 편자는 '수집한 노래를 인륜·권계·송축·정조(貞操)·연군·개세·우풍(寓風)·회고·탄로(歎老)·절서·심방(尋訪)·은둔·한적·연음(讌飮)·취흥·감물·염정(艶情)·규원·이별·별한(別恨) 등으로 분류하였다'는 간단한 해제를 덧붙였다.

『고금가곡(古今歌曲)』에서는 특히 이 책에서만 볼 수 있는 편자의 시조가 14수 전한다. 이들 작품으로 하여 송계연월옹의 편모를 그려볼 수도 있다. 한마디로 말하여, 시조에서 볼 수 있는 송계연월옹은 풍류인이었다.

- 松桂無塵事.

라 했던가. 저 맑은 경지에서 달(月)도 데불고 세상살이 즐기는 풍류 시인이었다.

2

송계연월옹의 14수 시조는 「고금가곡」 수록시조 305수에서 가번(歌番) 292~305로 실려있다. 모두가 노년의 작으로 볼 수 있다. 14수 중, 맨 앞에 수록된,

① 소시에 다기(多氣)하여 공명에 유의(有意)터니
　중년에 깨달아자 부운(浮雲)이라
　송하(松下)의 일당금서(一堂琴書)가 내 분인가 하노라.
　　　　　　　　　　　　　　　　　　　　　　[292]

의 시조와 맨 끝에 수록된,

② 칠십에 책을 써서 몇 해를 보잔 말고
　어와 망령이야 남이 일정 우울로라
　그려도 팔십이나 살면 오래 볼 법 있으니. [305]

로 보아서도 그렇다. 물론 14수 작품을 창작 연대순으로 수록하는 것이라고 단언할 수는 없다. 그러나 맨 앞의 작품과 맨 끝의 작품의 사이에 수록된 작품들도 그 내용으로 미루어보아 노년에 들어서의 작이라 할 수 있다.

①의 시조를 읊조리자면 먼저 완당 김정희의 저 유명한 『세한도(歲寒圖, 국보 제180호)』가 떠오른다. 두 작가의 처지와 환경은 달라도 시조 종장의,

－송하의 일당금서

의 여운과 『세한도』의 저 소나무·잣나무 사이의 한 채 집이 풍기는 여운에서 온 것일지도 모르겠다. 그 여운은 읽는 이, 보는 이로 하여금 다 같이 속되지 않는 아취에 젖게 한다.

　저 그림 속 한 채 집안에는 무엇이 들어있을까. 시조의 송하일당(松下一堂)에는 거문고와 책이 들어있다. 저 한 채 집안도 보나마나 아니겠는가. 속된 사람이 챙길 보물같은 것은 들어 있을 것 같지 않다. 그림과 노래에는 다 같이 인생이랑 '부운조로(浮雲朝露)'임을 깨닫게 하는 맑은 바람의 흐름[風流]이 있을 뿐이다.

　②의 시조에서도 풍류스러운 멋을 느끼게 된다. 초장 초구,

　－칠십에 책을 써서.

의 잭은 다음 시조로 하여 바로 『고금가곡(古今歌曲)』임을 알 수 있다.

　③ 늙어지니 벗이 없고 눈 어두워 글 못 볼쇠
　　고금가곡(古今歌曲)을 모도와 쓰는 뜻은
　　여긔나 흥을 붙여 소일(消日)코저 하노라. [304]

여기 『고금가곡(古今歌曲)』은 책이름을 말한 것인지, '옛날과 지금의 노래와 곡조'를 말한 것인지는 잘라 말할 수 없다. 그러나 앞에서도 말한 바, 바로 이 시조에 있는 '고금가곡'이란 말로 하여 표지가 없는 이 책의 이름을 삼게 된 것이다.

②, ③의 시조에서 우리는 송계연월옹의 낙낙한 마음과 낙관적인 모습을 볼 수 있다. '70에 책을 써도 80이나 살면 오래 볼 수 있지 않겠느냐'는 낙낙함이 있다. '늙으면 벗도 줄고 눈도 어두워지기 마련이거늘 바둥거릴 게 있나. 내 힘으로 내가 할 수 있는 일에나 흥취를 붙여 허송세월 아니었으면 한다'는 것이다. 늙어서도 자족·지족(自足·知足)이다. 이 또한 풍류인의 마음 아니겠는가.

④ 괘궁정(掛弓亭) 헤 다 저문 날에 큰칼 잡고 일어서니
  호산(胡山)은 저것이오 두만강이 여기로다
  슬프다 영웅이 늘거가니 다 젊기 어려워라. [297]

⑤ 삼십년 풍진 속에 동서남북 분주하여
  이 몸이 진(盡)하도록 나라 은혜 갚자더니
  병 들고 나이 많아 속절없이 저바려라. [301]

④, ⑤는 젊은 시절에 대한 회상이다. ①의 초장에서 솔직하게 들어내어 말한 바와 같이,

―'소시에 다기하여 공명에 유의터니'.

를 되짚어본 것이라 할 수 있다. 송계연월옹은 젊었을 때 '남북풍진'을 헤쳐보고 싶었던 무인이었던 것인가. 그러면서도 그가 젊어서 노렸던 것은 개인적인 명예나 영달이 아니었다. 두만강에 서서는 저 눈앞에 있는 '호산'(북방 오랑캐나라의 산)을 바라보았고, 30년 풍진을 헤치면서도 나라의 은혜에 보답하지 못한 것만이 애달팠음을 볼 수 있다.

  ―'만리변성에 일장검 집고 서서
    긴파람 큰 한 소리에 거칠것이 없어라'.

김종서(金宗瑞) 장군의 '긴 휘파람소리'는 들리지 않아도 송계연월옹의 젊었을 적 속되지 않은 우국충정과 호쾌한 일면을 볼 수 있는 시조들이다.

  ⑥ 마천령(摩天嶺) 올라앉아 동해를 굽어보니
    물 밖에 구름이요 구름 밖에 하늘이라
    아마도 평생장관은 이것인가 하노라. [296]

이 한 수도 ④, ⑤와 더불어 이야기하여 좋을 시조다. 옹졸한 소견머리의 사람이라면 이만큼 시원하고 호쾌한 시조를 읊조리기 쉽지 않을 터이다.

김유기(金裕器)의 시조, '태산에 올라 앉아 사해(四海)를 굽어보니/천지 사방이 휜출도 한저이고/장부의 호연지기를 오늘이야 알괘라'와는 격이 다르다. 『맹자』에 있는 이야기던가, '공자는 동산(東山)에 올라서야 노(魯)나라가 적은 것을 알았고, 태산(泰山)에 올라서야 천하가 적은 것을 알았다. 때문에 바다를 바라본 사람은 작은 시냇물을 말하기 어렵다'를 들어 노래한 관념적인 것이다. 이에 비하여 송계연월옹의 시조는 함경도에 있는 우리의 마천령[높이 725m]에 올라 우리의 동해를 바라보며 눈앞에 실제로 벌어져 있는 탁 트인 대자연을 읊은 것이다.

　-'평생 장관'

을 말하는 저 마음에 어떠한 속진·속기가 범접할 수 있겠는가. 무릎장단에 저 시조 한 수 읊었다면 그것만으로도 풍류인이라 할만하다.

　⑦ 저 건너 큰 기와집 위태(危殆)히도 기울었네
　　 저 집 사람들은 아는가 모르는가
　　 어데 가 긴 나무 얻어 괴어두면 좋을다. [295]

쉬운 마로 수수하게 엮어낸 시조다. '큰 기와집'은 주문갑제(朱門甲第), 권세 높은 사람의 집을 일컬음이다. 그

집이 위태롭게 되었다면 그 집 주인이 무엇인가 수분(守分)·수직(守職)을 다 못하고 있기 때문일 것이다. 그것을 안타까워하고 있다. 그 위태로움에서 벗어나게 할 수 있는 길은 없겠는가를 생각한다. 책선(責善)의 길이다. 잘못되기를, 짜부러지기를 바라고 고소하게 생각하는 마음과는 다르다. 이 또한 어데에 서거나 맑은 바람처럼 트인 풍류인의 마음이다.

⑧ 삼경(三更)의 월출(月出)하니 창외(窓外)에 송영(松影)
   일반청의미(一般淸意味)가 차시(此時)에 더욱 좋애
   묻노라 홍진취객(紅塵醉客)들은 자는가 깨였는가. [293]

⑦과는 달리 한자어를 초·중·종 3장에 모두 사용하고 있다. 특히 중장의

- 一般淸意味

로 하여 소강절(邵康節)의 「청야음(淸夜吟)」이 떠오르기도 한다.

月到天心處　　風來水面時
一般淸意味　　料得少人知

'한밤중에 달 돋으니'는 '달이 하늘 한복판에 이르렀

다'와 맞먹는 상(想)이다. '물위를 스쳐오는 바람' 대신 '소나무 그림자'를 들었다. 다 같이 '맑은 맛'을 느낄 수 있는 시간이요 공간이다. 정경이다. '이 맛을 알만한 사람이 얼마나 될까'를, '번거롭고 속된 세상 술 취한 사람들은 이 시간 잠들어 있는가 깨어 있는가'를 묻고 있다.

늙음에서 밤잠이 엷어진 것을 탓하지 않고 있다. 외려 그 불면증으로 하여 한밤중에 돋는 달과 창밖에 어린 솔그림자의 맑은 정취에 젖을 수 있어 좋다는 것이다. '홍진취객'들도 한밤중의 이러한 맑은 맛에 젖어 보라는 권이다. 함께 즐기자는 마음이다. 이 또한 풍류인의 마음 아니겠는가.

⑨ 거문고 타자 하니 손이 아파 어렵거늘
　북창송음(北窓松陰)에 줄을 얹어 걸어 두고
　바람에 제 우는 소리 이것이야 듣기 좋다. [294]

⑩ 이보오 내 머리가 하마 벌써 셰나이다
　늙거든 아니 셰랴 셰는 것도 예사니라
　셰기야 셸대로 셰거니 사랑이야 어데 가랴. [303]

⑪ 선연동(嬋硏洞) 깊은 골에 중총(衆塚)이 누루(累累)하니
　천고향혼(千古香魂)이 누고누고 묻혔난다
　인생이 죽을작시면 예와 묻혀 어떠하리. [299]

이 모두 얼마나 멋스럽고 낙관적인 시조작품들인가.

⑧에서는 늙음에서 온 엷은 잠으로 하여 밤중의 맑은 맛을 즐길 수 있어 좋다는 낙관론이더니 ⑨에서는 늙음으로 하여 손마디가 아파 거문고를 탈 수 없는 데도 낙관론이다.

북쪽 창의 우거진 소나무 그늘에 거문고를 걸어 두면, 솔바람에 거문고가 스스로 소리를 내니, 이 소리야말로 듣기 좋다는 즐거움이다. 관절신경통이나 관절류머티즘 같은 것도 늙으면 으레 따르는 것 아니겠느냐는 태평이다.

그래, ⑩에선 백발에도 전연 개의하질 않는다. '늙으면 아니 희어지겠느냐, 희어지는 것이 예사니라'의 마음가짐이다. 우탁(禹倬)의 「백발가」에 보이는,

- '한 손에 가시 들고 또 한 손에 막대 들고/
  늙는 길 가시로 막고 오는 백발 막대로 치렸더니……'
- '(춘산에 눈 녹인 바람) 적은덧 빌어다가 불리고자 머리 위에/귀밑에 해묵은 서리를 녹여볼까 하노라'

와 같은 조바심같은 것도 볼 수 없다.

외려 '머리가 희어지는 것이야 희어질대로 희어진다 해도 사랑이야 어디 가랴'의 마음이다. '신로심불로(身老

心不老)'의 마음이다.

⑪에선 죽음을 놓고도 농까지 치고 있다. '선연동'은 평양성 칠성문 밖에 있던 기생들의 공동묘지라고 한다. 권필(權韠)이 읊은 시로도 유명하다.

年年春色到荒墳　　花似新粧草似裙
無限芳魂飛不散　　至今爲雨更爲雲

해마다의 봄빛은 거친 무덤 이르러
꽃으로 단장하고 풀로 치마 두르네
꽃다운 넋들 흩어지지 않고
비도 되고 구름도 되네

가 곧 그것이다. 풍류객이 아니라도 '선연동'을 무심히 지나칠 시인이 있을 것 같지 않다. 송계연월옹도 이 '선연동'을 읊은 것이다.

'중총이 누루하니'는 누루중총(累累衆塚), 곧 다닥다닥 연달아 있는 많은 무덤을 일컬음이다. '천고향혼'은 천고(千古)에 죽은 아름다운 여인들의 혼, 곧 오랜 세월 묻혀 있는 기생들의 넋을 말함이다. 송계연월옹의 시인으로서의 풍류성은 종장,

　- 인생이 죽을 것 같으면 여기 와서 묻히면 어떠하리.

에 있다고 하겠다.

송계연월옹은 정작 죽음을 앞에 놓고도 여유만만이었다. 다음 시조가 말하여 준다.

⑫ 연분(緣分)이 그만인가 오늘이 이별이라
　일거삼천리(一去三千里)에 또 언제 다시 보리
　꽃 피고 달이 밝거든 날 왔는가 여겨라. [298]

이는 한 유언이요 절명사라 할 수 있다. 풍류랑 임제(林悌)는 39세에 죽음을 맞으며 처자에게,

－'천하의 여러 나라가 제왕을 일컫지 않은 나라가 없었는데, 우리 조선은 제왕을 일컫지 못하였다. 이 같은 나라에 태어나서 오래 살면 무엇하며 죽은들 무슨 한이 있겠느냐. 너희는 조금도 슬퍼할 것이 없다. 내가 죽거든 곡을 하지 마라.'

는 유언이었다고 한다. 유명한 이야기다. 송계연월옹은 70살에 『고금가곡』을 엮으며 '80이나 살면 10년을 더 이 책을 볼 게 아니냐'는 노래를 남겼거니, 저때만 해도 꽤 장수를 누린 분이라 할 수 있다. 그래도 90세를 넘긴 분에게 '백수를 누리십시오' 하면 '불과 몇 년을 더 살라는 것이냐'며 화를 낸다고 하지 않는가.

송계연월옹은 아주 차분한 마음이다. 자여손에게,

- '너희들과의 연분이 이제 다된 것 같다. 오늘로 영 이별이구나. 한번 먼 길을 떠나면 또 언제 다시 보겠느냐. 그러나 꽃이 피고 달이 밝은 날이면 내가 왔는가 생각하거라.'

의 유언이다. 이 얼마나 멋진 말인가. 끝으로 남은 두 수를 본다.

⑬ 벼슬을 매양 하랴 고산(故山)으로 돌아오니
　 일학송풍(一壑松風)이 이 내 진(塵)○다 씻었다
　 송풍(松風)아 세상 기별 오거든 불어 도로 보내여라.
[300]

⑭ 공산(空山)이 월백(月白)하고 소원(小園)의 곳○○○○
　 거문고 겻○○○○ 맑게 부니
　 송간(松間)의 자던 학(鶴)이 놀라서 넙○더라. [302]

이 두 수는 '○'으로 표시한 결자(缺字) 부분이 있다. 그러나 들어난 시어들 — 송풍·월백·거문고·송간·학 — 등으로 하여 '맑은 멋(淸意味)'이 깃들어 있는 작품임을 느끼기에는 어렵지 않다.

3

18세기 『고금가곡』의 편자인 송계연월옹의 14수 시조가 지닌 풍류성을 살펴보았다. 풍류인 송계연월옹이 아니었으면 『고금가곡』이 있을 수 없었고, 『고금가곡』이 전하지 않았으면 송계연월옹의 14수 시조도 전할 수 없었음은 물론이다.

심재완(沈載完)의 『시조의 문헌적 연구』에 의하면, 다른 가집에서 볼 수 없는 시조로 『고금가곡』에만 전하는 작품은 54수가 된다고 했다. 송계연월옹의 14수 작품도 포함된 숫자임은 물론이다. 『고금가곡』으로 하여 건져진 다른 작품에서도 풍류성 짙은 시조를 대할 수 있다. 작품 수록에도 편자의 풍류적인 안목이 따랐음을 본다.

새삼스레 송계연월옹이 그리워진다. 그 신원을 밝힐 수 있다면 하는 아쉬움도 남는다.

울울창창한 소나무 숲이 줄어만 들고 계수나무 박혔다는 달의 신화가 깨어진 오늘이다. 그러기에 송계연월옹과 같은 풍류인, 풍류시인이 더욱 그리운 것인지도 모른다. 사람살이에 맑은 맛을 돋우는 게 풍류이기 때문이다.

농촌살이 술자리 풍류

1

시조에 나타난 선인들의 농촌살이 풍류를 살펴보고자 한다. 먼저 채유후(蔡裕後, 1599~1660)의 두 수 시조가 떠오른다.

① 다나 쓰나 니탁주 좋고 대테 매온 질병드리 더욱 좋이
　어룬자 박구기를 둥지둥둥 띄어 두고
　아희야 저리김칠망정 없다 말고 내어라

② 흐리나 맑으나 중에 이탁주 좋고 대터 메온 질병들이 더 보기 좋이
　어룬자 박구기를 쓰렝동당 지둥지둥 띄어 두고
　아희야 저리침챌(沈柒) 망정 없다 말고 내어라

몇몇 낱말만이 다를 뿐, 노래의 내용은 다른 것이 없다. ②는 ①보다 부르는 이에 의하여 좀더 사설화되어 불린 것이라 할 수 있다.

①의 '다나 쓰나'는 술맛을 말한 것이요, ②의 '흐리나 맑으나'는 술의 빛깔과 농도를 말한 것이 된다. '니탁주', '이탁주'는 종전에 단순히 '쌀로 빚은 막걸리'라는 풀이었다. 말하자면, '니', '이'는 입쌀을 줄인 말로 본 것이다. 입쌀은 잡곡에 대하여 멥쌀을 이르는 말이다.

지난날의 막걸리는 멥쌀뿐 아니라 찹쌀이나 보리를 사용하기도 하였다. 그리하여 멥쌀로 빚은 막걸리는 그냥 '막걸리', '탁주'(濁酒)로 일컬었고, 찹쌀로 빚은 막걸리는 '찹쌀막걸리', 보리로 빚은 막걸리는 '보리단술'·'보리막걸리'·'맥탁'(麥濁)이라 하였다.

'입쌀막걸리'를 '니탁주', '이탁주'라 하였다느니 보다도 '니'와 '이'는 '리'(梨)의 표음(表音)이 아니었던가 싶다. 술을 빚는데 쓰는 누룩은 이른봄 배꽃이 필 무렵에 만든 것을 으뜸으로 쳤다. 또 이때에 만들어 놓아야 농사철의 막걸리(農酒)에 맞추어 쓸 수도 있었을 터이다. 이로 미루어 보아 '니탁주', '이탁주'는 배꽃 철에 만든 누룩으로 빚은 막걸리(梨濁酒)로 풀이하면 좋을 것 같다. 당장 상고할 길이 없으나, '이탁주'란 말은 고려 때부터 있어 왔다는 기록을 본 바 있다.

①에서의 '질병드리'나 ②에서의 '질병들이' 또한 흔히

질병(흙으로 구워 만든 병)의 복수로 풀이하고 있다. 그러나 가람[李秉岐]의 『역대시조선』 풀이에 의하면, '질로 만든 중드리'라 했다. '중드리'는 '중두리'와 같은 말로 '독보다 좀 작고 배가 부른 오지그릇'을 말한다. 지난날 시골살이에서 흔히 볼 수 있었던 그릇이다. ①의 '질병드리'나 ②의 '질병들이'를 다 같이 '질병두리'로 보아야 할 것이다.

또한 옛날의 농촌살이 주모(籌謀)로는 독이나 중두리뿐 아니라 작은 질그릇이라도 금이 가면 대테를 메워서 사용하기 마련이었다. 금이 갔을 때 뿐 아니라 금이 가기 전에도 미리 대테를 메워 오래 사용할 것을 요량하기도 하였다.

  -'대테 메운 질볕드리'

란 이를 말한다.

①에서의 '어론자'나 ②에서의 '어룬자'도 같은 경우의 감탄사로 '얼씨구나 좋다'의 뜻이 담겨 있다.

'박구기'는 박으로 만든 표주박. ①에서의 '둥지둥둥'이나 ②에서의 '쓰렝둥당 지둥지둥'은 박구기가 떠있는 모양에 소리까지도 따낸 말이다.

①에서의 '저리김치'나 ②에서의 '절이침채'는 다 같이 '절이김치' 곧 '겉절이'를 말하나, 여름철에는 흔히 국물을 잡아서 담는 열무김치를 즐겨 먹기도 한다.

채유후의 시조를 읽자면 나의 어린 시절에도 흔히 볼 수 있었던 농촌에서의 흥겨운 정경과 더불어 소설가 채만식(蔡萬植, 1902~1950)의 수필 『불가음주단연불가(不可飮酒斷然不可)』가 떠오르기도 한다.

> 여름날 남방 농촌에서 많이 보는 풍경인데 점심때 쯤 되어 논에서 김을 매던 농군들이 새참으로 논두렁에 앉아 막걸리를 먹는다. 뻑뻑얽한 막걸리를 큼직한 사발에다가 넘식넘식하게 그득 부은 놈을 처억 들이대고는 벌컥벌컥 한입에 주욱 다 마신다. 그리고는 진흙 묻은 손바닥으로 입을 쓰윽 씻고 나서 풋마늘대를 보리고추장에 꾹 찍어 입가심을 한다. 등에 착 달라붙은 배가 불끈 솟고 기운도 솟는다.

채유후와 채만식은 근 3백 년의 상거지만 농촌에 있어서의 막걸리 정경은 별반 다르지 않았으리라는 생각이다.

채유후는 17세기에 산 문신이었다. 벼슬이 이조판서·대제학에 이르렀으니, 당상관으로 문재에도 뛰어났던 분이다. 그의 문집 『호주집((湖州集)』(7월 3책)이 전하기도 한다.

그는 술을 좋아하여 때로는 주실(酒失)도 있었다 하나, 뜻은 벼슬에 보다도 시골의 산수에 두었다.

어떻게 하면 벼슬을 그만두고
산수에서 여생을 보낼 수 있을까

何當謝簪組　　林水送餘生

그의 오언시 「성중야작(省中夜酌)」의 시구를 보아서도 알 수 있다. 그는 인심세태에 대한 해학에도 능하였던 듯하다. 이익의 『성호사설』에 다음의 일화가 전하기도 한다.

채유후는 중신(重臣)으로서 나이 70여 세에 내간상을 당하자, 사람들은 문상을 늦추었다. 이제 그도 늙어 벼슬에서 물러날 터이니 별 볼일이 없겠다는 생각들이었다. 그러나 채유후는 강건한 몸으로 어머니의 탈상을 맞게 되었다. 다시 기복(起復)되리라는 것을 예견한 사람들이 많이 모여들자, 채유후는 여러 손들에게.

－'늙은 나이에 죽지 않고 다행히 탈상하기에 이르렀다'

고 하였다는 것이다. 초상 때보다도 대상에 많은 손이 모인 인정세태를 비꼬아 말한 것이 된다. '대감 죽은 데는 아니 가도 대감 딸이 죽은 데는 간다'는 속담과도 같다.

채유후의 이러한 기질·성품으로 보아, 그가 어느 시골 길에서 농부들의 막걸리판을 보았다면, 그냥 수염만을 쓰다듬으며 지나쳤을 것 같지 않다. 농부들은,

- '대감께서 어찌 이런 자리에…'

를 말하고 두렵고 송구해 했을지 몰라도 저 어른은,

- '다나 쓰나 이탁주 좋고 대체 메운 질중두리 더욱 좋으이'
- '흐리거나 맑거나 간에 이탁주 좋고 대체 메운 질중두리 더 보기 좋으이'

하며 호탕한 웃음으로 한자리 끼어들어, 술안주 걱정의 농부에겐,

- '겉절이일망정 없다 말고 내시게'

의 소탈함이었을 것이 분명하다.

당상관 벼슬아치와 농부가 어울린 막걸리판의 저 정경이 얼마나 멋진가. 저 멋에서 풍류를 볼 수 있다. 저 풍류 마당엔 한바탕 시원하고도 맑은 바람이 일렁거리지 않았겠는가.

2

채유후 이전의 시조에서도 농촌살이의 풍류를 엿볼 수 있는 작품들을 찾아볼 수 있다.

③ 대추 볼 붉은 골에 밤은 어이 뜻드르며
   벼 빈 그루에 게는 어이 나리는고
   술 익자 체장사 돌아가니 아니 먹고 어이리.

조선조 초기의 명재상 방촌 황희(黃喜, 1363~1452)의 시조다. 흔히, 이 시조는 명재상의,

– 태평한적(太平閑適)

을 노래한 시조라고 한다. 농부의 삶이라 하면 이만한 한때를 못 즐길 것 있겠는가. '칠월농부 팔월신선'이란 말도 전하거니와, 여름지이도 한마무리 지은 가을철, 밤·대추·햅쌀·논게 등 햇것들을 자기 분수에 맞게 챙겨 즐기자면 못 즐길 것도 없다. 자신의 처지를 비판·집착만 하다 보면 삶에서의 멋을 잃어버리기 쉽다.

풍류는 삶에서의 멋을 챙기는 일로부터 시작된다. 그리고 그것은 신분에 소관된 것도 아니다.

④ 뒷집에 술쌀을 꾸니 거친 보리 말 못 차다
　　즈노나 마고 찧어 쥐비저 괴아내니
　　여러 날 주렸던 입이니 다나 쓰나 먹으리라.

⑤ 질가마 조히 씻고 바희 아래 샘물 길어
　　팥죽 달게 쑤고 저리지이 끄러내니
　　세상에 이 두 맛이야 남이 알까 하노라.

죽소 김광욱(金光煜, 1580~1656)의 시조다. 그는 『죽소집(竹所集, 5권 2책)』의 문집 외에 「율리유곡(栗里遺曲)」 14수의 시조를 남겼다.

그는 채유후보다 19년장으로 벼슬길에게도, '공명도 잊었노라, 부귀도 잊었노라'로 불의와 부정에는 타협할 줄을 몰랐다. 권신 정인홍(鄭仁弘)이 광해군 때 회재 이언적과 퇴계 이황을 무고하자 홀로 상소를 올려 싸웠고, '폐모론'(廢母論)이 일자 벼슬을 버리고 고양(高陽)의 율리에 은거하였음은 유명한 이야기다.

율리에서의 자적한 생활을 읊은 시조들이 바로 「율리유곡」이다. 위 두 수의 시조에서 저러한 김광욱의 신분을 찾아볼 수 있는가. 사용한 용어며 내용의 정경들이 어느 시골 필부(匹夫)의 생활과 다를 바 없다.

④에서의 '술쌀'은 술을 빚을 쌀, '거친 보리'는 겉보

리, '즈노나'는 젓어 헤치며, '쥐비저'는 손으로 쥐어빚어를 말한다. 채유후의 '이탁주'가 아니라 '맥탁(麥濁)'이다.

 －'다나 쓰나 먹으리라'

김광욱의 저 모습에서 풍류스러운 멋이 돋는다.

⑤에서의 '질가마'는 흙으로 구워 만든 가마솥, '저리지이'는 절이김치를 말한다. 채유후는 '이탁주'에 절이김치였으나, 김광욱은 '팥죽'에 절이김치를 챙기고 있다. 이 절이김치는 열무김치가 아니었을까. 아무튼,

 －이 두 맛이야 남이 알까 하노라.

로 팥죽과 절이김치를 즐기고 있는 모습이 역시 풍류스럽다.

오늘날엔 시골의 농촌살이에서 저러한 풍류를 즐기려 해도 '보리막걸리'를 챙길 수 없을 뿐만 아니라, '질가마'·'바위 아래 샘물'이나 '절이김치'나 '팥죽'에 쓸 배추·열무·팥도 저때의 것과는 사뭇 다른 것들이 되어 있으니, 아쉬울 뿐이다.

고산 윤선도(尹善道, 1587~1671)의 시조도 떠오른다.

 ⑥ 보리밥 풋나물을 알마초 먹은 후에

바횟끝 물가에 슬카지 노니노라
그 남은 녀나믄 일이야 부랄 줄이 이시랴

⑦ 은순옥척(銀脣玉尺)이 몇이나 걸렸느냐
노화(蘆花)에 불 붙여 가리어 구어 놓고
질병을 거후리어 박구기에 부어다오.

⑥은 「산중신곡」 중 「만흥(漫興)」의 한 수요, ⑦은 「어부사시사」의 「추사(秋詞)」 중 한 수다.

⑥에서의 '알마초'는 알맞춰·알맞게, '슬카지'는 실컷, '녀남은'은 다른, ⑦에서의 '은순옥척'은 '은린옥척'과도 같은 말로 희고 큰 물고기, '노화'는 갈대꽃, '거후리어'는 기울이어를 말한다.

이들 시조에서도 시골살이의 멋스러운 정경들이 돋는다. 다만 채유후나 김광욱의 시조에서처럼 사람들과 어울리는 멋은 덜하다. 그러나 보리밥·풋나물·갈대꽃으로 불을 붙여 구워낸 물고기·질병·박구기 등이 시골살이의 멋을 풍기고 이것들을 찾는 마음이 풍류스럽다.

　- 다른 일이야 부러워할 것 없다.

로 세속적인 것에서 초탈하여 시골살이에 안분자족하는 마음이 풍류스럽다.

윤선도는 80여 생애였다. 그 4분의 1이 유배생활이었으나 나머지의 삶은 벼슬도 하고 은거생활도 하였다. 그러나 벼슬길에서는 자기의 소신을 굽힌 바 없었고, 뜻은 오히려 '산수간 바위 아래 띳집'에 두었었다.

이러한 선비의 기질과 풍류심에서 그의 『고산유고』의 시조들은 이루어진 것이다.

시대를 좀더 내려와서 남파 김천택(金天澤)의 시조도 떠오른다. 1723년 가집 『청구영언』을 엮었던 것으로 유명한 김천택은 『해동가요』의 편자인 김수장(金壽長)과 더불어 '경정산가단(敬亭山歌壇)'을 형성한 것에서도 유명하다. 이러한 면에서도 그의 풍류선을 찾아볼 수 있거니와 여기서는 시골살이에 얽힌 그의 시조 한 수를 들어본다.

⑧ 엊그제 덜 괸 술을 질동이에 가득 붓고
　설 데친 무우나물 청국장 끼쳐내니
　세상에 육식자(肉食者)들이야 이 맛을 어이 알리요.

이 시조는 경정산가단의 가객들이 한 자리 모였을 때에 읊었던 것인가. 계절은 '무우나물', '청국장'으로 보아 가을도 깊어가는 철이었던 것 같다.

'엊그제 빚어 넣어 덜 익은 술'을 모임의 가객들 맞이에 서둘러 걸러내어 '질동이'에 가득 부어 내놓는 것을 이 시조의 초장으로 하여 알 수 있다.

중장에서 말한 술안주는 '대강 데친 무우나물에 청국장을 끼얹어 낸 것'이다. 청국장에 무우생채 아닌 무나물을 먹자면 채친 무우를 푹 삶아 서는 제맛이 아니다. 설데친 듯해야 무우 맛과 청국장 맛이 입안에서 어울리게 된다.

경정산가단의 가객들과 돌림으로 노래를 하는 자리에서 김천택은 즉흥으로 이 시조를 지어 불렀던 것이라 할 수 있다. 이 시조에서 약간 풍류적인 멋을 덜리게 한 것은,

— 육식자(肉食者)

를 끌어넣은 것이다. 이를 한 서민의식의 발로라 할까. 그건 그로써 이야깃거리가 된다고 해도, 맑은 바람 흐르고 돌게 하여야 할 청유(淸遊)의 자리에서 분내(分內)의 것이 아닌 '육식자'를 끌어들인다는 것은 아무래도 걸맞지 않기 때문이다.

같은 경정산가단의 일원이었던 김유기(金裕器)도 그 자리에 함께 하였던 것일까. 그는 어떠한 시조를 지어 불

렀을까. 그에게는 시골살이를 노래한 다음 시조가 있다.

⑨ 오늘은 천렵(川獵)하고 내일은 산행(山行)가세
　꽃달임 모레 하고 강신(講信)일랑 글피 하리
　그글피 편사회(便射會)할 제 각지호과(各持壺果)하시소.

오늘날의 '천렵'·'산행'(사냥)·꽃달임(花煎놀이)은 그전과 많이 달라졌지만, '강신'·'편사회'는 이제 눈을 씻고 보려야 좀처럼 대해 볼 수 없는 것이 되었다. '강신'은 옛날 마을사람들이 춘추로 모여 향약(鄕約)할 때 술을 마시며 서로 지켜야 할 법이나 계를 맺었던 것을 이 이름이요, '편사회'는 편을 짜가지고 활을 쏘는 모임이었다. '각지호과'는 각기 술과 과실을 가지고 옴을 말함이다.

김천택과는 사귐이 도타웠다고 한다. 이 노래를 꼭 김천택이 '육식자'를 비꼰 저 자리의 돌림노래에 이어 불렀다고는 할 수 없다. 그러나

－'각지호과(各持壺果)하시소.'

의 저 한마디가 풍기는 풍류성은 김천택의,

－'세상에 육식자들이야 이 맛을 어이 알리오.'

보다도 더 멋스럽다. '우리가 마시고 먹을 것 우리가 가

져와 즐기면 될 일, 잘 살고 잘 먹는 사람 미워하고 싫어 할 것 있겠는가'의 뜻이 '각지호과'에 담겨 있기 때문이다. 김유기의 다음 시조에서도 그의 풍류적인 성품을 볼 수 있다.

⑩ 장부로 삼겨나서 입신양명(立身揚名) 못 할지면
　차라리 떨치고 일 없이 늙으리라
　이밖에 녹록(碌碌)한 영위(營爲)에 걸릴길 줄 있으랴.

개인적 출세에 양달머리를 부리며 의젓잖게 악착스러울 것이 아니라, 차라리 무위자연의 경지에 들어 자적하는 삶이 바람직하다는 이야기다.

사실 속된 생각을 버리지 못하고 풍류를 찾는다는 것은 아귀들의 싸움판에 들어 청풍명월을 찾는 격이 아니겠는가.

3

채유후의 시조에 이어 떠오른 황희·김광욱·윤선도·김천택·김유기의 시조들을 통하여 지난날 우리 농촌살이에 있어서의 술자리 풍류를 살펴보았다.

저 어른들의 저때의 농촌살이와 오늘날 우리네의 농

촌살이는 물론 많이 달라졌다. 농촌살이 뿐인가, 세상살이·사람살이가 문자 그대로 '천양지판이요 운니지차'를 이를만 하다.

그렇다고 해도, 위에서 살펴본 10수의 시조에 깃든 저 어른들의 술자리 풍류에 흐르고 있었던 저,

- 질박·검소한 바람
- 분외의 경영에 의젓잖은 악착을 멀리한 바람

만은 오늘의 우리네 농촌뿐 아닌 세상살이·사람살이에 되살려 흐르게 하고 싶은 마음이다.

세상에 굼뜬 생각이요, 뚱딴지같은 소리일까.

박효관·안민영의 사제 풍류

1

먼저 떠오르는 시조 한 수,

늙은이 저 늙은이 임천(林泉)에 숨은 저 늙은이
시주가(詩酒歌) 금여기(琴與碁)로 늙어오는 저 늙은이
평생에 불구문달(不求聞達)하고 절로 늙는 저 늙은이

안민영(安玟英, 1816~?)이 그의 스승 박효관(朴孝寬, 1800~1882)을 두고 읊은 시조다. 이재면(李載冕, 1845~1912)의 작(作)이라는 일설도 있으나, 『금옥총부-주옹만영(金玉叢部-周翁漫詠)』에 수록되어 있어, 주옹 안민영의 작(作)임이 틀림없다.

박효관과 안민영은 널리 알려진 바, 『가곡원류』(1876)의 공편자로 사제관계였다. 나이 차이는 16세, 박효관은 자를 경화(景華), 호를 운애(雲崖)라 했고, 대원군의 총애를 받은 가객으로 유명하다. '운애'라는 호도 대원군이 지어준 것이라 한다. 필운대의 운애산방에서 승평계(昇平稧)·노인계(老人稧) 등을 맺은 여러 인사 문생들과 80여 평생을 오직,

— 시와 술·노래와 거문고·바둑

으로 풍류로운 삶을 즐겼다.

안민영의 자를 성무(聖武)·형보(荊寶)라 했고, 주옹(周翁)과 구포동인(口圃東人)은 그의 호였다. 10세 전후부터 운애를 스승으로 삼아 거문고와 노래를 배우며 스승과 같은 풍류스러운 삶을 누리다가 그도 80여 세에 일생을 마쳤다. 그러나 그의 졸년(卒年)은 미상이다.

위 시조에서 주옹은 다음과 같은 시작 노트를 달았다.

— 운애 박 선생은 필운대에 은거하며 시·술·노래와 거문고로 늙어가고 있다.

이로써 스승을 읊은 노래임을 알겠거니와, 그 스승을

— 평생에 그 명성이 널리 알려지기를 구하지 않고 자연에 숨어 절로절로 늙어가는 저 늙은이

라 표현한 것이 재미있다. 위 시조에는 '늙은이'가 초장

에 세 번, 중장과 종장에 각각 한 번, 그리하여 47자로 이룬 한 수에 '늙은이'를 다섯 번이나 부르고 있다. 어쩌면 스승을 '늙은이'라 불러 제낀 것이 홀하지 않느냐고 할지 모른다. 그러나 맞대어 부른 호칭이 아니요, '임금님 욕도 안 듣는 데서는 한다'의 속말도 있지 않은가. 항차, 이 노래는 스승을 욕하자는 것도 흉보자는 것도 아니다.

  －늙은데기

하면 욕이 될 터요,

  －노인네
  －늙으신네

로는 노래로서의 정감이 덜리게 된다.

 운애가 잠시 자리를 뜬 사이 산방에 모여 노래를 즐기는 동료 가객들에게 스승에 대한 흥감에서 이 노래를 지어 불렀을 법도 하다. 꼭 그렇달 것도 없다. 운애와 어울린 한자리 풍류마당이었다고 해도 홀할 것이 아니요, 어울린 마당의 동료 가객들에게 스승을 말한 것이기 때문이다.

- 늙은이 저 늙은이

의 이 노래로 하여, 외려 운애와 주옹, 이들 사제 간의 아름다운 어울림을 볼 수 있다고 할 수 있지 않을까.

운애는 『금옥총부-주옹만영』의 서문에서 주옹을 평하여,

- 성질이 워낙 고결하고 운치가 뛰어나 산수를 좋아하고 공명을 구하지 않았다. 구름처럼 자유롭게 호방하게 놀기를 좋아하여 노래를 잘 짓고 음률에 정통하였다.

고 하였다.

그 스승에 그 제자였던가. 주옹은 운애를 '불구문달(不求聞達)'이라 했고, 운애는 주옹을 '불구공명(不求功名)'이라 했다. 운애와 주옹, 노래로써 인연을 맺고 한생을 즐긴 이들 사제 간의 풍류를 좀 더 살펴보기로 한다.

2

운애가 83세를 일기로 세상을 떠나자 주옹은 만시(輓詩)를 읊었다.

필운대 호림원(好林園)에 시주가금(時酒歌琴) 팔십 년을

희노(喜怒)를 불형(不形)하니 군자지풍(君子之風) 이른다
지금에 학가난준(鶴駕鸞駿)으로 승피백운(乘彼白雲)함인저

이 만시에도 시작 노트를 곁들였다.

'스승을 좇아 섬긴 지 60년에 사제의 정과 붕우의 의(誼)를 겸하였다. 밤낮으로 서로 좇아다니어 잠깐 동안이라도 차마 떠나지 못하였다. 이제 스승께서 세상을 떠나시니 나는 또 언제 갈 것인가'가 곧 그것이다.

이때 주옹의 나이는 67세였다. 이보다 2년 앞서 운애가 81세이던 해, 주옹은 다음의 시조를 읊기도 했다.

팔십일 세 저 늙은이 시하술이갱소년(施何術而更少年)고
성시산림(城市山林) 구름 속에 약(藥)캐기를 일삼노라
그러면 도호(道號)를 뉘라하노 운애(雲崖) 선생이로다

같은 해의 9월 단풍놀이에서 운애의 모습을 읊은 사설시조도 전한다. 이때의 단풍놀이에는 운애를 비롯하여 황자안(黃子安)과 당대의 명가(名歌)·명희(名姬)·현령(賢伶)·유일(遺逸)·시객(時客)들이 한 자리에 어우러졌다. 운애의 정정한 모습이 사설시조의 첫머리에 드러나 있다.

팔십일 세 운애선생 뉘라 늙다 일렀던고
동안(童顔)이 미개(未改)하고 백발이 환흑(還黑)이라

두주(斗酒)를 능음(能飮)하고 장가(長歌)를 웅창(雄唱)하니
       신선의 바탕이요 호걸의 기상이라

 사설시조는 한바탕 어우러진 놀이의 광경으로 이어진다. 밤을 새워 당대의 명창인 박유전(朴有田)·손만길(孫萬吉)·전상국(全尙國)의 「적벽가」를 듣기도 한다. 다음날 헤어지며 이 놀이를

   -생각하는 회포야 어느 끝이 있으리.

로 사설시조는 맺어진다. 이 사설시조의 시작 노트에서 주옹은 운애에 대한 한 가닥 불안을 곁들여 놓고 있다. '아아, 박운애·황자안 두 선생은 90세를 바라보는 노인으로 아직도 청춘의 왕성한 기력이 덜리지 않고 있으나, 오늘의 이 모임이 명년에도 있을 것인가.' 스승이 나이를 더해감에 대한 걱정을 드러낸 것이다.
 주옹이 운애의 생전에 읊은 시조 몇 수 더 들어 본다.

   높으락 낮으락하여 멀기와 가깝기와
   모지락 둥그락하여 길기와 져르기와
   평생에 이러하였으니 무삼 근심 있으리.

 시작노트에는 '운애 박선생은 평생 기쁨은 있어도 성냄이 없고, 대인(待人)·접물(接物)에 매양 기뻐하니, 가히 군자

의 풍도를 지녔다 하겠고, 또한 무수태평옹(無愁太平翁)이라 하겠다'고 했다.

주옹이 운애의 문하에 들어 얼마를 지낸 후에 이 노래를 읊었는지는 밝혀져 있지 않다. 그는 운애를 안회(顔回)가 스승 공자(孔子)를 찬양하여 말한,

- 선생의 인격은 우러러볼수록 더욱 높아가고 뚫을수록 더욱 굳어진다. 그 모습은 앞에 계시다가도 홀연 뒤에 계신다.

를 생각하며 이 시조를 읊었던 것인가. 운애의 주량을 이백(李白)에, 가성(歌聲)을 이구년(李龜年)에 비겨 노래한 사설시조도 있다. 그 첫 부분만을 들어보면 다음과 같다.

인왕산하(仁王山下) 필운대는 운애선생 은거지라. 선생이 평생에 호방자적하여 불구소절(不拘小節)하고 기주선가(嗜酒善歌)하니 주량은 태백(太白)이요 가성은 구년(龜年)이라. 산수(山水)같이 높은 이름 당세 들레이니 풍류재자(風流才子)와 야유사녀(冶遊士女)들이 구름같이 모여들어 날마다 풍악(風樂)이요 때마다 술이로다. 선생의 넓은 주량 두주를 능음(能飮)커늘 어찌타 첫잔부터 사양함이 진정인 듯 춘풍화류호 시절에 갖은 기악(器樂) 앞히고서 우계면(羽界面)을 부를 적에 반공에 떴는 소리 유량청월(劉亮淸越)하여 들보 띠끌 날아가고 나는 구름 멈추우니

이 아니 거룩하냐

술과 노래의 저 자리가 '가히 태평성대의 호화락사(豪華樂事)'라 해도 마냥 마시고 놀자판이 아니었다.

－어찌타 첫잔부터 사양함이 진정인 듯.

에 드러나 있다. '넓은 주량으로 말술을 능히 마시는' 운애도 노래[羽界面]를 부르고자 할 때엔 술잔을 들지 않았던 것이다. 그야말로 예술을 위한 풍류마당이었음을 짐작할 수 있다.

다음 시조에서도 그러한 풍류마당을 대할 수 있다.

구포동인(口圃東人)은 춤을 추고 운애옹은 소리한다
벽강(碧江)은 고금(鼓琴)하고 천흥손(千興孫)은 피리로다
정약대(鄭若大) 박용근(朴龍根) 해금 저(笛) 소리에 화기 융농(融濃)하더라

시작 노트에 의하면 '구포동인'은 대원군이 주옹에게 내린 호였음을 알 수 있다. 또한 '벽강'은 김윤석(金允錫)의 호요 '천흥손', '정약대', '박용근'은 당대 제일의 악공(樂工)들 이름이라고 했다.

이 시조의 풍류마당에선 주옹이 춤을 추고 운애는 노래를 부르고 있다. 사제 간의 춤과 노래가 어울린 한

마당이다. 거기엔 당대 으뜸의 악공들에 의한 거문고·피리·깡깡이 반주도 따랐던 것을 볼 수 있다. 얼마나 흐드러진 풍류마당이었겠는가.

주옹이 운애산방을 찾아갈 때의 관경을 볼 수 있는 시조도 두 수 전한다. 그 한 수는 눈바람 치는 겨울밤에 찾아가는 광경이요, 다른 한 수는 봄날의 해질녘에 찾아가는 광경이다.

> 공산 풍설야(空山風雪夜)에 돌아오는 저 사람아
> 시비(柴扉)에 개소리를 듣느냐 못 드느냐
> 석경(石逕)에 눈이 덮였으니 나귀혁(革)을 놓으라.

이 시에도 시작 노트가 딸려 있다. '갑술년(1874) 겨울밤에 목산 강경학(木山 姜景學)과 더불어 운애산방을 찾아갔다. 이날 밤은 대설이 분분하여 길을 찾기가 어려웠다. 선생께서 문에 의지하며 개짓는 소리가 들리느냐고 크게 외치셨다'고 했다. 이로 하여 지은 시조라는 것이다.

따라서 이 시조는 그날 밤 문밖까지 나와 기다리는 스승의 제자 사랑에 감격하여 읊은 것이 된다. 초·중·종장 모두는 운애가 문 밖에서 외친 말로 되어 있다. 주옹의 서술은 따로 들어있지 않다.

−돌아오는 저 사람아.

의 사람도 그날 밤 들리기로 되어 있는 주옹을 일컬음이다.

 - 개소리를 듣느냐 못 듣느냐.

도 개 짖는 소리 쪽으로 길을 짐작하여 오라는 운애의 말이다.

 - 나귀혁을 놓으라.

도 운애의 외침이다. 돌질에 눈이 덮혔는데 나귀의 고삐를 바짝 쥐고 있으면 나귀가 넘어지기 쉬움을 걱정한 운애의 심정이 담겨 있다.

 이때 주옹의 나이 59세였다. 75세의 선생이 육십이 다된 제자의 밤길을 걱정하는 정경이 아름답기만 하다. 선생의 저 마음을 노래로 읊어낸 제자의 마음도 아름답다. 이 또한 사제 간의 한 풍류가 아니겠는가.

 주옹은 운애산방을 드나들 때면 나귀를 이용하였던 것인가. 무인년(1878)의 어느 봄날, 연호 박사준(連湖 朴士俊)·화산 손오여(華山 孫五汝)·벽강 김윤석과 더불어 운애산방에 갈 때에도 나귀를 이용하였던 것을 본다. 하긴, 악기도 싣고 일용품과 먹을 것도 싣고 갔어야 할 터이다.

젼나귀 혁을 치니 돌길에 날래거다
아희야 채를 긋고 술병 부대 조심하라
석양이 산두(山頭)에 거졌난데 학(鶴)의 소래 들리더라.

다리를 저는 나귀(蹇廬)에 몇 가지 짐을 싣고 운애산방엘 가는 길이다. 돌길인데다가 나귀도 비리비리하고 다리를 절기까지 하니, 고삐를 잡고 가는 아이는 나귀에게 때로 채찍을 가할밖에. 주옹은 아이에게,

– 채찍질을 그치고 나귀등에 실은 술병을 부디 조심하라.

는 당부다. 운애산방에도 가까운 지점에 이르렀다. 지는 해는 산머리에 걸렸는데, 스승 운애가 부르는 노랫소리가 들려온다. 주옹은 그 노랫소리를,

– 학의 소리

라 했다. 이때 운애는 79세였다. 주옹은 81세 때의 운애의 모습을 노래하며,

– 白髮還黑

이라 한 바 있지만, 80 가까운 나이 때엔 학발(鶴髮)이었던가. 그야 어떻든 스승의 노랫소리를 '학의 소리[鶴唳聲]'로 비유한 것에서도 스승에 대한 제자의 마음을 읽을 수 있다.

주옹은 운애산방에 들어 여러 가우(歌友)들과 회작(會酌)을 즐길 때엔 언제나 희희낙락이었다. 을해년(1875) 봄, 회작의 자리에서 부른 노래에서도 이를 볼 수 있다.

우사사(雨絲絲) 풍습습 화쟁발(風習習花爭發)을
만성도리(滿城桃李)는 성세에 춘광이라
우리는 강구일민(康衢逸民)인저 태평가를 부르리라.

초장의 발성부터가 경쾌하다. '비는 실실, 버들도 실실, 바람은 솔솔, 꽃은 다투어 피고' 운애산방의 이 자리에서 스승을 모시고 여러 문생 어울려 태평성대 태평가로 즐겨보자는 것이다.

이상 10수의 시조를 들어 운애와 주옹의 사제 간 풍류마당을 살펴본 셈이다. 『금옥총부-주옹만영』에 수록된 주옹의 180수의 작품에서 널리 회자되어 온 「매화사(梅花詞)」 8수도 운애산방에서 이루어진 작품이다. 그 첫수인,

매영(梅影)이 부딪힌 창에 옥인금차(玉人金釵) 비꼈은저
이삼 백발옹(白髮翁)은 거문고와 노래로다
이윽고 잔 잡아 권할 적에 달이 또한 오르더라.

에 시작 노트를 곁들였다. '경자년'(1870) 겨울 운애산방에서 선생과 오기여 선생, 그리고 평양기생 순희(順姬)·전주기생 향춘(香春)과 함께 노래한 거문고를 즐겼다. 선

생은 본시 매화를 좋아하여 손수 심어 상머리에 두었는데 마침 두어 송이가 벙글어 향기가 떠돌았다. '인하여 「매화사」 우조(羽調) 1편 8수를 지었다'가 곧 그것이다.

그리고 보면, 주옹의 유명한 「매화사」도 운애산방의 그날 그 자리가 아니었더면 이루어질 수 없었던 것이 아니었을까. 그때 운애는 71세, 주옹은 55세의 나이였다. 두세 백발옹과 기생들이 어울려 노래를 부르고 거문고·가야금을 뜯으며 즐기는 자리에서 매화사는 지어진 것이다. 셋째 수에서는 매화의,

　－氷姿玉質
　－雅致高節

을 노래하기도 하였다. 기생들과 어울린 그 자리였다 하여 무슨 잡티가 섞일 수 있겠는가. 오직, 상머리에 놓은 매화와 같이 그윽한 향기를 일렁이게 하는 자리였을 것이다.

3

주옹의 시조에서 운애와의 사제관계를 살펴보았다. 살펴보는 동안 부러움과 아쉬움이 자꾸만 굽일어 드는

것을 어쩔 수 없었다. 부러움은 저 60여 년에 걸친 '사제의 정과 붕우의 의'를 겸한 두 사람의 한결같이 아름답고 멋스러운 어울림이요, 아쉬움은 나의 지나온 길과 오늘의 '선생'과 '학생'에 생각이 미쳤기 때문이다.

물론, 오늘의 선생과 학생관계를 옛날의 사제관계로,

　－師父一體
　－師嚴生敬

을 주장하고 싶은 생각은 없다. 그러나 아무리 대량화되고 대중화된 교육이라고 해도 선생과 학생관계가 오늘날과 같은 것이어서는 각박한 것이 아니냐는 생각만은 떨쳐버릴 수 없다.

　－'공산 풍설야'

에 제자의 안위를 걱정하는 선생,

　－'스승의 춤'

에 춤사위를 맞추는 학생이 그립기만 하다. 앙앙불락하여 각박해진 곳에는 풍류가 깃들 수 없다.

운애 박효관에 얽힌 주옹 안민영의 시조를 새삼 챙겨 본 것도 이 때문이다.

안민영의 기생풍류

1

　안민영(安玟英, 1816~?) 『금옥총부-주옹만영(金玉叢部-周翁漫詠)』(1885)에는 자작 시조 180수가 수록되어 있다. 19세기말까지 개인 시조집으로는 이세보(李世輔, 1832~1895)의 『풍아(風雅)』·『시가(詩歌)』에 수록된 458수의 다음가는 작품량이다.

　안민영은 180수의 작품마다에 자신이 직접 주를 달아 놓았다. 한 보기를 들면 다음과 같다.

> 즐거워 우슴이오 감격(感激)하야 눈물이라
> 흥(興)으로 노릭여늘 기운(氣運)으로 춤이로다
> 오늘날 가여무(歌與舞) 소여루(笑與淚)는 우석상서(又石尚書)쥬신 비라

　이 시조에는 '丙子六月二十九日 卽吾回甲日也. 石坡大老 爲設甲宴於 孔德里秋水樓 命又石尚書 廣招技樂 盡日迭宕.

是豈人人所得者歟'라는 주가 달려 있다. 말하자면 '시작노트'인 셈이다. 우리말로 옮기면,

> 병자년(1876) 6월 29일은 나의 회갑날이다. 석파어른(李昰應: 홍선대원군)께서 공덕리 추수루에 회갑잔치를 베풀고 우석상서(李載冕: 대원군의 아들)에게 기생·악공들을 널리 불러 하루 종일 질탕하게 놀라는 명이셨다. 이런 일을 어찌 사람마다 누릴 수 있을 것인가.

의 뜻이다.

이 같은 '시작노트'와 180수 작품들을 살피자면 당대 기생들의 이름이 수다히 등장한다. 기생의 이름이 등장하는 작품 수는 54수에 이른다. 이 54수 작품의 '시작노트'에서 확인할 수 있는 기생의 실명을 들어보면,

순희(順姬)·향춘(香春)·청옥(靑玉)·옥절(玉節)·초월(楚月)·농월(弄月)·옥소선(玉簫仙)·산홍(山紅)·소홍(小紅)·난주(蘭舟:蘭株)·봉심(鳳心)·혜란(蕙蘭)·가향(可香)·양대운(襄坮雲:陽臺雲:梁臺)·비연(飛燕)·설향(雪香)·연화(蓮花)·연연(娟娟)·도화(挑花)·명옥(明玉)·월중선(月中仙)·능운(凌雲)·송옥(松玉)·설중선(雪中仙)·삼증(三憎)·송절(松節)·동방규(東方仸)·경패(瓊貝)·해월(海月)·홍련(紅蓮)·명월(明月)·금화(錦花)·영월(影月)·화향(花香)·월출(月出)·초옥(楚玉)·금향선(錦香仙)·연연(姸姸)·은향(銀香)

등 39명이다. 이 중 제일 빈번히 등장한 인물은 해주 기생 '옥소선'으로 아홉 번이나 그 이름이 나온다. 대원군이 총애하여 '옥수수'의 애칭을 내리기도 한 당세의 명희(名姬)라 했다. 옥수수는 속칭 '강냉이'이기도 하다. '혜란'은 평양의 혜란과 담양의 혜란이 있으니, 39명이 아닌 40명 기생의 등장이라고 할 수 있겠다. 『기생안책(妓生案冊)』을 들추어보는 느낌이요, 또한 『춘향가』에서 기생 점고(點考)의 한 대문을 듣는 느낌이기도 하다.

- 우후동산(雨後東山) 명월(明月)이.
- 어주축수애산춘(魚舟逐水愛山春)
- 기불탁속(飢不啄粟) 굳은 절개 만수문전(萬壽門前) 채봉(彩鳳)이.
- 어여쁘고 고운 태도 화중군자(花中君子) 연심(蓮心)이.
- 형산백옥(荊山白玉) 명옥(明玉)이.
- 운담풍경근오천(雲淡風輕近午天) 양류편금(楊柳片金)의 앵앵(鶯鶯)이.
- 광한전 높은 집에 헌도하던 선비(仙妃) 반기 보니 계향(桂香)이.
- 수첩청산(數疊靑山)의 운심(雲心)이.
- 월궁에 높이 올라 계화를 꺾어 애절(愛折)이.
- 차문주가하처재(借問酒家何處在)오 목동요지(牧童遙指) 행화(杏花).

- 아미산월반륜추(峨眉山月半輪秋) 영입평강(影入平羌) 강선(江仙)이.
- 오동 복판 거문고 타고 나니 탄금이.
- 만당추수(滿塘秋水) 홍련(紅蓮)이.
- 주홍당사(朱紅唐絲) 차고 나니 금낭(錦囊)이
- 양대선(陽臺仙)
- 월중선(月中仙)
- 화중선(花中仙)
- 금선(錦仙)
- 금옥(錦玉)
- 금련(錦蓮)
- 바람 마진 낙춘(落春)이.

『춘향가』의 점고에 등장하는 남원 기생은 22명이다. 안민영은 이보다 배에 가까운 수의 기생을, 그것도 전국의 여러 곳을 '시와 노래·거문고와 춤'으로 돌아다니며 기생들과 어울렸다. 그 어울림에서의 풍류를 살펴보고자 함에 앞 사설이 길어졌다.

2

여기서 지난날 기생의 유래나 기생을 둔 사회적인 제도를 이야기할 필요는 없을 것 같다. 다만 김용숙(金用

淑)이「조선 말기의 기생」에서 말한 바를 들어 두고자 한다. 기생을 세 갈래로 들어 말하였다. '일패(一牌)기생'· '삼패(三牌)기생'이 곧 그것이다.

> 일패기생은 관기(官妓)를 총칭한다. 예의범절에 밝고 대개 유부기(有夫妓)라 불리우고 밀매음녀에 가까웠다. 삼패기생은 창녀(娼女)로, 몸을 파는 매춘부라 할 수 있다.

의 풀이이다. 안민영과 어울린 기생들은 어느 갈래에 속했을까, 주로 '일패기생'이었다고 할 수 있다.

― 風流數澤

으로 '기생이 있는 곳'「기루(妓樓)」를 말하고, '기생과의 염사(艶事)'에

― 風流佳事·風流韻事

의 문자를 쓴 것을 보면 기생과의 어울림에도 풍류가 있었던 것을 볼 수 있고, 풍류로 어울릴 수 있는 기생이라면 일패기생들이었을 것이기 때문이다.

이제, 안민영의 기생풍류를 그 작품을 들어 살펴보고자 한다.

① 두견(杜鵑)의 목을 빌고 쇠소리 사설(辭說) 수어
　공산월(空山月) 만수음(萬樹陰)의 지저귀며 우럿싀면
　가슴에 돌갓치 믿친 피를 푸러볼가 하노라

'시작노트'에는 5명의 기생이 등장한다. "담양의 능운, 순창의 금화, 칠원의 경패, 강릉의 영월, 진주의 화향은 모두 이름난 기생이다. 이 중 능운이 가무에 가장 뛰어났다. 나는 이 사람과의 사귄 정분이 깊고 가까워 다년간 서로 따랐다. 환향 후, 생각하는 회포가 없지 않다"고 했다. '교계심밀 다년상수(交契深密 多年相隨)'라 한 바와 같이 그들의 사귐은 깊었다. 다음 두 수 시조에서도 능운과의 깊은 관계를 볼 수 있다.

② 벽상(壁上)에 봉(鳳) 그리고 머뭇거려 도라설졔
　압길을 헤아리니 말머리에 구름이라
　잇쩍에 가업슨 나의 회포는 알니업셔 허노라

③ 차차(嗟嗟) 능운이 기리 가니 추성월색(秋成月色)이 임자 업늬
　앗츰 구름 저녁 비에 생각 겨워 어이 헐고
　문(問)나니 청가묘무(淸歌妙舞)를 뉘게 전코 갓느니

②는 안민영이 호남길에 순천·광주를 거쳐 담양 능운의 집에 이르러 읊은 것이요, ③은 능운이 세상을 떠난

후에 읊은 것이다.

②의 '시작노트'에 의하면 안민영이 능운의 집에 이르렀을 때, 능운은 집을 비우고 없었다. 전날에 장성 김참봉의 부름을 받았던 것이다. 능운 모는 안민영에게 하루를 머물러 능운을 보고 떠나라고 만류했다. 그러나 안민영은 길이 바쁨을 들어, ②의 시조만을 남기고 그의 집에서 돌아섰다고 했다.

③의 '시작노트'에는 "담양의 능운이 이미 세상을 떠났다. 호남풍류가 이 좇아 끊어지게 되었다"는 탄식이 담겨 있다.

안민영과 능운의 이러한 관계를 탁하고 속된 것으로 보아야 할 것인가. 아름다운 교분을 느낄 뿐 속되다는 생각이 일지 않는다.

④ 어득헌 구름가에 슘에 발근 달 아니면
    희미헌 안개 속에 반만 녈닌 솟 치 로다
    지금에 화용월태(花容月態)는 너를 본가 허노라.

안민영은 평양기생 혜란과의 교분도 깊었다. 이 시조는 그를 두고 읊은 것이다. '찬평양기혜란(讚平壤妓蕙蘭)'이라 했다. 혜란과의 교분에서 이루어진 시조는 네 수가 더 있다. '시작노트'를 종합해보면, 안민영은 연호(蓮

湖) 박사준(朴士俊)이 평양 병막(兵幕)에 있을 때에 내려가서 7개월간을 그곳에 머무는 동안 혜란과의 정의는 아교와 옻칠과도 같았다고 했다.

혜란에 대한 찬사는 ④에서의 '화용월태'의 뛰어남뿐이 아니었다. 난초를 잘 치고, 노래와 거문고로도 평양성 안에서 으뜸이었다고 했다. 그녀와의 이별은 장림(長林)의 북쪽에서 이루어진다. 거기까지 따라나와 배웅하는 혜란을 두고 읊은 두 수의 시조에선,

⑤ 옥협(玉頰)에 구는 눈물 나건(羅巾)으로 시쳐닐졔
가난 닉 마음을 네 어이 모르넌다
네 정녕 웃고 보닉여도 간장(肝腸) 슬데 하물며

⑥ 임 이별 하올져긔 져는 나귀 한치 마소
기노라 돌쳐 션졔 저난 거름 안이 련덜
쏫 아릭 눈물 적신 얼골을 엇지 자세이 보리요

서로 헤어짐의 어려움과 슬픔을 들어 말하기도 하였다.

⑦ 병풍에 그린 매화 달 없으면 무엇하리
병간매월 양상의(屛間梅月兩相宜)는
매불표령월불휴(梅不飄零月不虧)라
지금에 매불표령 월불휴하니 그를 조히 녀기노라

'시작노트'에는 "평양에 내려가서 처음에 혜란과 더불어 서로 정을 쏟았다(與蕙蘭妓 相對注情)"고 했다. 이 '주정(注情)을 꼭 품에 안았다고 할 것인가.

이 혜란과 더불어 하루는 모란봉의 꽃구경을 한 바 있다. 그때 소홍이란 기생도 동행이었다. 서울에 돌아와서 뒷날 이 소홍을 생각하며 읊은 시조가 있다.

⑧ 관산천리(關山千里)머다 마라 구름 아릭 그곳이라
　마음은 가건마는 몸이 어이 못가난고
　지금에 심거 신불치(心去身不致)하니 그를 셜워 하노라

이 시조의 '시작노트'에 보이는 '상수지정(相隨之情)'이나 혜란을 두고 말한 '상대주정'이나 다를 바 없는 게 아니겠는가. 노래와 춤의 풍류를 두고서의 일컬음이었다. 지난날의 기생제도하에서 기생들을 품에 안는 데에는 한 법도가 있었다. 그 법도 안에서의 놀이가 기생풍류였다.

해주기생 옥소선이 등장하는 시조는 혜란보다도 더하여 9수에 이른다. 혜란의 아름다움을 '화용월태'(⑧)라 하였지만, 옥소선의 아름다움은 '설부화용(雪膚花容)'이라 했다.

⑨ 희기 눈 갓트니 서시(西施)에 후신인가
곱기 꼿 갓트니 태진(太眞)에 넉시런가
지금에 설부화용은 너를 본가 허노라

서시와 양귀비에 비유한 것이다. 이 옥소선은 대원군이 총애하여 내의녀(內醫女: 약방기생)로 불러 삼행수(三行首)에 이르게 한 기생이기도 하다. 약방기생에서 물러난 후, 해주에 가서도 수차 상경하여 운현궁에 들었고, 그때마다 안민영과의 만남도 이루어졌다. 1877년의 겨울, 다시 해주로 돌아가는 옥소선을 보내고 안민영은 다음 노래를 불렀다.

⑩ 동리(東離)의 물이 밀고 서별(西別)의 불이 있다
수화상침(水火相侵) 두 지음의 나의 간장(肝腸) 다 슬거늘
더구나 남로송인(南路送人)하고 북정(北程) 차자 가노라

이 노래의 '시작노트'에는, "정축년(1877) 겨울, 밀양의 월중선을 동쪽에서 헤어지고, 해주의 옥소선을 서쪽에서 이별하고, 창아(唱兒) 신학준(申學俊)을 남쪽으로 보냈다. 이 모두 열흘 사이의 일이었다. 내 마음 돌이 아닌 바에야 어찌 견디랴. 몸이 아픔을 말하고 바로 창의 문 북쪽으로 나가 구포모옥(口圃茅屋) 집에 들어 눕고 말았다."

안민영은 정이 많은 사람이었다. 이때 그는 환갑·진갑

다 지난 나이였다. 옥소선과의 놀이를 말한 다른 '시작노트'도 볼 수 있다. "나는 손오여(孫五汝)·김군중(金君仲)과 함께 날마다 옥소선과 더불어 낮을 밤으로 이어 지낼 때 정의가 아교와 옻칠 같아서 서로 떨어지지 못하였다"고 했다.

—情膠誼漆 不相能捨

의 교분도 남녀로서의 정이라기보다 노래와 춤과 거문고로 어울린 풍류마당에서의 정을 말한 것이다.

> ⑪ 늬죽고 그듸 살라 사군지아 차시비(使君知我此時悲)허세
> 달은날 황천길에 그 정녕 만날연니
> 늬 엇지 그듸의 무한(無限)헌 폭빅(暴白)을 견딀 쥴리 잇쓰리

 안민영의 아내사랑의 정이 어떠했던가를 볼 수 있다. '시작노트'에서 그는 다음과 같이 말하였다. "나는 남원실인(南原室人)과 더불어 금실이 좋아 죽음도 같이 맞고자 하였다. 그러나 귀신이 이를 돕지 않았다. 경진년(1880) 7월 23일 숙병으로 홀연히 숨을 거두니 이때의 슬픔이 어떠했겠는가." 그 슬픔을 이 노래에 담았다는 것이다.

－使君知我 此時悲

는 "그대로 하여금 내가 그대의 죽음에 이렇듯 슬퍼함을 알게 하고 싶다" 뜻이다. 이때 안민영은 65세였다.

2

안민영과 노래와 춤과 술의 풍류로 어울린 당대의 수많은 기생 중 주로 담양기생 능운·평양기생 혜란·해주기생 옥소선과의 관계를 들어 그의 기생풍류를 살펴보았다.

안민영 자신이 그들과의 관계를 말하여,

－交契深密·情誼膠漆·相隨之情·相對注情

등의 표현을 사용하였다. 그만치 가깝고 깊은 애정이었던 것을 예시한 작품에서도 볼 수 있다.

그러나 이들과의 애정은 어디까지나 풍류로 얽힌 교분을 말한 것으로 보아야 한다. 저러한 사자구(四字句)로의 표현을 속된 '남녀상열' 교접·교합을 말한 것으로 풀이한다면 풍류에 걸맞지 않은 것이 된다.

그렇다고 안민영을 성애(性愛)를 멀리한 '군자가객(君子

歌客)'으로만 추켜세우고자 할 생각은 없다. 실제로 그의 시조에서 외도한 일을 말한 것도 볼 수 있다.

⑫ 가마귀 쇽 흰 줄 모르고 것치 검다 뮈 무여하며
갈먹이 것 희다 ᄉ랑허고 쇽 검은 줄 몰낫더니
이제야 표리흑백(表裏黑白)을 ᄭ쳐슨져 허노라

이 노래에는 다음과 같은 이야기를 곁들였다. "내가 시골집에 있을 때 통수를 잘하는 이천(利川)의 이기풍(李基豊)이 명창 김군식(金君植)에게 한 가희(歌姬)를 딸려 보냈다. 이름을 묻자 금향선(錦香仙)이란다. 보기에 흉하고 추하여 상대하고 싶지 않았다. 그러나 당대 풍류를 아는 사람이 보내었는데 괄시하기가 어려웠다. 몇몇 친구를 청하여 산사에 올랐다. 친구들도 그녀를 보고는 모두 얼굴을 가리고 웃는다. 이윽고 춤판이 벌어져 그녀에게 시조창을 청하였다. 그녀는 단정하게 앉아서,

창오산 붕(崩)하고 상수가 절(絶)이래야 이내 서름이 없을 것을 구의 봉 구름이 갈수록 새로워라
방중만 월출우동령(月出于東嶺)하니 임 뵈온 듯 하여라

를 불렀다. 그 소리가 애원처절하여 하늘의 구름, 땅위의 티끌도 멈추게 하였다. 자리를 같이한 사람들은 눈물

을 흘리지 않는 사람이 없었다.

시조 3장을 부르고 뒤이어 우계면(羽界面) 1편과 잡가(雜歌)를 불렀다. 모흥갑(牟興甲)·송흥록(宋興祿) 등 명창의 격조에 통하지 않음이 없었다. 참으로 절세명가라 하지 않을 수 없었다. 눈을 씻고 다시 본즉 그녀의 추악함이 가시고 어여쁜 얼굴이다. 비록 오희·월녀(吳姬·越女)라도 이보다 더할 수 없으리라. 한 자리 젊은이들이 모두 추파를 보낸다. 나도 춘정을 금하기 어려워 먼저 착편(着鞭)하였다. 대저 외모로써 사람을 취할 것이 아님을 비로소 깨닫게 되었다."

긴 편에 속하는 '시작노트'다. 자신의 외도(着鞭)까지를 가릴 것 없이 털어 놓았다. 뒷날에도 이 이야기에 저 시조 ⑫를 읊조리며 좌중과 더불어 웃었을지도 모른다. 이 또한 풍류객이 아니고는 할 수 없는 일이다.

여염집 젊은 여인과의 이야기를 담아 놓은 시조도 있다.

> ⑬ 오늘밤 풍우를 그 정녕 아랏던들 되사립 싹을 곱거러 단단 미엿슬거슬
> 비바림의 불니여 왜각지각하난 소리에 항연아 아는 양하야 창 밀고 나셔보나
> 월침침(月沈沈) 우사사(雨絲絲)한데 풍습습(風習習) 인

적적(人寂寂)을 하더라

이 시조의 '시작노트'는 다음과 같다.

"내가 주덕기(朱德基)와 함께 이천에 머물 때의 일이다. 한 여염집 젊은 여인과 상중지약(桑中之約)을 하여, 밤을 새며 기다렸다." 그러나 그 약속의 밤, 비바람으로 하여 약속은 허사가 되고 이 시조를 읊조렸다는 것이 된다. 그날 밤 비바람이 없었다면 어찌 되었을까. 여염집 젊은 여인은 어떠한 신분이었을까. 주덕기와 함께 있었음을 내세운 것은 무엇인가 등등을 생각해본다. 주덕기는 당대 8명창의 한 사람이었을 뿐아니라 고수(鼓手)로도 유명하였다. '시작노트'에 '상중지약'의 표현을 쓴 것은 혹 대인난(待人難)의 시조 ⑬을 더 실감있게 하고자 한 뜻은 아니었을까.

이렇듯 나름대로의 구차한 생각을 하여보는 것은 안민영의 54수 시조에 담긴 기생풍류를 속된 것으로 보고 싶지 않기 때문이다. 안민영도 당대에 이름 떨친 가객이었거니와 그와 어울린 기생들 또한 당대의 명기들이었다. 이들 간에 술과 노래와 춤으로 어우러진 놀이마당을 상하자면 상촌 신흠(申欽)의 말이 떠오르기도 한다.

술을 마시는 데는 진정한 아취가 있다. 그것은 술에 취하는 데에도 있지 않고 취하지 않는 데에도 있지 않다.

잔술을 하는 것은 즐거운 일이다. 그러나 조금이라도 인욕(人慾)을 좇으면 화약을 안은 술지옥이다. 손님을 즐겁게 하는 일은 화통(和通)하는 일이다 그러나 조금이라도 속된 흐름에 떨어진다면 이 또한 희비가 교차하는 고해라 할 것이다.

오늘날의 음주풍속도에 생각이 이르면 안민영의 기생 풍류가 슬며시 어려들기도 한다. 케케묵은 넋두리라고만 할 것인가.

권호문의 한거풍류

1

　권호문(權好文, 1532~1587)의 「한거18곡(閑居十八曲)」 18수의 시조를 들어 선인들의 한거풍류를 살펴보고자 한다.

　권호문의 본관은 안동(安東 : 永嘉), 자를 장중(章仲), 호를 송암(鬆松)이라 했다. 그의 「한거18곡」은 다른 한 편의 국한문 혼용의 작품 「독락8곡(獨樂八曲)」과 함께 『송암집』에 전한다. 「독락8곡」은 '경기체가'의 형식으로 되어 있다.

　먼저 『송암집』 별집에 수록된 '연보'에서 그의 생애 중 「한거18곡」의 이해에 도움이 될 몇 가지를 들어본다.

　① 공의 나이 8세 때(1539)의 일이다. 하루는 동학들과 장차의 뜻을 말하게 되었다. 모두가 일찍이 과거에 합격하여 벼슬할 것을 희망하였으나, 공은 홀로 "나는 새로 지은 비단옷을 입고 백척 높은 누대에 올라 8창(八

窓)을 시원스럽게 열어 제치고 안석에 기대어 한 점 티끌도 내 몸에 이르지 못하게 하는 것이 곧 나의 희망이다."라고 하였다.

② 1549년, 아버지(安州敎授 桂) 상을 당하여, 시묘의 예를 다하였다.

③ 1551년, 퇴계 이황의 문하에 들었다.

④ 1561년, 어머니(忠武衛 李潛의 따님: 眞安李氏)의 뜻을 좇아 진사회시(進士會試)에 나가 합격하였다.

⑤ 1564년, 어머니상을 당하자, 다시 시묘 3년을 살고, 이후 벼슬길에 회의를 갖게 된다.

⑥ 1566년, 청성산(靑城山) 기슭에 초당 연어헌(鳶魚軒)을 짓고, 동·서편에 '유정(幽貞)'·'무민(無憫)'의 편액을 하였다. 무민·한거의 구상을 실현에 옮긴 셈이다.

⑦ 1567년, 부인 광주 안씨(廣州安氏: 진사 景仁의 따님)가 작고하였다. 다음 해 문화 유씨(文化柳氏: 처사 宗人의 따님)을 재취로 맞았다.

⑧ 1573, 청성정사(靑城精舍)를 이룩하여 한거·구도 처로 삼았다. 그의 덕행과 학문이 널리 들리자 찾아오는 문인들이 많았다.

⑨ 1578년, 집경전참봉(集慶殿參奉)에 제수되고, 다시 1581

년 내시교관(內侍敎官)으로 부름을 받았으나, 모두 나아가지 아니하였다. 마음이 「독락8곡」에 있었음이다.

⑩ 1587년, 56세로 생을 마쳤다. 임종에 이르러 양자인 행가(行可)에게 묘비에는,

- 청성산인권호문지묘(靑城山人權好文之墓)로만 새기라 분부하였다.

'연보' 중 이러한 사실로 미루어 보아 권호문은 그의 한생 위인(爲人)·치인(治人)보다도 위기(爲己)·수기(修己)에 뜻을 두었음을 알 수 있다. 말하자면 벼슬길보다도 자연에 한가히 거쳐하며, 그를 즐거움으로 삼고 내적 향상을 도모한 풍요로운 삶이었다.

「독락8곡」의 첫 장에서도,

- 궁통(窮通)이 재천(在天)ᄒ니 빈천(貧賤)을 시름ᄒ랴. 옥당금마(玉堂金馬)ᄂᆞᆫ 내의 원(願)이 아니로다. 천석(泉石)이 수역(壽域)이오 초옥이 춘대(春臺)라고 하였다.

2

이제 「한거18곡」을 살펴보기로 한다. '18곡'이라 하였으나 19수의 시조로 이루어져 있다. 창작 연대는 밝혀진 바

없다. '연보'에는 1581년(50세) 「독락8곡」을 들어 내시교관을 제수 받고도 나아가지 않았다 하였고, 「한거18곡」에는 이 사실을 들어 노래한 작품이 있는 것으로 보아, 50세 이후의 만년작이 아닌가 싶다.

그러니까, 「한거18곡」은 만년의 한 시점에서 지나온 삶을 되돌아보며 엮어 읊은 연시조(聯時調)라 할 수 있다. 19수 작품의 실상을 살펴보고자 한다. 작품 머리에 쓴 숫자는 '18곡'의 순번을 밝힌 것이다.

① 생평(生平)에 원(願) ᄒᆞ느니 다몬 충효(忠孝) 쑌이로다
　이 두 일 말면 금쉬(禽獸)나 다라리야
　ᄆᆞ음애 ᄒᆞ고져 ᄒᆞ야 십재황황(十載遑遑) ᄒᆞ노라

종장의 '십재황황 ᄒᆞ노라'는 10년을 조급한 마음에 허둥지둥 한다의 현재형으로 볼 일이 아니다. '십재'는 꼭 10년이 아닌 지나온 삶에서의 짧지 않은 세월을 두고 말한 것이 된다. 이 시조는 황황하던 당시에 읊은 것이 아니라, 한거하면서 저때를 되돌아보며 읊은 것이기 때문이다. '황황하던 한때도 있었지'의 심경이다. 과거형으로 보아야 한다. 자성(自省)의 빛도 어려 있다.

'충효'는 옛선비의 근본이었다. 송암은 부모상에 다 같이 3년시묘를 다한 효행이었다.

② 계교(計校) 이르터니 공명(功名)이 느저셰라
　부급동남(負笈東南)ᄒ야 여공불급(如恐不及)ᄒᄂ 뜯을
　세월이 물 흘으듯 ᄒ니 못 이룰가 ᄒ야라

　여기 종장의 'ᄒ야라'도 과거형으로 풀이해야 한다. 충효를 헤아려 생각하다가 과거길이 늦어졌고, 스승을 찾아 학문을 닦은 동안에도 세월만 물 흐르듯 하여 과업(科業)을 못 이룰까 초조했었지. 지금에 생각하면 한갓 우스운 일이었다라는 뜻도 담겨 있다.

③ 비록 못 일워두 임천(林泉)이 됴ᄒ니라
　무심어조(無心魚鳥)는 자한한(自閑閑) ᄒ얏ᄂ니
　조만(早晚)애 세사(世事) 닛고 너를 조ᄎ려 ᄒ노라

　②의 초조한 마음에서도 그 마음 한켠엔 자연에 묻혀서의 은사(隱士)의 생활을 동경하고 있었다는 술회다. 그리하여 욕심 없는 물고기나 새와 더불어 아침 저녁 세상일 잊어버리고 스스로 한가함을 구가하고 싶었다는 회고다. 종장의 '조ᄎ려 ᄒ노라'도 '좇으려 하였었지'로 풀어야 한다. 종장 종구의 과거형 풀이는 다음 ④, ⑤, ⑥, ⑦의 경우에도 마찬가지다.

④ 강호(江湖)애 노쟈ᄒ니 성주(聖主)를 ᄇ리례고
　성주를 셤기쟈 ᄒ니 소락(所樂)애 어긔예라

호온자 기로(岐路)에 셔셔 갈 딕 몰라 ᄒ노라

⑤ 어지게 이러그러 이몸이 엇디ᄒ고
행도(行道)도 어렵고 은처(隱處)도 정(定)티 아낫다
언제야 이 ᄠᅳᆮ 결단ᄒ야 종아소락(從我所樂) ᄒ려뇨

⑥ ᄒ려 ᄒ려ᄒᄃᆡ 이 ᄠᅳᆮ 못 ᄒ여라
이 ᄠᅳᆮ ᄒ면 지락(至樂)이 잇ᄂ니라
우읍다 엊그제 아니턴 일을 뉘 올타 ᄒ던고

⑦ 말리 말리 ᄒᄃᆡ 이 일 말기 어렵다
이 일 말면 일신(一身)이 한가ᄒ다
어지게 엊그제 ᄒ던 일이 다 왼 줄 알괘라

④는 막상 ③의 심경으로 은사의 생활을 즐기고자 하니 '치인'의 길을 저버리는 것이 되겠고, 벼슬길로 나가려 하니 즐기고 싶은바 '수기'의 길을 어기겠다는 생각이 들기도 하여, 홀로 저 갈림길에서 갈등을 느끼고 방황한 때도 있었다는 회고다.

갈등과 방황의 회고는 ⑤에서도 이어진다. '어지게'는 자탄의 감탄사. '행도'는 도를 행하는 일. 여기서의 도란 『소학』에도 인용되어 있는 공자의 말씀,

— 효란 부모를 섬기는 데에서 출발하여 임금을 섬기는 것이 중간단계이며 훌륭한 사람이 되는 것으로 완성된다

孝始於事親　中於事君　終於立身

를 말한 것이 된다. 벼슬길에 올라서의 입신양명도 어렵고, 그렇다고 은거·수거할 곳도 정하지 못하였을 저 때, '언제나 내 뜻을 결단하여 나의 즐기는 바를 따를 것인가의 일념이었지' 역시 회고 내용이다.

⑥에서는 종유(從遊)·동학들과도 한거에 뜻이 있음을 말하여 상의한 것을 볼 수 있다. 아무래도 자신의 지극한 즐거움은 자연에 있음을 말하였던 것이다. 그러나 벗들은 왜 마음이 변했느냐며 쉽사리 동의하지 않는다. '뉘 올타 ᄒ던고' 자기의 뜻에 동의하여 옳다한 사람이 없었다는 것이다.

⑦의 각 장에 나오는 '일'은 '행도'요 '과업'이다. 동학·종유들도 이 일을 버리지 말라는 권이었지만, 다시 생각해도 그동안 '행도'냐 '은거'냐의 기로에 서서 우유부단했던 것은 자기의 잘못이었음을 알게 되었다는 것이다.

그리하여 다음 ⑧에서는 '한거'로 결단을 내린 것을 볼 수 있다.

⑧ 출(出)ᄒ면 치군택민(致君澤民)
　 처(處)ᄒ면 조월경운(釣月耕雲)
　 명철군자(明哲君子)는 이룰사 즐기ᄂ니

ᄒᆞ믈며 부귀위기(富貴危機)이라 빈천거(貧賤居)를 ᄒᆞ오
리라.

예로부터 학문한 사람들은 벼슬길에 나아가선 임금을 섬겨 백성에게 은택을 미치게 하고, 벼슬길에서 물러나 시골에 살게 되면 낚시질과 여름지이를 하기 마련이었지, 그러나 명철한 군자는 이를 알수록 시골에 처한 삶을 즐겼었지, 하물며 부귀란 위험의 꼬투리가 되는 것, 설령 가난하고 어려움이 있다 해도 은거를 하기로 결심하였다는 것이다. 종장 종구의 'ᄒᆞ오리라'도 은거·수기하기로 결단을 내렸었다는 뜻으로 보아야 한다.

이렇게 볼 때, ①에서 ⑧까지는 은거하기 전까지의 삶을 회고하며 저때로 돌아가 그때의 심경을 읊은 것이 된다.

「한거18곡」은 어디까지나 은거하며 한가한 삶을 누리고 있는 시점에서 엮은 연시조로 보아야 한다.

⑨ 청산이 벽계림(碧溪臨)ᄒᆞ고 계상(溪上)애 연촌(烟村)이라
초당심사(草堂心事)를 배권(白鷗)들 제 알랴
죽창정야(竹窓靜夜) 월명(月明)ᄒᆞᆫ 듸 일장금(一張琴)이 잇ᄂᆞ라.

⑨로부터는 곧바로 한거 생활에 심기의 안정을 얻고 난 후에 읊은 것이 된다. 따라서 종장 종구도 그대로의 현재형으로 보아야 한다. 초장에서 은거처인 청성정사에 자리한 주인공의 자족하는 마음을 대할 수 있다. 그리고 종장에서는 달 밝은 밤이면 거문고를 타는 초당낙사(草堂樂事)까지를 노래하고 있다.

⑩ 궁달(窮達) 부운(浮雲) ᄀ치 보야 세사(世事) 이저 두고
　호산가수(好山佳水)의 노는 뜯을
　원학(猿鶴)이 내 벋 아니어든 어닉 분이 아ᄅ실고

은거생활에서의 풍족한 마음을 드러내놓고 있다. 빈궁이네 영달이네는 한갓 뜬구름 같은 것, 세상 속된 일 다 잊어버리고, 아름다운 산수를 즐겨 유유자적 숨어 사는 옛 선비의 모습을 볼 수 있다. 원숭이와 학을 벗으로 삼고 있다. 누가 이러한 삶의 멋을 알 수 있으랴며 자족하는 모습이다.

⑪ 브람은 절노 묽고 들은 절노 블사
　죽정송함(竹庭松檻)애 일점진(一點塵)도 업스니
　일장금(一張琴) 만축서(萬軸書) 더욱 소쇄(瀟灑)ᄒ다

⑫ 제월(霽月)이 그룸 뚤고 솔 긋테 눌아올라

   십분쳥광(十分淸光)이 벽계즁(碧溪中)에 빗쪄거늘
   어듸 인는 물 일흔 갈며기 나를 조차 오는다

 바람 맑고 달 밝은 밤, 한거생활의 정경을 노래하고 있다. 대나무가 있는 뜰이나 소나무로 된 난간에 한 점 티끌도 없다. 방안 또한 거문고와 서책일 뿐이다. 이러한 밤이면 더욱 맑고 깨끗한 기운이 돈다는 것이다.

 '제월'은 비가 개인 날의 밝은 달, 그 달이 구름을 헤치고 소나무 끝에 성큼 떠올라, 맑디맑은 빛을 푸른 시내에 비스듬히 비치거늘, 어디에서 무리를 잃은 갈매기이기에 나를 쫓아오느냐는 게 ⑫의 내용이요, 정경이다.

 한거 생활의 달밤 정경은 ⑬, ⑭에도 이어진다.

 ⑬ 날이 져물거늘 뇌외야 홀 일 업서
  송관(松關)을 닫고 월하(月下)에 누어시니
  세상애 쯧글 무음이 일호말(一毫末)도 업다

 ⑭ 월색계성(月色溪聲) 어섯겨 허정(虛亭)에 오나늘
  월색을 안속(眼屬)하고 계성을 이속(耳屬)히
  드르며 보며 하니 일체청명(一体淸明)하야라

 ⑬의 '뇌외야'는 다시, '쯧글'은 티끌. 밤 들어 소나무 가지로 결은 문을 닫고 달빛 아래 누우면, 세상의 명리(名利)를 생각하는 티끌마음은 털끝만치도 없다는 것이다.

⑭의 '어섯겨'는 뒤섞여, '오나늘'은 오거늘 달빛과 시냇물소리에 뒤섞여 홀로 소요하다가 빈 정자에 오른 주인공의 모습을 볼 수 있다. 달빛을 바라 눈을 모으기도 하고, 시냇물소리에 귀를 모으기도 한다. 주인공의 말을 빌리지 않아도 저 정경은 하나로 맑고 밝은 '일체청명'이 아닐 수 없다.

⑮ 주색(酒色) 좃쟈ᄒ니 소인(騷人)의 일 아니고
　부귀(富貴) 구(求)챠 ᄒ니 ᄯ디 아니 가ᄂᆡ
　두어라 어목(漁牧)이 되오야 적막빈(寂寞濱)애 놀쟈

⑯ 행장유도(行藏有道)ᄒ니 ᄇ리면 구태 구ᄒ랴
　산지남(山之南) 수지북(水之北) 병들고 늘근 날를
　뉘라셔 회보미방(懷寶迷邦)ᄒ니 오라 말라 ᄒᄂ뇨

한거의 삶에도 찾아오는 종유, 동학들이 왜 없었겠는가. 사람에 따라서는 벼슬길에 나갈 것을 권유하기도 하였을 것이다. 실제로 두 차례에 걸친 부름도 받았다. '집경전 참봉'(종9품직, 1578), '내시교관'(6품직, 1581)의 벼슬이었다. 그때마다,

－어부와 목자로서 적막한 물가에서의 삶⑮

에 자족함을 들어 나아가지 않았고,

- 벼슬길에 나아가고 숨어사는 데도 도가 있는 법, 자연이 좋아 자연과 더불어 늙어온 나를 '희보미방'(나라를 구할수 있는 보배를 간직하고도 나라의 어지러움을 구하지 않음)을 들어 벼슬길을 말하느냐⑯

며 한거·독락의 즐거움을 들어 노래한 것을 볼 수 있다.

다음 두 수에서는 외려 벼슬길을 권하는 사람들에게 하나의 일깨움을 주기도 한다.

⑰ 성현(聖賢)의 가신 길히 만고(萬古)에 흔가지라
   은(隱)커나 현(見)커나 도(道)ㅣ 얻디 드르리
   일도(一道)ㅣ오 다르니 아니커니 아무됸들 엇더리

⑱ 어기(漁磯)에 비 개거늘 녹태(綠笞)로 독글 삼아
   고기를 헤이고 낙글 뜯을 어이하리
   섬월(纖月)이 은조(銀釣)ㅣ 되어 벽계심(碧溪心)에 좀겼다

⑰에서는 벼슬길에 나아가거나 자연에 은거하거나 성현이 말한 길을 좇아야 함은 매 한가지로 다르지 않다는 일깨움이다.

⑱에서는 자연에 침잠하여 세속을 멀리한 마음으로 사물을 정관하며 옛 성현의 길을 추구하는 자신의 삶을

들어 보임으로써 한거의 즐거움을 그대들도 알라는 것이 된다. '독글'은 돛[帆]을.

⑲ 강간(江干)에 누어셔 강수(江水)보는 뜨든
　서자여사(逝者如斯)ᄒᆞ니 백셴(百歲)들 멷근이료
　십년전 진세일념(塵世一念)이 어름녹듯 ᄒᆞ다

「한거18곡」의 결사라 할 수 있다.

'십년전 진세일념'은 첫수 ①의 '십재황황'을 다시 말한 것이 된다.

곧 생애 중 짧지 않은 세월을 학문으로 벼슬길에 나아가느냐 자연에 물러나 한거하며 스스로의 삶을 풍요롭게 가꾸느냐의 기로에서 초조, 황황하였던 지난 일을 되돌아보면서 저 세월을 '10년'으로 말한 것이다. 저 동안의 심적 갈등을 ①에서 ⑦까지에 회고하고, ⑧에서

　-빈천거를 ᄒᆞ오리라

로 자연에 물러나 한거·수기할 것을 결단하였다. ⑨에서 ⑱까지는 결단 후 한거생활을 하면서의 정황과 심경을 노래한 것이 된다. 한거생활이자, 저 동안의 속세에 대한 마음도 얼음 녹듯 다 풀려 버렸다는 결론이다.

이로 하여 권호문은 여덟 살에 이미 여러 동학들에게

말하였던 희망을 끝내 이루어 만년을 자연과 더불어 유 유자적할 수 있었던 것이다.

3

「한거18곡」을 살피는 동안 줄곧 퇴계의 「도산12곡」이 떠올랐다.

퇴계와 송암 권호문은 '연보'에서도 보았듯, 직접 사제 간이었다. 일찍이 송암은 선생을 말하여,

> 나는 소시에 선생을 귀신의 신명과 같이 보아 그 끝을 헤아릴 수 없었고, 강물의 호탕함과도 같아 그 언덕을 아지 못하였다. 이제 선생의 오묘한 말씀이 귀에 들어오면 스스로 이해하게 되고, 그 말씀으로 어떤 행사를 착안하면 환히 밝아신 것을 느낄 수 있다. 이제 나의 공력이 적다하더라도 오직 나아감이 있기를 바랄 뿐이다. —『퇴계언행록』

라고 하였고, 선생도 송암을 '깨끗한 은사의 풍도(瀟灑山林之風)'가 있고, '크고 넉넉한 기절(嘐嘐饒氣節)'이 있는 사람이라 하여 격려한 바 있다.

송암은 「도산12곡」을 선생의 문하에 있을 때 직접 조석으로 창영하기도 하였을 터이다. 특히 「한거18곡」의

③, ⑩, ⑯에서는「도산12곡」중

- 하물며 천석고황(泉石膏肓)을 고쳐 무슴하료

의 구를 생각하게 되고, ⑰에서는

- 고인을 못 보아도 녜던 길 앞에 있네

의 구가 떠오르기도 한다. 송암이 자연에 은거한 것은 타고난 성품 탓도 있으려니와 직접 퇴계의 영향이 컸던 것임을 알 수 있다.

또한「한거18곡」⑧의

- 빈천거(貧賤居)

란 말에서는 선인들의 청빈생활(淸貧生活)이 따라 들기도 하였다.

송암에게는 이러한 일화도 전한다.

> 집안의 거처를 보면 앉고 눕는 자리가 정해진 곳이 있었다. 음식도 정한 품목이 있었다. 잠자는 곳엔 한 개의 떨어진 자리와 목상(木床)이 있었을 뿐이다.
> 하루는 부인이 비단을 사려하자 이를 말리면서 말하기를 '한사(寒士)의 아내가 비단옷을 입으면 마음이 편하겠소'라 하였다. - 홍여하(洪汝河),『행장』

저만한 성품이었기에 송암은 '빈천거'를 실천하며 「한거18곡」을 남길 수 있었던 것인가. 「한거18곡」의 시가적인 매력보다도 벼슬길을 마다하고 한거풍류를 즐긴 송암의 청빈을 되생각해 보고 싶다.

한동안 우리의 출판계에서 베스트셀러였던 『청빈의 사상』의 원저자인 나카노 고오지(中野孝治) 교수는 청빈이란 '자유롭고 풍요로운 내면생활을 하기 위하여 굳이 선택한 심플 라이프'라고 했다.

글쎄. 한동안 저 책이 팔렸대도, 읽는 이에게 이 청빈의 풀이가 얼마나 먹혀들어갔을지는 의문이다. 저러한 청빈을 취택한 사람의 삶을 오늘날 찾아보기란 쉽지 않기 때문이다.

송암 권호문의 삶과 「한거18곡」으로 오늘을 사는 우리들의 내면생활을 잠시 살펴볼 필요는 없을까!

창수시조의 풍류성

1

 선인들은 어느 한자리에서 시나 노래를 지어 서로 주고받기를 좋아했다. 이를 흔히 창수(唱酬) 또는 창화(唱和)라 했다.

 창수·창화는 어느 때부터 비롯되었던 것인가. 동양문학권에서는 중국을 살펴보지 않을 수 없다. '치세의 모범'으로 일컬어진 요순시대로 거슬러 올라간다. 다분히 전설적인 것을 벗어나지 못한 것이긴 하지만, 순(舜)의 시대 순임금과 그 때의 사구(司寇)였던 고요(皐陶)가 주고받은 시가는 「갱재가(賡載歌)」를 효시로 들 수 있을 것 같다. 「갱재가」는 『서경』에도 수록되어 있다.

 어느 날, 순이 고요와 함께 한 자리에서 노래 한 수를 읊었다.

신하들이 맡은 일을 즐거이 다하면
　　임금의 위세 더욱 흥성하고
　　백관들도 화락하여지리로다

　　股肱喜哉　　元首起哉　　百工熙哉

이에 고요는 두 수 노래로 화답한다.

　　임금님이 밝은 정치를 하시면
　　신하들도 어질고 착하게 되어
　　모든 일이 편하여지리로다

　　元百明哉　　股肱良哉　　庶事康哉

　　임금님이 번거롭고 잔단 정치를 하시면
　　신하들은 게으름에 빠져
　　모든 일에 실패하시리로다

　　元百叢脞哉　　股肱惰哉　　萬事墮成

　저 임금에 저 신하가 있어 순의 치세 39년간 태평성세를 구가할 수 있었던 것인가. 임금은 신하에게 맡은 바 직무를 다할 것을, 신하는 임금에게 덕치(德治) 베풀 것을 바라는 마음을 노래로 주고받는 저 정경이 아름답고 멋스럽기만 하다.
　비단 중국뿐이겠는가. 문학이 있어 온 나라마다 창수·

창화의 시가 또한 있을 터이다. 우리나라의 민요, 한시, 시조 등 시가에서도 이를 찾아보자면 한우충동이고 남으리라는 생각이다.

시조를 들어 말하기에 앞서 민요와 한시에서 떠오르는 한두 보기를 들어본다.

부룻대로 채전밭에
평두별성 역노아(平頭別星 驛奴兒)야
역(驛)의 딸이 아니더면
우리 아내 삼고져라

아화야 이 양반(兩班)아
하늘의 일월(日月)님도
서강에로 비치신다
뿌리채로 실어가소

경북지방에 전해오는 「역노가(驛奴歌)」라고 한다. 가람[李秉岐]은 『국문학개론』에서 "이건 신라의 어떤 서자(庶子)가 역노의 딸과 화답하던 노래"라고 하였다. 반상(班常)의 차별은 조선조에 들어 더욱 심하였다. 이 노래가 생명력을 지니고 뒷날에까지 회자되었던 것도 사람살이에 귀천이 있었던 까닭이라 하겠다. 이왕 『국문학개론』을 챙겨든 김에 다음의 민요도 들어본다.

창앞에 앉은 백발
인연이 늦이 난 탓으로
소리개 깃을 매로 보아
만만세나 살으소서

내 나이 많다 한들
게 무엇이 많을 손가
두 스물 홉 다섯
열다섯뿐이로세

60노인의 신랑과 신부가 신방에서 주고받은 노래라고 전한다. 인연을 소중히 여기는 신부의 낙낙한 마음과 '신로심불로'를 '2×20+5+15=60'으로 익살을 피운 노신랑의 모습이 잘 어우러진 노래라 할 수 있다. 이러한 나이차로 만난 부부가 있는 세상이고 보면 이러한 창수의 노래도 그 생명력을 지닐 수 있는 것이라 할 수 있다.

첫날밤 신랑·신부가 창수한 한시도 볼 수 있다.

우리의 만남은 광한전 신선 같거니
오늘밤 분명히 옛인연 이으리라
배필은 원래 하늘이 정한 것을
세상의 매파들 부산을 떨지

相逢俱是廣寒仙　今夜分明續舊緣
配合元來天所定　世間媒妁摠紛然

열여덟 살 선랑과 열여덟 살 선녀가
화촉동방 좋은 인연 맺었소이다
같은 연월에 태어나 한 거처에 살게 되니
이 밤 우리의 만남 그 어찌 우연이리오

十八仙郞十八仙　　洞房花燭好因緣
生同年月居同閈　　此夜相逢豈偶然

『삼의당집(三宜堂集)』에 전한다. 삼의당 김씨는 18세기 남원(南原)의 여성이었다. 같은 사주(四柱)로 한 마을에 태어난 하씨(河氏)를 남편으로 맞이한 첫날밤에 칠언의 한시로써 서로의 마음을 열었던 것이다.

그날 밤 이들 신랑·신부의 화답시는 이로써 끝나지 않는다.

부부의 도는 인륜의 비롯이거니
만복의 근원도 여기에 있는 것
도요 시 한 편을 볼 것 같으면
집안의 화목은 그대에게 달렸도다

夫婦之道人倫始　　所以萬福原於此
詩看桃夭詩一篇　　宣室宣家在之子

배필이 만나서 생민이 비롯되거니
당신께서 하시는 일 이처럼 단아함이여

공경하고 순종하는 부도를 다하여
종신토록 낭군의 뜻 어기지 않으리다

配匹之際生民始　　君子所以造端此
必敬必順惟婦道　　終身不可違夫子

주거니 받거니, 받거니 주거니, 신랑·신부의 창수가 멋스럽기만 하다. 기품이 돋는 아름다움이다. 『삼의당집』은 이들 부부의 생애에 걸친 창화시집이라 하여도 좋을 것이다.

2

이제 시조시로서의 창수를 들어보기로 한다. 적잖은 작품들을 찾아볼 수 있겠으나, 여기에선 그동안 널리 회자되어온 작품을 주로 하여 이야기를 잇고자 한다.

▶ 이방원(李芳遠, 1367~1422)과
　　　정몽주(鄭夢周, 1337~1392)

창수시조의 효시작이라 할 수 있다. 조선조를 이룩한 '역성혁명' 이야기엔 으레 되챙겨지기도 하는 유명한 작품이다.

이런들 엇더ᄒ며 져런들 엇더ᄒ료
만수산 드렁츩이 얼거진들 엇더ᄒ리
우리도 이ᄀ치 얼거져 백년까지 누리리라

— 이방원

이 몸이 주거주거 일백번 고쳐 주거
백골이 진토(塵土)ㅣ 되어 넉시라도 잇고 업고
님 향ᄒ 일편단심이야 가싈줄이 이시랴

— 정몽주

뒷날 조선왕조 제3대 태종이 된 이방원의 노래를 「하여가(何如歌)」, 이에 화답한 포은 정몽주의 노래를 「단심가(丹心歌)」로 일컬어 왔다. 한 왕조를 넘어뜨리는 저 무서운 거사를 앞두고 상대방의 의사를 떠보는 「하여가」나, 죽고 죽어 일백 번 고쳐 죽어도 거사에 동조할 수 없다는 충절을 말한 「단심가」나, 다 같이 핏대를 세우고 삿대질이 없다. 서로의 속마음은 탓할망정 겉으로는 시치미 뚝 떼고 천연덕스럽다, 멋스럽기까지 하다.

이긍익(李肯翊, 1736~1806)의 『연려실기술』에는 이들 창화에 얽힌 다음 이야기가 전한다.

이방원은 잔치를 베풀어 정몽주를 초청하였다. 술을 권하며 '이런들 어떠하리'의 노래를 지어 불렀다. 정몽주도 노래를 지어 술잔을 보내면서 '이 몸이 죽고죽어'를 읊었다. 방원은 몽주의 뜻이 바뀔 수 없음을 알고 제거할 것을 결심하게 된다.

하루는 몽주가 이성계의 문병을 핑계로 기색을 살피고 돌아가는 길에 술친구의 집에 들러 술을 청하였다. 연거푸 몇 잔 술을 마시고 '오늘 풍색(風色)이 매우 사납다'며, 수행하던 사람을 다른 길로 돌리려 하였다. 그러나 한 녹사(錄事)가 굳이 뒤를 따라, 이 날 선죽교에서 함께 화를 입었다.

고 했다.

이때 몽주의 나이 56세. 뒷날 태종이 된 방원은 몽주의 절의를 포상하여 영의정을 추증하고 문충(文忠)이란 시호를 내리게 된다. 이 또한 오늘을 사는 좁은 소견머리로서는 생각할 수 없는 일이지 않을까. 이들의 창수시조는 저 때의 이야기만으로 끝날 것이 아님을 새삼 느끼게 된다.

▶ 성종(成宗, 1457~1494)과
　　　　유호인(俞好仁, 1445~1494)

성종의 시조만이 전한다. 유호인의 『뇌계집』이 전하나, 이 문집에서도 화답한 내용의 것을 찾아볼 수 없다.

　　이시렴 브듸 갈짜 아니 가든 못홀쏘냐

무단(無端)이 슬튼야 님의 말을 드럿는야
그려도 하 애도래라 가는 쯧을 닐러라

차천로(車天輅, 1556~1615)의 『오산설림초고(五山說林草藁)』에서 이 노래의 유래를 볼 수 있다. "유호인의 집이 선산(善山)에 있었는데, 매양 벼슬에서 물러나 늙은 어머니 보기를 청하였다. 임금이 친히 전별하면서 이 노래를 지어 불러주었다"는 것이다.

『성종실록』을 살펴보면 이 때 유호인은 장령(掌令) 벼슬에 있었고 그 어머니의 나이는 70세였다. 유호인은 여러 차례 노모의 봉양을 위한 귀성길을 아뢰었고, 임금은 그 노모를 서울에 와 살도록 하라며 만류한 것도 볼 수 있다. 성종 25년(1494) 2월 13일조 『실록』에는 이들 군신 간의 이야기도 전한다.

> "어미에게 상경길을 말하였으나, 지아비를 잃은 두 딸과 어미를 잃은 두 손자가 모두 신(臣)의 어미를 따라 살고 있으므로, 이를 어렵게 여기니 신이 억지로 할 수가 없습니다."
>
> "임금 섬길 날은 길지만 어버이 섬길 날은 짧다는 말인가. 충효를 다 온전히 이루기란 본시 어려운 것, 그대에게 한 자급(資級)을 더하고 고향 부근의 수령에 제수하니, 그대는 그리 알라."

이리하여 유호인은 합천군수로 나가게 된다. 신하를 아껴 쓰는 임금의 이 아름다운 마음이 위 시조에는 담겨 있다. 『오산설림초고』에 이어진 이야기를 마저 들어본다.

　　유호인이 임금의 노래에 감격하여 울었다. 좌우에 있는 사람들도 모두 감격하였다. 유호인이 하직하고 떠나던 날, 임금은 사람을 보내어 몰래 그 뒤를 밟게 하였다. 유호인은 길을 가다가 한 누정에 올라 북쪽을 바라보고 머뭇거리다가 이윽고 시 한 수를 벽 위에 썼다.

北望君臣隔　　南來母子同

　　뒤를 밟던 이가 이 시를 임금께 아뢰자, 임금은 조용히 시를 읊으면서 '호인이 몸은 비록 밖에 있으나 마음만은 임금을 잊지 않고 있구나'고 하였다.
　　유호인은 저 자리에서의 임금 노래에 감격의 눈물을 흘렸으나 화답하지 못하고 그 곁을 떠나와서야,

북쪽을 바라보니 군신(君臣)간 막혀있고
남쪽 이르니 모자(母子)간 만나게 되네
몸이야 남쪽에 있은들 북쪽 어이 잊으리

의 임금 우러른 마음을 오언시로 읊었던 것이 된다.
　유호인이 임종 때 그 아들 진사 환(環)에게 남겼다는

말-선비는 마땅히 임금을 속여서는 안 되는 것, 네가 만약 말단의 벼슬이라도 얻거든 내 말을 잊지 말라-에서도 임금 위한 신하의 아름다운 마음을 읽을 수 있다.

▶ 선조(宣祖, 1552~1608)와
　　　　이양원(李陽元, 1533~1592)

선조는 신하들에게 그 마음을 묻거나 하고 싶은 말을, 때론 시가로 대신하였던 것을 본다. 노진(盧禛, 1518~1578)이 어버이 봉양을 들어 고향에 돌아가려 하자, 만류의 뜻을 담은 시조 한 수를 지어 사람을 시켜 보내기도 하였고(1572), 의주파천(1592) 때엔 당쟁을 걱정하여 호종한 조신들에게 한시를 내리기도 하였다.

　　오면 가랴하고 가면 아니 오네
　　오노라 가노라니 볼 날이 전혀 없네
　　오날도 가노라하니 그를 슬허 하노라

이는 시조요, 한시는 다음과 같다.

　　痛哭關山月　　傷心鴨水風
　　朝臣今日後　　寧復更西東

이에 대한 설명은 줄이거니와 여기에서는 이양원과의 창화만을 들어보고자 한다.『연려실기술』에 전한다.

동서분당으로 조정이 시끄러울 때, 어느 날 이양원이 야대(夜對)에 입시하였다. 선조는 술을 권하며 노래 한 수를 읊었다.

    鴉兮莫黑 鷺兮莫白
    黑白之紛如兮
    鵰獨胡爲乎 不黔不白

이양원은 곧이어 화답의 노래를 읊었다.

    謂朱非我兮 謂綠非我
    朱綠之眩晃兮 又非我之娜也
    君胡爲乎不我知 謂我兮染夏

이로 하여 선조는 이양원을 더욱 어질게 여겼다는 것이다. 의주파천 때 이양원은 유도대장(留都大將)의 구실을 맡은 바 있다.

당시 사람들은 선조의 노래를 「아로가(鴉鷺歌)」, 이양원의 노래를 「노저가(鷺渚歌)」라 일컬었다. 이양원의 아호인 '노저'도 이로 말미암은 것이라 한다.

두 노래의 뜻을 시조시형에 담아본다.

    가마귀 검다 말고 백로야 희다 말라
    검거니 희거니 수떠들어 어지럽다

수리야 네 어찌 홀로 검도 희도 않느냐

붉다 해도 아니요 푸르대도 아니외다
붉고 푸름 현란해도 제 고움 아니외다
님께선 저를 몰라보시고 물들었다 하시니까

군신 간의 저 정경을 오늘에 되돌아보아도 아름답다 하지 않을 수 없다.

▶ 정철(鄭澈, 1536~1593)의 주문답(酒問答) 3수
송강 정철의 '주문답 3수'는 술을 의인화한 창수다.

① 므스일 일우리라 십년지의(十年之誼) 너를 조차
　내 흔 일 업시셔 외다마다 ᄒᆞᄂᆞ니
　이제야 절교편(絶交篇) 지어 견숑(餞送)호ᄃᆡ 엇디리

② 일이나 일우려 ᄒᆞ면 처엄의 사괴실가
　보면 반기실ᄉᆡ 나도 조차ᄃᆞ니더니
　진실로 외다옷 ᄒᆞ시면 마ᄅᆞ신들 엇디리

③ 내 말 고텨드러 너 업스면 못 살려니
　머흔일 구즌일 널로ᄒᆞ야 다 닛거늘
　이제야 ᄂᆞᆷ 괴려ᄒᆞ고 넷벗 말고 엇디리

①은 송강이 술에게, ②는 술이 송강에게, ③은 다시 송강이 술에게 한 말을 노래로 읊은 것이 된다. 말하자

면 어느 날 송강이 금주(禁酒)를 생각하며 술과의 창화 형식을 취한 것이다. 그리고 끝내는 금주를 단념한 것이 된다.

송강은 같은 술자리에서 '술을 좀 적게 들라'는 친구의 충고를 곧바로 시조로 지어 읊고, 술을 아니 들 수 없다는 자신의 심경을 또한 시조로 읊어 보이는 창화형식을 취하기도 하였다.

  이바 이집사람아 이 세간 엇디 살리
  솟 벼 다 ᄯ리고 죡박귀 업섯괴야
  ᄒ틀며 기울게 대니거든 누를 밋살리

  기울계 대니거니ᄯ나 죡박귀 업거니ᄯ나
  비록 이 세간 판탕(板蕩) 홀만정
  고은님 괴기옷 괴면 그를 밋고 살리라

가 곧 그것이다. 전자는 친구의 충고요, 후자는 그 충고에 대한 자기해명인 것이다. 이 같은 형식의 창수에서도 지난날의 한 풍류적인 멋을 볼 수 있다.

송강과 기생 진옥(眞玉)과의 창수시조라는 것도 전한다.

  옥이 옥이라커ᄂᆞᆯ 번옥(燔玉) 만너겨써니
  이제야 보아ᄒ니 진옥(眞玉) 일시 젹실ᄒ다
  내게 슬송곳 잇던니 ᄯ두러볼가 ᄒ노라

철(鐵:澈과 동음)이 철이라커늘 무쇠섭철만 너겨써니
이제야 보아ᄒᆞ니 정철(精鐵:鄭澈) 일시 분명ᄒᆞ다
내게 골풀무 잇던니 뇌겨볼가 ᄒᆞ노라

전자는 송강이 진옥에게 수작하여 부른 시조요, 후자는 이에 대한 진옥의 답가로 전한다고 했다. 『근화악부』의 주에서 볼 수 있다.

그러나 아무리 술자리에서의 창수라 할지라도 '살송곳(男根)', '골풀무(女根)'의 상말까지 마구잡이로 썼을까 하는 생각이 일기도 한다. 송강의 호주·호색을 꼬집고자 한 당대, 아니면 후대 사람의 위작으로 보아야 하지 않을까. 저렇고 보면 풍류의 멋이 덜린다 하지 않을 수 없다. 기생과의 수작 창수라면 백호 임제(林悌, 1549~1587)와 평양기생 한우(寒雨)와의 노래가 일품이다.

북천(北天)이 ᄆᆞᆰ다커늘 우장(雨裝) 업시 길을 나니
산의ᄂᆞᆫ 눈이 오고 들에ᄂᆞᆫ 찬비로다
오ᄂᆞᆯ은 찬비 마ᄌᆞ시니 얼어 즐가 ᄒᆞ노라
— 임제

어이 얼어 자리 므스 일 얼어 자리
원앙침(鴛鴦枕) 비취금(翡翠衾)을 어듸 두고 얼어 자리
오ᄂᆞᆯ은 찬비 마자시니 녹아 잘ᄭᅡ ᄒᆞ노라
— 한우

이쯤 되어야 풍류운사(風流韻事)라 할 수 있지 않을까. 이는 너무나도 널리 회자되어온 창수이기 때문에 덧붙이는 이야기는 줄이기로 한다.

▶ 박계숙(朴継叔, 1569~1640)과 금춘(今春)

이수봉(李樹鳳)에 의하여 발굴, 소개(1969)된 『부북일기(赴北日記)』에서 이들의 창수시조를 볼 수 있다.

박계숙과 금춘의 만남은 1605년(선조 38) 12월, 함경도 문천(文川)에서였다. 이때 박계숙은 울산병사 김응서(金應瑞)와 판관 조성립(趙誠立)을 수행하는 선전관으로 함경도 북단의 회령(會寧)까지 나가는 길이었다. 눈으로 막혀 여사에 머물 때 이들의 만남은 이루어졌고, 술상을 앞에 한 창수 또한 이루어졌다. 창수시조는 각 2수씩인데, 먼저 박계숙이 정을 보내고 금춘이 화납한 깃으로 되어 있다.

> 비록 장부(丈夫)일지라도 간장철석(肝腸鐵石)이랴
> 당전홍분(堂前紅粉)을 고계(古戒)를 사맛더니
> 치성(治城)의 호치단순(晧齒丹脣)을 몯 니즐가 ᄒ노라.
> ㅡ박계숙

> 당우(唐虞)도 친히 본듯 한당송(漢唐宋)도 지내신듯
> 통고금(通古今) 달사리(達事理) 명철인(明哲人)을 어듸 두고

동서(東西)도 미분(未分)흔 정부(征夫)를 거러 므슴ᄒ리.
—금춘

나도 이러ᄒ나 낙양성동(洛陽城東) 호접(蝴蝶)이로다
광풍(狂風)에 지불려 여긔저긔 ᄃ니더니
새외(塞外)예 명화일지(名花一枝)에 안자보랴 ᄒ노라.
—박계숙

아녀 희중사(兒女戲中辭)를 대장부 신청(信聽) 마오
문무일체(文武一体)를 나도 잠깐 아노이다
ᄒ믈며 규규무부(赳赳武夫)를 아니 걸고 엇지리.
—금춘

금춘은 저 때의 나의 열여섯이었다고 한다. 뛰어난 재색으로 가사와 거문고, 장기, 바둑에 능하였고 말씨 또한 연삽한 여인이었다고 한다. 박계숙은 36세의 무인으로 평소 '여색은 멀리할 것'이란 고인들의 경계를 지켜왔음에도 몇 천리 타향에서 금춘에겐 경계도 잊을 수밖에 없었다고 했다.

박계숙과 금춘의 술자리 창수 광경도 오늘날의 술자리 풍속도에서는 그려볼 수 없는 풍류운사라 할 수밖에 없다.

3

 이제 서둘러 이야기를 줄여야 할 것 같다. 요령부득의 이야기가 되고 만 느낌이다. 요는 지난날 우리의 선인들에게 위아래 없이 널리 행하진 창수·창화의 풍류적인 멋을 살펴보고자 한 것이다.
 이런 일이 무슨 필요가 있을 것인가 하는 생각이 일기도 한다. 그러나 오늘을 사는 우리들의 삶에서 너무도 흔한 우격다짐과 조급성을 대하게 되면 그때마다 선인들의 창수·창화가 그립기만 하다. 거기에는 자기 생각만을 일방적으로 밀어붙이거나, 설치고 서둘지 않는 여유 같은 것이 깃들어 있기 때문이다.

국화꽃, 그대 한 잔 나도 한 잔

1

 마침 국화철이다. 더러는 말할지도 모른다. "요즘 철 있는 것이 어디에 있는가"라고. 하긴 그렇기도 하다. 국화의 종류만도 4천여 종, 그 꽃철도 네 계절에 걸쳐 있다. 그래서 춘국·하국·추국·한국(寒菊)으로 부르기도 한다.
 그러나 우리의 옛 선인들은 국화라면 가을철의 꽃으로, 그리고 그 빛깔이나 크기도 황국·소국(小菊)을 꼽았다. 매화·난초·대와 더불어 '사군자'로 치는 국화도 가을철에 꽃피우는 노란 국화, 작은 꽃송이의 국화를 일컬음이었다. 고려 때의 노래 「동동」에도 '9월령'에서 이 황국을 들었고, 수많은 한문·시조 등에서 노래한 국화도 가을철의 국화를 소재로 한 것이 대부분이다. 1930년대만 해도, "요즘 전발(電髮·파마머리)처럼 너무 인공적으로 피는 전람회용 국화는 싫다. 장독대나 울타리 밑에 피는 재래종의 황국이 좋다. 분에 피었더라도 서투른 선비의 손에서 핀, 떡잎이 좀 붙은 것이라야 가을다워 좋고 자연스러워 좋다"는 생각이었다. 이 한 수필가의 말을 그 당시 일반적인 국화론이라 하여도 좋을 것이다.

여기 '재래종 황국'이란 말이 나오거니와 우리나라에 있어 국화의 재배는 언제부터였을까. 문헌적인 기록을 살펴본 바는 없다. 중국 송나라 범성대(范成大)의 『국보(菊譜)』에는 "신라의 국화와 고려의 국화가 한토(漢土)에서 애식되었다"고 했다. 이로 보면 우리나라에서의 국화 재배 역사는 꽤나 거슬러 올라가야 할 것 같다.

문일평(文一平)의 『화하만필(花下漫筆)』이었던가.

"국화는 꽃을 아끼고 사랑하는 것만이 아니라, 봄에는 움싹을 먹고, 여름에는 잎을 먹고, 가을에는 꽃을 먹고, 겨울에는 뿌리를 먹는다"고 했다. 국화를 식용한 것도 따지고 보면 굶주림을 면하자는 것이 아니라, 그 기운과 운치를 몸과 마음에 사자는 것이 아니었던가 싶다.

고려 때의 유학자 이달충(李達衷, ?~1385)은 국파(菊坡)의 호를 가진 전경(全卿)의 이름을 듣고 한 편의 수필을 남긴 바 있다.

군자는 사물을 취하되 자기에게 합함이 있고야 취하게 된다. 전경이 국화를 사랑한다고 하니 가히 그가 어진 사람임을 알겠다. 국화의 꽃빛이 누르니 전경의 도가 중정(中正)하여 편벽되지 않음을 알겠고, 국화의 향기가 멀리 일렁이니 전경의 덕이 옆으로 통달한 것을 알겠고, 국화는 봄, 여름에 피지 않고 반드시 늦은 가을에 피니 전경의 출입이 양양(陽陽)하여 군자임을 알겠다. 무릇 군자는 독한 풀 옆에 놀지 않고 쓸모없는 나무 밑에 쉬지 않으니, 전경의 놀고 쉴 곳이 '국화 있는 언덕(菊坡)'이 아니고 어디이겠는가.

국화에 대한 우리 선인들의 생각이 어떠한 것이었던가를 엿볼 수 있는 글이다. 고려의 충신 포은 정몽주(1337~1392)는 25세의 젊은 나이에 뜰에 핀 국화꽃을 보고 「국화탄(菊花嘆)」을 읊은 바 있다.

> 꽃은 비록 말을 모르나
> 나는 그 마음 꽃다움을 사랑하노니
> 평생 술을 마시지 못하나
> 그대 위해 한 잔 술을 마시고
> 평생 이를 드러내어 웃지 못하나
> 그대 위해 한바탕 웃어보리라
> 국화는 내가 사랑하는 꽃
> 복사꽃 오얏꽃은 한갓 경치 좋을 뿐.

```
花雖不解語    我愛其心芳
平生不飮酒    爲汝擧一觴
平生不啓齒    爲汝笑一場
菊花我所愛    桃李多風光
```

젊어서부터 포은의 마음가짐이 어떠했던 것인가를 엿볼 수 있다. 봄철의 화려 번다한 꽃보다도 가을의 서리를 이고 고고하게 핀 국화를 사랑하는 마음이었다.

1392년의 충절은 이미 30년 전의 이때부터 뜰에 핀 국화와 더불어 다져지고 있었다고도 할 수 있다.

각설하고, 조선조에 들어 국화꽃에서 읽어낸 선인들의 마음은 어떠한 것이었던가를 주로 시조작품에서 살펴보고자 한다.

2

시조에서 '국화' 하면 먼저 떠오르는 작품이 있다. 송순(宋純, 1493~1583)의 저 유명한 국화노래가 곧 그것이다.

풍상(風霜)이 섯거친 날의 갓 핀 황국화(黃菊花)를
은반(銀盤)의 것거 다마 옥당(玉堂)으로 보내실샤
도리(桃李)야 곳이론양 마라 님의 뜨들 알괘라.

송순의 『면앙집(俛仰集)』에는 「자상특사황국옥당가(自上特賜黃菊玉堂歌)」의 제목으로 한역되어 전한다. 이수광의 『지봉유설(芝峰類說)』과 이병기의 『역대시조선』에서 이 노래의 유래도 볼 수 있다.

> 명종이 어원황국(御苑黃菊)을 꺾어 옥당관에게 나리시고 노래를 지으라 하시었다. 옥당관은 창 졸히 짓지 못하고 면앙정(송순)에게 이 노래를 빌어 바쳤다. 명종이 보시고 대단히 기뻐하시며 누가 지었느냐 하시었다. 옥당관은 숨길 수 없어 사실대로 아뢰니 크게 상을 주시었다.

얼마나 풍류스러운 이야기인가. 어원에 핀 노란 황국화를 꺾어 하얀 은쟁반에 담아 옥당에 내리시고 한시가 아닌 우리말로의 노래를 지어 올리라 한 임금의 멋도 풍류요, 이를 받아 임금의 뜻을 헤아리고 신하의 마음을 담아 올린 이 노래도 풍류롭다.

'바람과 서리가 뒤섞어 치는 어려운 때'일수록 올곧은 신하를 바라는 게 임금의 마음일 터이요, 저러한 난국일수록 신하들은 부박하거나 개인적인 영화를 버리고 오직 한마음으로 임금(나라)을 받들어 일해야 함이 신하의 마음일터이다. 이 두 마음이 하나 되어 이 작품은 이루어진 것이다.

국화꽃에 얽힌 명종의 풍류는 다음의 이야기에서도 볼 수 있다. 『명종실록』(1560년 9월 19일조)에 전한다.

> 임금은 서총대(瑞蔥臺)에서 연회를 베풀었다. 문신들에겐 율시를 지어 올리게 하고, 무신들에겐 활을 쏘게 하여 차등 있게 상을 내렸다. 또한 좌우 여러 신하에게 국화꽃을 하사하여 모두 머리에 꽂으라는 명이었다. 이미 술에 취한 뒤여서 신하들 중에는 갓을 바르게 쓰지 않은 자가 많았다. 그 중에서도 우의정 심통원(沈通源)이 더욱 오만방자하고 불공스러웠다. 그러나 임금은 개의치 않았다. 뿐만 아니라 술 잘 마시는 사람 몇 명을 가려서 큰 잔으로 마시게 하여 취하지 않은 신하는 집으로 돌아갈 수 없다는 말씀이었다.

이 때 술잔에 넘실거린 술은 국화주가 아닌 자하주(紫霞酒)였다. 다음날 영의정 상진(尙震)은 글을 올려 사례하기를,

> 특별한 은혜를 골고루 영광되이 받게 하셨습니다. 어찌 신들이 평소의 절개를 다하여 더욱 충성을 다하지 않겠습니까. 서로 협력하고 공손한 마음으로 자신을 돌보지 않고 맡은 바 구실을 다하겠습니다. 임금께서는 즐거운 마음으로 장수를 누리시기 빕니다.

라고 했다.

서총대 연회에서 여러 신하들에게 국화꽃을 꽂게 한 명종의 뜻도 바로 옥당관에게 국화꽃을 내려 노래를 짓게 한 뜻과 다를 것이 없다. 그것은 신하들에게 국화꽃과 같은 기상·기개를 바라고자 한 마음이었다.

국화꽃의 기상과 기절을 높이 산 선인들은 이 꽃을 '오상화(傲霜花)', '상하걸(霜下傑)'로도 일컬었다. 이 점을 직접 들어 노래한 시조로는 이정보(李鼎輔, 1693~1766)·회연(會淵, 신원미상)·안민영(安玟英, 1816~?)의 것을 들 수 있다.

　　국화야 너는 어이 삼월동풍(三月東風) 다 지나고
　　낙목한천(落木寒天)에 네 홀로 퓌엇나다
　　아마도 오상고절(傲霜高節)은 너뿐인가 하노라

이정보의 작이다. 그의 자는 사수(士受), 호는 삼주(三洲), 시호는 문간(文簡)이었다. 양관대제학·판중추부사를 지내고 벼슬이 이조판서에 이르렀다. 만년에는 "공명이란 한갓 부운임"을 노래하고, 고향 연안(延安)의 산수에 자적하였다. 글씨와 한시에 능하였다 하거니와 그의 시조만도 79수가 전한다.

진나라 도연명(陶淵明)의 저 유명한 "채국동리하(採菊東籬下) 유연견남산(悠然見南山)"의 심경에 젖으며, "아마도 오상고절은 너뿐인가 하노라"를 읊조렸던 것인가. 부귀공명이란 한갓 뜬구름 같은 것임을 깨달은 것도 이 시조를 읊조리면서가 아니었던가 싶다. 그는 다음과 같은 시조를 남기기도 하였다.

 귀거래(歸去來) 귀거래한들 물러간 이 그 누고며
 공명이 부운인 줄 사람마다 알것만은
 세상에 꿈깬이 업슨이 그를 슬허하노라.

어쩌면 부귀공명에 연연한 세상 사람들을 비웃는 것도 같지만 이러한 노래를 읊조림으로써 자신의 '안빈낙도(安貧樂道)'를 더욱 다지고자 하였던 것으로 보아야 좋지 않을까. 국화꽃에게 "오상고절은 너뿐인가 하노라"라고 말한 것도 이러한 맥락에서 보아야 한다.

회연은 신원을 알 수 없다. 회씨(會氏)의 성이 없는 것으로 보아 '회연'은 자·호의 하나로 보아야 좋을 것 같다. 4수의 시조가 『악부(樂府)』(서울대 소장)에 전할 뿐이다. 국화의 '오상고절'을 들어 말한 시조는 다음과 같다.

 추월(秋月)이 만정(滿庭)한데 국화는 유의(有意)로다
 향매화 일지심(香梅花一枝心)은 날 못 이겨 피는고나
 아마도 오상고절은 너뿐인가 하노라

회연은 꽤나 한량이었던 듯하다. 그의 4수 시조마다 임과의 관계가 어려 있다. "임(任) 간 데는 마전(麻田)이요", "임의 품에 들고 지고", "여관한등(旅館寒燈)에 잠 못 이뤄" 등의 구절을 볼 수 있기 때문이다. "추월이 만정한데"의 이 시조에도 '너'와 '나'의 관계가 들어 있다.

가을달이 뜰 가득 밝은 밤, 뜰에 핀 국화꽃을 바라며 한 생각에 잠긴다(초장). 향그러운 매화 한 가지에 어린 임의 마음은 나를 못 잊어 피운 것이었다(중장). 그 임의 마음을 이 밤 뜰에 핀 국화꽃을 바라며 생각하게 된다. 나는 그동안 허랑하였는데, 임은 나를 위한 절개를 지키고 있으려니, '아마도 오상고절은 임뿐인가 싶다'는 생각이다(종장). 윗 시조의 3장 구성을 이러한 뜻으로 풀이할 수 있지 않을까.

선인들은 국화를 여인들에 비하여, 절화(節花)·여절(女節)·여화(女華)·여경(女莖)으로 일컫기도 하였다. 남성위주의 봉건적인 낱말을 내세울 것 있느냐고 발끈할 독자도 있을 수 있겠다. 그러나 잠시, 여류 소설가 장덕조(張德祚)의 수필 『국화』의 한 구절을 되생각해볼 필요가 있다.

    국화꽃이 가지고 있는 자태는 특히 우리 동양의 여성미를 나타내고 있는 것 같다. 가는 허리 나비조차 그림자를 감춘 들가에, 있는 듯 마는 듯 수줍음을 띠고 서 있는 국화 한 송이는 신통히도 구박을 받고 설움을 당해 가면서도 남편에게 향한 애정을 끝까지 지켜가는 우리나라의 가엾은 아내다.

위 시조의 작가 회연은 어느 달 밝은 밤 국화꽃을 바라다 이 같은 '가엾은 아내'에 생각이 미쳤던 것이다. 그리고 자신의 허랑을 반성한 것이 된다. 이 국화꽃의 덕이 아닌가.

국화를 빌어 직접 자신의 마음다짐을 한 것은 안민영의 시조에서 볼 수 있다.

> 국화야 너는 어이 삼월동풍 슬여헌다
> 성긴 울 찬비 뒤에 찰아리 얼지연정
> 반드시 군화(群花)로 더부러 한봄 말녀 허노라.

안민영은 자를 성무(聖武), 호를 주옹(周翁)이라 한 가객으로 그의 스승 박효관(朴孝寬)과 더불어 가집「가곡원류」를 엮은 바 있다. 그의 개인 시조집인『주옹만영 – 금옥총부』에는 이 시조에 대한 '시작노트'도 곁들여 놓았다.

> 약현(藥峴) 김상국(金相國)의 한시 「소리우후녕한사(疏籬雨後寧寒死) 불여군화공일춘(不女群花共一春)」를 보고 지었다.

함이 곧 그것이다. 김상국 약현은 누구일까. 정조 때의 영의정을 지낸 김익(金熤, 1723~1790)이 아닌가 싶다. 그는 연흥부원군 김제남(金悌男)의 5대손으로 퍽 강직한 성품이었다. 임금(영조)께서 숙종의 계비인 인원왕후(仁元王后)의 제삿날을 전후하여 불공을 올리자 당시의 국시(國是)에 어긋나는 일이라 하여 이를 반대하였다. 그는 물러섬이 없었다. 끝내는 갑산(甲山)으로 유배되었다. 뒷날 풀려나 정승의 자리에까지 올랐으나, 소신을 위해선 굽힘이 없었고 효행으로도 이름이 높았다. 이러한 일화로 보아, 저 한시구의 원작자 약현을 김익으로 추정해볼 만하다.

안민영은 약현의 한시구를 우리말로 옮겨, "성긴 울찬비 뒤에 차라리 얼지언정 / 반드시 군화로 더불어 한 봄 말려 하노라"로 시조의 중·종장을 삼았다. 그리고 초장에는, "국화야 너는 어찌하여 여러 꽃들이 다투어 피는 봄바람을 싫어하느냐"의 의문을 던져 문답의 구성으로 시조 한 수를 이루어 놓았다.

안민영 자신이 약현의 국화 시구에 공감한바 컸고, 그 공감으로 하여 자신의 삶을 국화의 기품으로 영위할 것을 다짐한 시조라 할 수 있다.

안민영보다 앞선 김수장(金壽長)·김진태(金振泰) 등 18세기 가객들의 시조에서도 국화를 두고 읊은 노래를 볼 수 있다.

> 풍상이 섯거친 날에 초목(草木)이 성긔여다
> 희건이 눌으건이 금취 학령(金翠鶴翎) 휘둘렀다.
> 어즙어 연명 애국(淵明愛菊)이 날과 엇더 하든이
>
> 동리(東籬)의 오상화(傲霜花)는 금취 학령 휘둘어다
> 주중선(酒中仙) 도연명의 높은 벗이 네로고나
> 우리도 성은(聖恩)을 갑파든 너를 좃차 놀리라.

다 같이 도연명의 애국(愛菊)을 들어 자신들의 시를 엮었다. 도연명이 국화의 시인으로 유명하였던 것은 앞에서 인용한 바 있는, "채국동리하 유연견남산(採菊東籬下悠然見南山)"으로도 그렇거니와, 자기 집 뜰안에 작은 길 셋을 내어 소나무·대나무·국화를 심고 '송경(松徑)·죽경(竹徑)·국경(菊徑)'이라 일컬었던 것이나, 그의 시 「구일한거(九日閑居)」에 있는 "주능거백려 국해제퇴령(酒能祛百慮 菊解制頹齡)"의 시구로 보아서도 알 수 있다. 도연명이 애주의 시인으로 유명하였음은 그의 시편마다 거의 술이 들어 있기 때문이기도 하다.

금취·학령은 공작의 꼬리털과 학의 깃털을 뜻하는 한자어이나 여기서는 각기 국화꽃의 이름으로 쓰인 말이

다. 국화꽃의 빛깔로 말하자면 금취는 황국에, 학령은 백국에 속하는 것이겠다.

임진왜란 때 금산(錦山) 전투에서 전사한 고경명(高敬命, 1533~1592)은 일찍이 황국·백국을 들어 5언시 한 수를 지은 바 있다.

> 제 빛인 노랑빛이 귀품스럽다 마는
> 천연한 흰빛깔도 기이한지고
> 사람들 따로 구분하지만
> 다 같이 절개 높은 꽃이라네

> 正色黃爲貴　天姿白亦寄
> 世人看自別　均是傲霜枝

황국·백국을 다 같이 서리해도 굴하지 않고 외려 제 빛을 자랑하고 피는 기품 있는 꽃으로 노래하였다.

김수장의 시조에서 "풍상이 섞어 친 날에"는 송순의 「자상특사황국옥당가」의 초장 초구를 그대로 따다가 사용하였다.

"희거니 누르거니"는 백국(학령)과 황국(금취)이 함께 피어 있음을 중장에서 말하고, 종장에서는 도연명의 '국화 사랑'이 자신의 '국화사랑'과 비교하면 어떠하겠는가라고 묻는 것으로 맺었다.

김수장이 이 시조를 부른 그 자리에는 김진태도 있었던 것인가. 같은 '경정산가단(敬亭山歌壇)'의 가객인데다 국화시에서도 '금취', '학령', '도연명' 등을 이끌어 썼기 때문이다. 오직 종장에서 김수장은 "어집어 연명 애국이 날과 어떠하던고"라 한데 대해, 김진태는 "우리도 송은을 갖거든 너(도연명의 높은 벗: 국화)를 좇아 놀리라"고 하였을 뿐이다. 두 사람 중, 누가 먼저 국화를 챙겼을까. 김수장이었을 것 같다. 이유야 어떻든, 뜰에 핀 황국·백국을 바라보며, 한 잔 술이라도 나누며, '나 한 수, 그대 한 수'식으로 시조를 지어 불렀을 저 자리에서 풍류를 느끼기란 어렵지 않았을 터이다.

3

선인들의 상국(賞菊)에는 으레 술이 따르기 마련이었다. 상화(賞花)라는 말이 있으니, 상국이란 말을 써도 무방할 것 같다. 국화꽃을 바라고 즐기는, 곧 완상함을 상국이라 이르고 싶다. 당대에 주선(酒仙)의 칭호를 받았다는 정작(鄭碏, 1533~1603)의 7언절구 「중양(重陽)」은,

국화를 바라 앉아 탁주잔을 기울인다면

가을 어느 날이 중양절 아니겠나

若對黃菊傾白酒　　九秋何日不重陽

로 전·결구가 되어 있다. '중양'은 음력 9월 9일, 이 날을 황화절·황국절로도 일컬었다. 국화꽃의 개화가 절정에 이르기 때문이다. 『농가월령가』에선, "구월 구일 가절(佳節)이라 화전(花煎)하여 천신(薦新)하세"라고 노래하였다.

「전원사시가」를 읊은 신계영(辛啓榮, 1557~1669)은 이 날을 무척이나 기다렸던가.

동리에 국화 피니 중양이 거애로다
자채(自蔡)로 비즌 술이 하마 아니 니것나냐
아해야 자해(紫蟹) 황계(黃鷄)로 안주 장만하야라.

'자채'는 올벼의 일종. 이 날의 술잔에는 으레 국화꽃 잎을 띄워 마셨다. 국화꽃으로 빚어 담는 국화주가 따로 있으나 때를 맞추기 어려우면 술잔에 꽃잎을 그대로 띄워 국화주라 일컬으며 마셨다. 국화주는 풍을 제거하고 수명을 연장한다고도 했다. 그러나 이런 실효적인 면보다는 그 운치를 높이 샀던 것이다.

아무튼 상국에는 술이 따르기 마련이었다. 거기에 국화전도 따르고, 국화차로 입가심도 할 수 있다면, 그 날의 상국은 격을 갖추었다고 할 수 있다. 물론 뜻이 맞는 두세 친구와 어울렸다면 더 이상 바랄 나위 없을 것이다. 국화꽃의 향기가 입안으로 들면 몸과 마음의 속기도 덜리고 맑아질 것이기 때문이다.

옛날의 한 선비는 휘영청 달 밝은 밤, 때맞추어 청할 벗들도 마땅치 않으면, 국화분을 방안으로 들여놓고, 홀로 술잔을 기울였다고 한다. 거기 곁들인 이야기가 멋스럽다. 그 국화분 앞에서 꽃송이마다에게, '그대 한 잔, 나 한잔, 저 달도 한 잔' 하는 식으로 술잔을 기울이다가 취하면 그 국화분 옆에 쓰러져 잠들곤 하였다는 이야기다.

국화를 벗으로 챙겼던 셈이다. 옛 선비들은 흔히 매화를 청우(淸友), 연꽃을 정우(淨友), 국화를 가우(佳友)로 챙기기도 하였다.

신흠(申欽, 1566~1628)의 「국명(菊銘)」이 떠오르기도 한다.

> 국화는 천지의 바른 빛을 받았고, 천지의 바른 기운을 얻었거니, 추위 속에 꽃이 피고, 서리를 맞아도 시들지 않는다. 이 꽃이야말로 군자의 부류다. 한갓 식물도 이러하거늘 하물며 사람이랴.

옛 선인들이 국화꽃을 좋아한 까닭을 단적으로 드러

낸 것이라 하겠다. 국화를 노래하고, 국화를 완상하며, 국화주·국화전·국화차를 즐긴 것도 속세에 물들지 않는 고고한 심지를 닦고 기르고자 함이었다. 얼마나 멋스러운가. 그러한 정경들을 그리자면 풍류스럽기만 하다.

끝으로 이신의(李愼儀, 1551~1627)의 시조 한 수,

> 동리에 심은 국화 귀한 줄을 뉘 아나니
> 춘광을 번폐하고 엄상(嚴霜)에 혼자 퓌니
> 어즈버 청고한 내 버디 다만 넨가 하노라.

이신의는 곧은 선비였다. 광해군 때 어린 영창대군을 죽이고 인목대비를 서궁에 유폐하려 하자, 이는 천륜에 어긋난 일이라며 극렬한 항소를 올렸다. 이로 하여 회령에 유배되었다가 인조반정으로 풀려난 바 있다.

마침 국화철이다. 선인들이 남긴 국화 시조라도 한 수 찬찬히 읊조리며, 저 풍류까진 못 미친다 해도, 잠시 속기에 찌든 내 스스로를 살펴보고 싶다. 한 발치 물러서서.

몇 생을 닦아야 매화에 이르나

1

　매화의 원산지는 중국이라 전한다. 우리나라에 들어온 것은 어느 시기였을까. 밝혀진 기록은 없다.『삼국사기』·『삼국유사』 등에 매화의 이름이 보이는 것으로 보아 삼국시대에는 이미 매화가 우리나라에 들어와 있었던 것을 알 수 있다. 이후, 우리 선인들의 매화사랑은 대단하였다. 흔히, '세한삼우(歲寒三友)'·'사군자(四君子)'로 일컬으며, 벗과 같이 가까이 하고자 하였다. 오늘날 전하는 많은 시가가 이를 말하여 준다.

　시가뿐이 아니다. 매화그림 또한 얼마나 많은가. 고려시인 정지상(鄭知常, ?~1135)은 매화 치기도 잘했다 하거니와 여말 선초의 해애(海涯)가 그린 「세한삼우도」·어몽룡(魚夢龍, 1566~?)의 「월매도」·장승업(張承業, 1843~1897)의 「홍백매10정병(紅白梅十幀屛)」은 현전하는 매화그림으로 유명하다.

그림뿐이었던가. 선인들의 매화에 대한 애호벽은 매화의 무늬를 일용기물에까지 새겨 넣기도 하였다. 고려의 청자나 조선조의 백자에서 매화꽃무늬를 보기란 어렵지 않다.

오늘날 매화의 종류 3백 종에 이른다 하거니와 매화의 이칭도 많았다. 그 이름까지도 모두 맑고 깨끗하고 아름다워서 탈속의 정감이 일기도 한다.

> 청우(淸友)·청객(淸客)·경영(瓊英)·옥선(玉仙)·빙혼(氷魂)·옥비(玉妃)·화괴(花魁)·목모(木母)·매선(梅仙)·매군(梅君)·매형(梅兄)·은일사(隱逸士)·빙기옥골(氷肌玉骨)·빙자옥골(氷姿玉骨)·천향국염(天香國艶) 등등.

이러한 이름에서도 매화를 그려볼 수 있고, 매화를 눈앞에 그리자면 이러한 이름들이 떠오르기도 한다.

매화의 이러한 탈속의 기품을 기려 북송의 임포(林逋, 967~1028)는 '매치획자'로 한 생을 살았다는 것은 유명한 이야기다. 은둔의 삶이 아니요, 세상에 맞부딪쳐 살면서도 매화의 기품에 오롯한 우리 선인들도 많았다. 『한림별곡(翰林別曲)』에도 그 이름이 나오는 매호(梅湖) 진화(陳澕) 사육신의 한 분인 매죽헌 성삼문(1418~1456), 창녕현감

때 선정으로 생사당이 세워지고 퇴계 이황의 문인으로 예학에 밝았던 백매헌(白梅軒) 정구(鄭逑, 1543~1620), 한말에 순절한 매천(梅泉) 황현(黃玹) 등은 평생 매화의 기품을 잃지 않았다.

저 암흑의 일제시대, 가람 이병기(李秉岐, 1891~1968)는 한때 당호를 '매화옥'이라 하였음도 유명한 이야기다. 서울 계동 24번지의 거처를 '매화옥'이라 하였고, 장서인에도 '매화옥주인'을 사용하였다. 뿐만 아니라 완당 김정희 글씨를 새긴 〈매화옥〉을 서재의 편액으로 사용한 바 있다.

그때 가람께서는 난초와 매화의 기품으로 일제의 어두운 세상을 참고 견디고자 하였음이다. 저 무렵의 가람 시조인,

> 벗고 주린 몸들 추위를 어이하리
> 얼은 파초같이 그 속마저 썩을세라
> 피려는 매화와 함께 봄은 다시 돌아온다.

에서도 희망을 잃지 않고 있는 가람의 모습을 엿볼 수 있다. 가람의 평생 성품은 매화와 난초의 기품이었고, 매화와 난초의 기품에서 가람의 평생 성품을 우러러보기 또한 어렵지 않았다.

8·15해방 후, 1950년대 중반의 어설픈 세상살이도 가람께서는 오직 '난(蘭)과 매(梅)'로 가슴 달래며 오롯하였던 것을 본다.

    난을 난을 나는 캐어다 심어도 두고
    좀먹은 고서를 한 옆에 쌓아도 두고
    만발한 야매(野梅)와 함께 팔구년(八九年 : 1956년)을 맞았다

    다만 빵으로서 사는 이도 있고
    영예 또는 신앙으로 사는 이도 있다
    그러나 나는 이 세상을 이러하게 살고 있다

가람께서는 '빵'이나 '영예'나 '신앙'보다도 '난'과 '고서'와 '야매'로 더불어 1950년대 중반의 저 어려운 세상을 살고 있다는 토로이었던 것이다.

선인들은 매화의 어느 면을 그토록 샀던 것이다.

2

매화가 선인들에게 준 것은 무엇이었던가. 선인들이 남긴 시조를 통하여 이를 살펴보고자 한다. 먼저 떠오르는 시조로 고려말 이색(李穡, 1328~1395)의 것을 들지 않을 수 없다. 매화를 시조에 이끌어 쓴 최초의 작품이다.

백설이 자자진 골에 구름이 머흐레라
반가온 매화는 어느 곳에 피었는고
석양에 홀로 서있어 갈 곳 몰라 하노라.

이색은 자를 영숙(穎叔), 호를 목은(牧隱)이라 했다. 원나라의 과거에 합격, 귀국 후 20여 년의 벼슬길에서 성균관대사성 문하시중에 이르렀다. 시문에도 능하여 『목은집(牧隱集)』(50권)이 전하거니와 이성계의 역성혁명에 은거, 뒷날 여러 차례에 걸친 태조의 부름에도 응하지 않았다. 세상 사람들은 야은(冶隱)길재·포은(圃隱)정몽주와 더불어 고려 말 3은으로 일컫고 있다.

이러한 목은의 생애에서 볼 때, 이 시조가 함축하고 있는 뜻은 깊다. '백설'은 쇠퇴한 고려왕조를, '구름'은 이성계 일파의 신흥세력을, '석양'은 그 당시의 판국을 상징한 것이라 할 수 있다. 그러면 '매화'는 무엇인가. 육사(陸史)의 시 「광야」의 시행,

지금 눈 내리고
매화 향기 홀로 아득하니
내 여기 가난한 노래의 씨를 뿌려라

가 갈아들기도 한다. 목은의 매화나 육사의 매화를 같은 맥락의 상징으로 볼 수 있지 않을까. 목은은 기울어져가

는 왕조를 떠받칠 수 있는 우국지사를 매화로 비유한 것이요, 육사는 빼앗긴 조국의 광복에 앞장설 애국지사를 매화에 비유하였기 때문이다.

김진섭(金晋燮)은 그의 「매화찬」에서 매화는, '한 때를 앞서서 모든 신산(辛酸)을 신산으로 여기지 않는 선구자의 영혼에서 피어난 꽃'이라 했다. 일찍이 매화꽃에서 '우국지사'를 읽어낸 목은의 생각은 멋스럽기만 하다.

이와는 다른 면에서 매화를 노래한 작품도 있었음을 본다. 유희춘(柳希春, 1513~1577)의 『미암일기』(1571. 5. 12일 조)에 「헌매가(獻梅歌)」란 이름이 전한다. 그러나 실제 작품은 대해 볼 수 없다. 오직 유희춘의 「헌근가」가 전하는데,

> 미나리 한 펄기를 캐어서 씻우이다
> 년대 아니야 우리님께 바치오이다
> 맛이야 긴치 아니커니와 디시 씹어 보소서,

로 미루어 보아, 「헌매가」도 매화에 자기의 뜻을 담아 윗사람에게 바치는 내용의 노래였을 것임을 짐작할 수 있다.

이보다도 뒤에 이루어진 정철(鄭澈, 1536~1593)의 「사미인곡」에서 볼 수 있는,

동풍이 건듯 불어 적설을 헤쳐내니
　　창 밖에 심은 매화 두세 가지 피었에라
　　가뜩 냉담한데 암향(暗香)은 무슨 일고
　　황혼에 달이 좇아 벼개맡에 비치니
　　느끼는 듯 반기는 듯 임이신가 아니신가
　　저 매화 꺾어 내어 임 계신데 보내오자
　　임이 너를 보고 어떻다 여기실가.

와 같은 뜻의 내용이 아니었을까. 말하자면 선인들은 처처물물(處處物物)에도 임금을 생각하고 그리워하였던 것이다. 당시 전라감사로 외방에 나와 있던 유희춘과 『실록』 봉안사로 전주에 파견되었던 박화숙은 '진남루(鎭南樓)'의 한 술자리에서 매화꽃과 미나리에 연군의 정을 담아낸 것이다. 백화에 앞서 꽃의 우두머리(花魁)로 핀 매화꽃이요, 미나리 또한 이름난 전주의 봄미나리가 아닌가. 외방의 술자리에서도 이러한 연군의 노래로서 수작(酬酌)이었다니 멋스럽기만 하다.

다음 시조에서는 선인들의 또 다른 매화관을 볼 수 있다.

　　풍설 산재야(風雪山齋夜)에 상대 일수매(相對一樹梅)라
　　웃고 저를 보니 저도 날을 웃는고나
　　우어라 매즉농혜(梅則儂兮)ㅣ 농즉매혜(儂則梅兮)ㄴ가 하노라

선조 때 지평(持平) 벼슬에 이르렀던 송타(宋柁)의 시조다. 그는 호를 화암(花庵)이라 했고,「화암수록」의 문집을 남긴 바 있다. 문집에는「화암구곡」의 9수 시조와「매농곡(梅儂曲)」이 전한다. 그의 거처에는 사철 꽃을 볼 수 있는 화훼를 가꾸었다 하거니와 45종의 꽃나무를 들어「화목구등품제(花木九等品第)」를 정해 놓기도 하였다.

매화는 국(菊)·연(蓮)·죽(竹)·송(松)과 더불어 1등으로 올리고, 그 1등에서도 으뜸으로 뽑았다. 이러한 화목들을 1등으로 친 것은 그 '고표일운(高標逸韻)'을 취한 것이라 하였다. 높고 뛰어난 운치를 산 것이 된다.

위에 든 시조가 곧「매농곡」이다. 눈발이 날리는 산속 '화암서재'에서 한 그루 매화를 대하고 앉아있는 화암의 모습을 그려볼 수 있다. "웃으며 매화를 보니 매화꽃 저도 나를 보고 그윽한 웃음이구나. 웃어라, 매화 곧 나요, 내가 곧 매화로 주객일체인 것을". 그날 밤, 화암은 벙글어 핀 매화꽃과 더불어 술잔을 나누었을 것이 뻔하다. 선인들은 이를 '매화음(梅花飮)'이라 일컬었다.

화암은 매화를 두고 읊은 9수의 5언절구를 남기기도 하였다. 그중 '분매(盆梅)'를 읊은 시에서도 '매농 농시매(梅儂儂是梅)'의 구절을 볼 수 있다. '매화가 곧 나요, 내가 곧 매화라'는 것이다.

『화암수록』에서는 한 편의 수필인 「매설(梅說)」도 볼 수 있다. 어느 날 매화나무 아래서 졸다가 꿈에서 만난 한 고기(古奇)한 노인의 말을 옮겨 엮어낸 수필이다. 노인의 말에는 이런 대문이 들어 있다.

- 나의 성품은 속세의 번거로운 곳을 싫어하고 오직 산림을 좋아하여 물외에 살고 있다.

- 나는 소동파(蘇東坡)를 원망한다. 그는 공연히 나를 일러, '얼음처럼 차고 맑은 넋', '구슬처럼 희고 깨끗한 골격'이라 평하여 나의 자취를 누설하고 나를 제일 좋은 물건으로 지목하였기 때문이다.

- 그대가 만일 나를 알고자 한다면, 세상이 거칠고 적막한 산수 모퉁이에 나와 같이 살며, 속세와 가까이 하지 말고, 허(虛)한듯, 부(無)한 듯하여 소성(素性)이나 온전히 하여야 한다.

이러한 노인의 말들을 옮겨 적고, 수필의 끝 한 줄을, "내 매형(梅兄)의 뜻을 이해하고 '예' 대답하고 꿈을 깨어 기록한다"로 맺었다. 이 끝줄의 '매형'이란 말로 하여, 서두의 '고기한 노인'이 바로 매화나무의 정령임을 알 수 있다. 여기 노인이 말한 바는 곧 선인들이 생각한 매화의 덕목이요, 기품이기도 하다.

'매화 곧 나요, 나 곧 매화'이고자 해도 이 일이 어디 쉽게 될 일인가. 그래서 선인들은 매화를 더욱 가까이 하고자 하였던 것이 아닐까.

매화의 덕목과 기품을 자신이 갖추고자 하였을 뿐 아니라, 자기 둘레의 후진들에게도 바라는 마음을 읊어낸 시조도 있다.

> 옥매 한 가지를 노방(路傍)의 버렸거든
> 내라셔 거두어 분(盆) 위에 올렸더니
> 매화 이성랍(已成臘)하니 주인 몰라 하노라.

이후백(李後白, 1520~1578)의 시조가 곧 그것이다. 이 시조에는 「백련 문익주에게 보낸다(贈文白蓮益周)」라는 제목이 달려 있다. 또한 시조의 말미에는 시화(詩話)도 곁들였다.

> 백련 문공은 선생(李後白)이 세 번 추천하여 군수가 되었다. 그러나 문공은 벼슬길에 나간 후, 한번도 선생을 찾아오지 않았다. 선생은 이 노래를 지어 그 뜻을 시험하였다. 문공은 「산수가(山水歌)」를 지어 화답하였다.

는 것이다.

이 시조의 표면적인 뜻은 다음과 같다. '매화 한 가지(포기)가 길가에 버려져 있는 것을 내가 거두어서 화분에 옮겨 심었다. 그 매화가 섣달이 되어 꽃이 피자 처음에 저를 거두었던 주인도 몰라보는구나'.

 이 겉뜻만으로도 자기가 천거한 사람이 잘 되자 지난날의 은혜를 모르쇠한다는 노여움을 드러낸 것이 된다.

 그러나 이것은 매화의 성질이나 기품을 미처 이해하지 못한 데서 오는 풀이라 할 수 있다. 이후백은 어떠한 사람인가. 그는 대사헌·이조참판·호조판서 등을 역임하면서 공도(公道)·공심(公心)·청백(淸白)에 철저한 분이었다. 이러한 분이 자기가 천거한 사람이 뒷날 자기를 찾아오지 않는다고 하여 섭섭하게 생각할 수 있겠는가.

 이후백은 문인주의 사람됨에서 매화 같은 기품을 보고, 그를 야에서 뽑아 벼슬길에 추천하였던 것이다. 그 후 외방에 나가서도 매화와 같은 기품을 잃지 않고, 공무의 구실을 다하고 있는가를 염려하여 이 시조를 지어 문익주에게 보냈던 것으로 보아야 한다. 이 마음씀을 매화를 들어 노래한 것이 멋스럽기만 하다. 문익주는 「산수가(山水歌)」로써 답하였다고 하나, 노래는 전하지 않는다. 아쉬운 일이다. 그러나 '옥매 한 가지'의 이 시조에 얽혀 전하는 이 이야기만으로도 두 분 선인들의 인품과 그 풍류적인 멋을 느끼기란 어렵지 않다.

3

매화에서 정신적인 면을 이끌어 내어 노래한 이들 시조들과는 달리 다만 눈에 드는 매화의 맑은 아름다움이나 향기를 들어 노래한 시조들도 볼 수 있다.

특히, 가객(歌客)들의 노래들이 그렇다.

> 일이삼월 도리화(桃李花) 좋고 사오륙월 녹음방초(綠陰芳草)
> 칠판구월 황국(黃菊) 단풍(丹楓) 더 좋애라
> 십일이월 설중매향(雪中梅香)이 최다정(最多情)이 좋애라

18세기 『해동가요』의 편자인 김수장(金壽長)의 이 시조도 '눈 속에 핀 매화의 향기'만을 들었거니와 호석균(扈錫均)의 다음 시조는 매화꽃의 아름다움만을 '화용월태(花容月態)'에 비겨 들었을 뿐이다.

> 동창에 달 비치고 합리(閤裡)에 매화 피니
> 화용월태는 천연할사 임이언만
> 어찌타 낭랑 옥음(玉音)은 들을 길 없어.

권섭(權燮, 1671~1759)은 친구로부터 받은 매화그림을 두고 「매화사장(梅花四章)」을 읊었다. 4장의 노래 또한 매화의 겉모습이요, 향기 타령이다. 둘째 수를 옮겨 본다.

> 아마도 이 벗님의 풍운(風韻)이 그지없다
> 옥골빙혼(玉骨氷魂)이 냉담도 한저이고
> 풍편(風便)의 가만한 향기는 세한불개(歲寒不改) 하노라

'옥골빙혼'·'빙자옥골(氷姿玉骨)'·'빙기옥골(氷肌玉骨)'·'암향부동(暗香浮動) 등은 매화의 아름다움과 향기를 말함에 있어 한 투어(套語)였다.

19세기 『가곡원류』를 박효관과 더불어 엮은 가객 안민영(安玟英)의 유명한 『매화사 8절(梅花詞八絶)』에도 이러한 투어들이 들어 있다. 그의 개인시조집 『금옥총부-주옹만영』에서 8수의 순서를 챙겨 본다.

> ① 매영(梅影)이 부드친 창에 옥인금차(玉人金釵) 비겨신져
> 이산 백발옹(二三白髮翁)은 거문고와 노래로다
> 이윽고 잔 들어 권할제 달이 또한 오르더라

> ② 어리고 성근 매화 너를 믿지 않았더니
> 눈기약(期約) 능히 지켜 두세송이 피엿구나
> 촉(燭) 잡고 가까이 사랑할제 암향부동 하더라

③ 빙자옥질이여 눈 속에 네로구나
　 가만히 향기 놓아 황혼월(黃昏月)을 기약하니
　 아마도 아치고절(雅致高節)은 너 뿐인가 하노라

④ 눈으로 기약터니 네 과연 피엿고나
　 황혼에 달이 오니 그림자도 성기거다
　 청향(淸香)이 잔에 떳으니 취(醉)코 놀려 하노라

⑤ 황혼의 돋는 달이 너와 기약 두었더냐
　 합리(閤裡)의 자든 꽃이 향기 놓아 맞는고야
　 내 어찌 매월(梅月)이 벗 되는 줄 몰났던고 하노라

⑥ 바람이 눈을 몰아 산창(山窓)에 부딋치니
　 찬 기운 새여들어 자는 매회 침노(侵擄) 하니
　 아무리 어루려한들 봄뜻이야 앗을소냐

⑦ 저 건너 나부산(羅浮山) 눈 속에 검어 웃뚝 울통불통
　 광대등걸아
　 네 무삼 힘으로 가지 돋쳐 꽃조차 저리 피였난다
　 아모리 썩은 배(船) 반만 남았을망정 봄뜻을 어이 하
　 리오

⑧ 동각(東閣)에 숨은 꽃이 철주인가 두견환가
　 건곤이 눈이여늘 제 어찌 감히 피리
　 알괘라 백설양춘(白雪陽春)은 매화 박에 뉘 이시리

　 이「매화사」의 창작 동기를 안민영 자신이 ①의 말미
에서 다음과 같이 밝혀 놓았다.

내가 경오년(1870) 겨울 운애(雲崖) 박선생(朴孝寬)과 오기여(吳岐汝)와 평양기생 순희(順姬)와 전주 기생 향춘(香春)과 함께 운애산방에 모여 거문고와 노래를 즐겼다. 운애선생은 본시 매화를 좋아하여 손수 심어서 책상머리에 두었다. 마침 두어 송이가 벌어 그윽한 향기가 떠돌았다. 인하여「매화시8절」을 지었다.

고 했다. 매화향기 일렁이는 설월야의 산방에서 매화처럼 기품 있고 아름다운 여인들과 거문고·노래·술로 어울린 저 정경을 눈앞에 그려볼 수 있다. 속되지 않는 풍류의 한마당이었으리라 생각된다.

　매화에서 정신적인 면까지는 깊이 챙기지 않는다 해도 무릇 매화를 바라면서 술자리에 속(俗)하거나 난(亂)한 마음이 끼어든다면 멋스러운 풍류와는 먼 것이 되고 말 터이다.

4

　이제 마무리를 서둘러야 할 것 같다. 이상 살펴본 매화시조에서 우리 선인들이 매화를 두고 생각한 두 가지를 추켜들어 볼 수 있을 것 같다.

　그 하나는 매화가 지는 덕목이나 기품을 정신적인 것

으로 따내고자 한 것이다. 세상살이가 엄동설한과 같은 상황이면 상황일수록 매화를 그리고 매화를 본받고자한 마음이었다.

다른 하나는 정서적인 것으로 매화의 성글게 피는 청초한 아름다움과 그윽한 향기를 즐기자는 마음이었다. 이에는 술이 따르기 마련이었으나, 그 '매화음'의 자리는 속되거나 난한 것이 아니었다.

이 두 가지 면에서 읊어진 선인들의 시조는 다 같이 멋스럽고 풍류적인 것이었다.

선인들이 입동(立冬)에 들기가 바쁘게 챙겼던, '소한도(小寒圖)'의 풍습에서는 두 가지를 아우른 풍류적인 멋을 볼 수 있다.

'소한도'는 '구구도(九九圖)'라고도 일컬었다. 소매(素梅) 한 가지에 81개의 꽃망울을 그려놓고, 입동날로부터 하루마다 그 꽃망울 하나씩에 물감을 놓아간다. 소설·대설·동지·소한·대한을 지나 입춘날에 이르면 그 매화가지는 만개한 매화그림이 된다. 문 밖에도 봄이 와 있기 마련이다.

매화 이야기를 하다보니 중국의 애국시인 사방득(謝枋得, 1226~1289)의 「무이산중(武夷山中)」이 떠오르기도 한다.

10년을 덧없이 지내다 집에 돌아오니
들녘 물가에 푸른 봉우리만 우뚝하여라
천지간 쓸쓸하고 고요한데 산비도 멎었거늘
나는 몇 생을 닦아야 매화에 이를까.

十年無夢得還家　　獨立靑峰野水涯
天地寂寥山雨歇　　幾生修得到梅花

선인들의 매화 시조를 살펴보고 싶었던 것도 실은 매화철, 이 시가 떠올랐기 때문이다. 울 안에 매화나무 한 그루 가꾸지 못하고 오늘에 이른 자신을 다시금 되돌아본다. 언제나 저 매화와 같은, '빙기옥골의 초속한 기상'을 내 몸과 마음에 하나로 지닐 수 있을까.

청청한 소나무여, 솔바람 소리여

1

솔바람 소리 그리운 계절이다. 후덥지근한 날씨 탓뿐이겠는가. 세상 번거로운 소리들이 판을 치는가 싶으면 더욱 그리운 게 저 맑은 솔바람 소리다. 월사 이정구(李廷龜, 1564~1635)의 시구였던가.

> 한가로운 사람 그 소리 들으면 유쾌하거니
> 세상의 번거로운 소리야 난잡할 뿐.

> 聲聲足快閒人聽　　世上繁音盡是啘

오늘날 '한인(閒人)'을 찾아보기도 어렵거니와 이러한 시행을 읊조린 대도 귀 기울일 사람 많지 않을 것 같다.

그러나 오늘날처럼 바람의 오염이나 세상 소음이 심하지 않았던 옛날에도 선인들은 솔바람 소리에 젖기를 좋아하였다. 속진을 느낄 때마다 솔바람 소리를 그리워

하였다.

뿐인가. 옛 시인들은 솔바람 소리를, '송풍(松風)'·'송음(松音)'·'송성(頌聲)'·'송뢰(松籟)'·'송도(松濤)'·'송운(松韻)' 등으로 일컬어 시 짓기도 좋아하였다. '뢰'는 세 구멍으로 된 악기인 퉁소를, '도'는 큰 물결의 파도를 뜻한다. 솔바람 소리를 퉁소소리·파도소리에 비유한 것도 풍류스러운 운치가 있다.

솔바람을 생각하면 '청송(聽松)'의 호를 지녔던 옛 어른 한 분이 떠오르기도 한다. 그 아호의 주인공은 '성수침(成守琛, 1493~1564)'이다. 우계 성혼(成渾)의 아버지이기도 하다. 정암 조광조(趙光祖)의 문인이었던 그는 '기묘사화'에 벼슬길을 단념하고 백운대 기슭 소나무 숲 속에 조그마한 서실을 지어, '청송'이라 편액하고 두문불출하였다.

우계의 벗이었던 율곡 이이(李珥, 1536~1584)는 『청송 성선생 행장』에서 그때의 성수침을 다음과 같이 말하였다.

> 날마다 『대학』·『논어』를 외웠다. 손수 「태극도(太極圖)」를 그려 곁에다 두고 학문만을 즐길 뿐, 외물(外物)에 마음을 쓰는 일이 없었다. 사특하고 음란한 소리를 귀로 듣는 일이 없었고, 부정한 빛 또한 눈에 접하는 일이 없었다.

그래서, 아호 겸 당호를 '청송'이라 하였던가. 그와 함께 정암의 문하였던 아우 성수종(成守琮, 1495~1533)은 어느 해의 가을이었던가 청송당에 들러,

산골짜기에 가까운 집 오는 사람 드물어
홀로 국화꽃 따 들고 돌밭에 앉아있네.

幽居近壑人來少　　獨採黃花坐石田

의 칠언구를 읊은 바 있다. 청송당의 그윽한 한 정경에 젖을 수 있다.

지금은 저 백운대 기슭 어드메에 청송당이 있었던가도 알 수 없다. 소나무 숲도 제대로 지켜져 있을 것 같지 않다. 하긴 어디 백운대뿐이런가. 전국 어디라 할 것 없이,

누워서 듣는 맑은 퉁소 같은 솔바람 소리 파도처럼 흩어지는 솔바람 소리.

臥聽晴賴散松濤

는 듣기 어려운 세상이 아닌가.

청청푸른 소나무 숲과 드맑은 솔바람 소리가 그립기만 하다. 수필가 윤오영(尹五榮)은 소나무를 들어 "공기를

청신하게 하고 폐를 깨끗하게 해주는 점에서 다른 나무들이 당할 수 없다"고 했고, 솔바람 소리는 "청아한 냄새가 신선한 향기를 퍼뜨린다"고 했다.

2

이제 소나무를 이끌어 노래한 선인들의 시조를 들어 살펴보기로 한다.

곧바로 떠오르는 시조는 사육신의 지조 높은 성삼문(成三問, 1418~1456)과 유응부(俞應孚, ?~1456)의 작이다.

① 이 몸이 죽어 가서 무엇이 될고 하니
  봉래산(蓬萊山) 제일봉에 낙락장송(落落長松) 되었다가
  백설이 만건곤(滿乾坤) 할 제 독야청청(獨也靑靑) 하리라

② 간밤에 부던 바람 눈서리 치단 말가
  낙락장송이 다 기울어진단 말가
  하물며 못 다 핀 꽃이야 닐러 무삼하리요

①은 성삼문의 「충의가」로 널리 회자되어 온 시조다. 단종의 복위를 꾀하다가 김질(金礩)의 배반으로 발각되어 세조 2년(1456) 갖은 고문에 죽어가면서도 불변의 자기절개를 들어낸 것이다. ②는 유응부의 작으로 이른바 '계유

정난'(癸酉靖難, 1453·단종 1)에 피살·사사 당한 김종서·황보인·안평대군의 죽음 소식을 듣고 단종의 보위를 걱정한 내용의 시조다. 다 같이 '낙락장송' 소나무를 이끌어 그들의 심지와 심중을 노래한 것이 된다. 선인들은 소나무를 절개와 지조의 한 상징으로 보아왔기 때문이다. 『논어』의 「자한편(子罕篇)」에도,

날씨가 추워진 뒤에라야 송백이 시들지 않음을 안다.

歲寒然後　　知松栢之後凋

고 했다. 선인들이 대나무·매화와 더불어 '세한삼우(歲寒三友)',의 첫 번째로 소나무를 꼽았던 까닭을 알 수 있다. 다른 한 편, '송수학령(松壽鶴齡)'이란 말마따나, 소나무를 장수(長壽)의 상징으로도 보았다. 해·산·물·돌·구름·불로초·거북·학·사슴과 더불어 소나무를 '십장생'이라 하여 그림이나 수를 놓아 그리기도 하였다. 소나무의 이칭으로, '염군(髥君)'·'창안수(蒼顔叟)'·'지선(地仙)'·'목중지선(木中之仙)'·'적룡(赤龍)'이라 일컬었던 것은 소나무의 장생에서 따낸 이름들이다.

군자의 절개와 더불어 장수의 상징인 소나무를 선인들은 가까이 하고자 하였다. 고산 윤선도(尹善道, 1587~1671)

의 「오우가」에도 소나무가 들어있지 않은가.

③ 더우면 꽃 피고 추우면 잎 지거늘
　솔아 너는 어찌 눈서리를 모르는다
　구천(九泉)에 뿌리 곧은 줄을 글로 하여 아노라.

초장은 일반적인 꽃나무들을 일컬음이다. 중장은 사시불변의 소나무를 부러워하고, 종장에서는 '구천'에서라도 뿌리 곧은 심지를 가꾸고자한 자신의 마음을 읊어낸 것이다. 고산은 80여 생애에 20여 년간의 귀양살이를 겪기도 하였다. 귀양살이의 세월에도 하냥 소나무의 심지였으리라.

소나무에서 사시불변의 심지를 읽어낸 시조는 충신 사대부나 군자들의 것만이 아니었다.

④ 솔이 솔이라 하니 무슨 솔만 어기는가
　천심절벽(千尋絶壁)에 낙낙장송 내 긔로다
　길 아래 초동(樵童)의 접낫이야 걸어볼 줄 있으랴.

⑤ 장송(長松)으로 배를 무어 대동강에 띄어 두고
　유일지(柳一枝) 휘여다가 굳이굳이 매앗는데
　어디서 망령(妄佾)엣 것은 소혜 들라 하느니.

④는 송이(松伊)의 시조요, ⑤는 구지(求之)의 시조다.

199

다 같이 연대나 신원을 알 수 없는 기생들이다. 송이는 그의 예명에 소나무를 이끌어 썼다. 구지는 큰 소나무를 재료로 만든 배를 자신에 비유하였다.

④는 자신이 비록 천한 신분의 기생이라 해도 마음만은 지조를 높이 산 고고(孤高)·늠연(凜然)한 소나무와 다를 바 없다는 것이다. 그 소나무도 천 길이나 되는 낭떠러지 위에서 가지를 옆으로 늘어뜨리고 서 있는 큰 소나무이거니, '길 아래 나무꾼들의 접낫 같은 것으로 어찌 나를 꺾을 수 있겠느냐'는 것이다. 어림없는 이야기라는 자부심까지 들어내놓고 있다. '접낫'이란 높은 가지의 삭정이 같은 것을 꺾기 위하여 작대기나 간짓대에 낫을 접붙이듯이 동여매어 놓은 것을 일컬음이다.

'송이'라는 예명에 값하는 깐깐하고 멋이 있는 기품의 여인상을 볼 수 있다.

⑤에서의 '유일지'는 한갓 보통명사가 아니다. 인명이다. '유일지즉애부야(柳一枝卽愛夫也)'가 곧 그것이다. 그러고 보면, 이 시조는 집적거리고 추근거리는 술자리 사내들에게 일찍이 단념하라는 뜻이 담겨 있는가하면, 애인인 유일지에게 보내는 사랑 다짐의 노래이기도 하다.

구지는 평양기생이었다고 한다. 비록 대동강 뱃놀이

의 술자리에 있지만, 바로 이 배가 낙락장송 소나무 목재로 만들어져 있는 것처럼 자신의 마음도 '소나무의 절개'를 지니고 있다는 선언이요, 맹세이기도 하다.

이 시조를 노래하는 광경이 눈앞에 갈아든다. 가락은 떨린 목에 느슨하대도, '어림 반 푼도 없지'의 당참이 서려있다. 거절도 맹세도 이만한 느긋함과 당참의 노래라면 멋스럽지 않은가.

큰 소나무로 스스로의 마음밭을 가꾸며 행동거지를 단속하는 사람들을 대할 수 있다는 것은 그러한 사람을 바라보는 것만으로도 큰 즐거움이요, 한 아름다움이 아닐 수 없다.

⑥ 장송(長松)이 푸른 곁에 도화(桃花)는 붉어 있다
도화야 자랑마라 너는 일시춘색(一時春色)이라
아마도 사절춘색(四節春色)은 솔뿐인가 하노라.

지은이를 알 수 없는 시조다. 그러나 이 노래도 소나무에 대한 예찬이다. 이 노래에서의 장송은, '믿음직스러운 충직한 사람'을, 도화는 '얇사하게 알랑거리는 사람'을 빗대어 말한 것으로 볼 수 있기 때문이다. 남녀가 다를 바 있겠는가. 장차 한 나라의 일을 경영한다는 사람들에게 있어서랴.

'일시춘색(一時春色)'으로 간살부리고 우쭐대는 사람들을 대하면 아니꼽기 이를 데 없다. 치사스럽기까지 하다. 그래, 이 무명씨도 '도화야 자랑마라'의 일침이었고, 소나무의 '사절춘색(四節春色)'을 우러렀던 것이다.

⑦ 낙락장송들아 너는 어이 홀로 서서
　바람 비 눈서리에 어이하여 푸르렀난
　우리도 창천(蒼天)과 한 빛이라 변할 줄이 이시랴.

시세 따라 휘뚱거리고 한서(寒暑) 따라 제가 선 자리를 바꾸는 사람들을 이 무명씨도 무던히 싫어하였던 것인가. 사시장청(四時長靑) 푸르른 소나무를 우러러 그 기상을 높이 샀을 뿐 아니라 자신의 마음도 "창천과 한 빛"임을 들어 노래하였다. 말하자면, 잇끝이나 시세(時勢) 따라 속마음을 바꾸고 '동가식 서가숙(東家食 西家宿)' 할 수는 없다는 것이다.

이러한 마음의 사람일수록 소나무 사랑이 지극하였다.

⑧ 어와 저 소나무 섬도 설사 길가에야
　적으나 들이어 서고라쟈 굴형에나
　낫 들고 지게 진 아해는 다 찍쪼아 가더라

⑨ 어인 벌레인데 낙락장송 다 먹는고

부리 긴 딱따구리는 어느 곳에 가 있는고
공산(空山)에 낙목성(落木聲) 들릴 제 내 안 둘데 없어라

⑩ 어와 버힐시고 낙락장송 버힐시고
저근덧 두던들 동량재(棟樑材) 되리려니
어즈버 명당(明堂)이 기울거든 무엇으로 받치려뇨

　모두가 지극한 소나무 사랑에서 읊어진 시조들이다. ⑧은 소나무 서있는 자리가 바른 길가이기 때문에 '낫 들고 지게 진 아이들'이 함부로 찍고 쪼을까 걱정임을 말하고 있다. 길가에 서있는 소나무가 험난한 벼슬길에 오른 개결한 선비를 빗대어 일컬은 것이라면, '낫 들고 지게 진 아이들'은 심술이 올곧지 못한 벼슬아치들을 빗댄 말이라 할 수 있다. 자기가 설자리가 아닌데도 그 자리에 나갔다가 외려 신명을 그르친 사람은 옛날에도 저지 않았던 것인가.

　⑨의 '벌레'는 물론 소나무를 해치는 것들이다. 지난날의 벼슬길에서 말하자면 간신(奸臣)의 무리들을 일컬음이다. '낙락장송'은 이와 반대의 충의지사(忠義之士)를 일컬음이다. 이러한 비유로 본다면 '부리 긴 딱따구리'는 사간원·사헌부의 간관(諫官)들을 말한 것이 된다. 종장에서

왜 작자가 안절부절인가는 덧붙여 말할 것이 있겠는가.

⑧, ⑨는 무명씨의 작품들이나, ⑩은 작자가 알려져 있다. 『송강가사』는 정철(鄭澈, 1536~1593)의 작 『하서전집』은 김인후(1510~1560)의 작으로 전한다. 후자에는 이 시조가 한역되어 전하고, 여기에서의 '낙락장송', '동량재'는 바로 명종 2년(1547)의 이른바 정미사화(丁未士禍)에 윤씨 일파로 몰려 죽은, 임형수(林亨秀, 자는 사수(士遂), 호는 금호(錦湖), 1504~1547)로까지 밝혀져 있다. 임형수는 퇴계·하서와도 친교를 맺은 선비요, 기골이 장대한 장부였다고 한다.

이로써 임형수의 죽음을 큰 소나무가 베어진 것으로 비겨 애도한 하서의 탄식을 헤아려 볼 수 있다.

3

선인들은 소나무가 둘레에 풍기는 운치의 면을 높이 사기도 하였다. 소설가 나빈(羅彬·나도향, 1902~1927)은 한 수필에서,

> 소나무에는 바람이 있어야 그 소나무의 값을 나타낸다. 서늘한 바람이 쏴아 하고 지나가면 마디마디 가지가지가 휘늘어져 춤을 추는 것은 마치 칡 물 장삼의 긴

소매를 이리 툭 치고, 저리 툭 치며 신나게 춤을 추는 노승과 같아 몸에 넘치는 흥을 느끼게 한다.

고 하였다. 바람 앞에 휘늘어진 소나무 가지들이 춤을 추는 듯한 풍치를 말하였다. 시인 김기림(金起林, 1908~?)은 솔잎을 들어 「소나무 송(頌)」을 쓴 바 있다.

앙상하게 가시 돋친 모양이 그저 산골 서당 훈장님과 꼭 같다 / 구시월 휑한 날씨에 묻 산천초목에서 푸른빛을 모조리 **빼앗아버리는** 그 서리 바람도 솔잎새 가시만은 조심조심 피해서 달아난다고 한다 / 솔잎새 가시가 살가워 나는 손등을 찔러 본다.

고 했다.

솔잎 사이를 스쳐 부는 바람소리를 운치 있게 즐긴 시조로는 송계연월옹(松桂烟月翁)의 다음 노래가 아닐까.

⑪ 거문고 타자하니 손이 알파 어렵거늘
　북창송음(北窓松陰)에 줄을 얹어 걸어두고
　바람에 제 우는 소리 이것이야 듣기 좋다

70세에 『고금가곡』을 엮은 송계연월옹은 퍽이나 낙천적인 성격이었다. 이 시조에서도 그 낙천성을 볼 수 있다. 늙어서 거문고를 타려 해도 손끝이 아파 제대로의 소리를 골라낼 수 없자, 우거진 소나무의 그늘진 북쪽 창가에 거문고를 걸어두고 솔바람을 기다린다. 솔바람이 일어오자 거문고 줄이 제 스스로 소리를 낸다. 이 소리야말로 "듣기 좋다"며 무릎장단을 치는 노옹의 모습도 그려볼 수 있다. 어쩌면 '송계'의 호를 가진 것도 솔바람 소리의 '소연(蕭然)'·'창창(蒼蒼)'·'무진(無塵)'한 저 바람의 흐름(風流)을 일상 그리워하고 높이 사고자함에서가 아니었던가 싶다.

저 솔바람의 흐름을 찾아 일부러 송림(松林)을 찾아나선 선인들의 시조도 볼 수 있다.

⑫ 백화산(白華山) 들어가서 송단(松壇)에 홀로 앉아
　태평가 한 곡조에 성세(聖世)를 읊어시니
　천공(天公)이 바람을 보내어 송생금(松生琴)을 하더라.

⑬ 청춘(靑春)이 습습(習習)하니 송성(松聲)이 냉냉(冷冷)하다
　보(譜) 없고 조(調) 없으니 무현금(無絃琴)이 저렇든가
　지금에 도연명(陶淵明) 간 후니 지음(知音)할 재 없도다.

⑫는 유세신(庾世信), ⑬은 김진태(金振泰)의 노래다. 다같이 영조 때의 가객이었다. ⑫의 송생금이나 ⑬의 무현금도 다 같이 바람이 소나무를 스치며 내는 소리를 거문고 소리로 일컫고자한 말이다. 무현금은 원래 줄이 없

는, 도연명이 가졌던 거문고라는 고사가 전한다. 송생금이나 무현금이나 줄이 없고 소리만 있는 거문고이기는 매한가지다. 그 소리는 바로 하늘이 바람을 보내어 내는 '송성'이라고 했다. 그 소리를 즐기고자 송림간에 단(壇)을 쌓아올리고 정자를 짓기도 한 선인들의 그 멋이 바로 풍류심 아니겠는가.

신개(申槩, 1374~1446)의 「육송정기(六松亭記)」가 떠오르기도 한다. '육송정'은 오경충(吳敬忠)이 20여 년간 여섯 그루의 소나무를 길러 조성한 정자였다. 그 기문에서 신개는 소나무로 하여 얻을 수 있는 흥취를 네 가지로 말하였다.

- 깊은 밤 달빛에 솔 그림자를 밟고 서성대면 춤추는 그림자가 어른거리고 노랫소리가 은은하여 흥결이 돋는다.
- 부슬부슬 비가 내리고 바람도 쌀랑거리는데 편안히 누워서 솔바람 소리에 노래로 화답하다 코를 골기도 하는 재미가 있다.
- 바람이 가늘고 해가 긴 여름날 솔 그림자만 있을 뿐 사방에는 사람이 없다. 때로 희귀한 새들만이 와서 우는데 향을 피우고 소상(塑像)처럼 앉아 있는 한유(閒裕)를 누릴 수 있다.
- 야로(野老)들이 술병을 차고 오면 어울려 취토록 마시

고 배불리 먹는다. 두건을 벗고 바짓가랑이를 걷어 올
려 예법도 무시하고 몸도 돌아보지 않는 한때의 방일
(放逸)도 즐길 수 있다.

가 곧 그것이다. 지난날 송림 사이의 한 정자에라도 올라
본 사람이면 이러한 흥취를 상상하기를 어렵지 않을 것
이다. 오늘날의 삶에서 아무나 저러한 멋에 어찌 쉽게
젖어볼 수 있겠는가.

4

1930년대 가람 이병기(1891~1968) 선생이 소나무의 푸른
기상을 읊은 시조도 전해진다. 두 수로 된 「백송(白松)」
이 그것이다.

⑭ 저 건너 벌건 담머리 서있는 백송나무
　홀로 우뚝하여 파란 잎 하얀 껍질
　오백 년 풍우를 겪고도 변할 줄을 모르나다

　높은 그 가지마다 백학이 깃들이고
　밋밋한 몸둥어리 서릿발 어리우고
　칠팔월 따가운 볕에 찬바람이 일어라

백송에 대한 설명도 곁들였다. "일명 백피송(白皮松)·백

간송(白幹松)이라고도 한다. 중국 직례(直隸)·섬서(陝西)·호북(湖北) 등지에 산(産) 하고 조선에도 옛날부터 이식한 바, 이 경성(京城)에는 5~6주가 있으며 연령이 5백년 된 것도 있다"고 했다. 저 일제 식민지하에서 이러한 백송나무에 대한 해설을 보고 이 시조를 읽은 사람들은 어떠한 느낌이었을까. 누구나 망국민으로서의 자탄·자성의 기회를 가졌으리라는 생각이다.

가람의 시조에는 「수송(垂松)」도 전한다.

⑮ 검고 영이 지고 늙고도 병든 몸
청처럼 처진 어깨 팔은 무릎을 지나고
쨍쨍한 볕을 이고 서서 숨은 거의 잦는다.

이 시조의 '시작노트'도 볼 수 있다. '신촌역 부근에 있는 진귀한 소나문데 뉘집 뒤 언덕에 서서 거의 죽어간다'가 곧 그것이다.

저 소나무가 그 후 어찌 되었는지는 알 수 없다. 그러나 그때에 두 어깨 활짝 펴고 살 수 있었던 겨레붙이가 있었다면 겨레로서의 지조 같은 것은 팽개쳐버린 사람이었을 것이다. 가람께서는 저 「수송」으로 한 자화상을 그렸다고 볼 수 있다.

노산 이은상(李殷相, 1903~1982)께서는 '조선어학회 사건'

으로 일제의 감옥에서 함께 고생했던 외솔 최현배(崔鉉培, 1894~1970)를 소나무에 비겨 「송시(頌詩)」를 쓴 바 있다.

⑯ 벼래 끝 바위 틈에 휘굽어 늙은 솔아
　눈 속에 묻혔다도 털고 나면 더 푸른데
　달 밝고 바람 맑으면 네 사연 길데나

⑭나 ⑯은 다 같이 소나무를 지조나 절개의 상징으로 본 것이 된다.

세상은 많이 달라졌다. 우리 주변에서 소나무도 지난날처럼 흔하게 대해볼 수가 없게 되었지만, 세상살이에 '소나무 같은 심지(松心)'를 지니고 살기가 어디 쉽던가. 성호 이익(李瀷, 1579~1624)은, '죽균송심(竹筠松心)'을 들어, 선비는 이로써 스스로를 반성해야 한다고 했다.

죽균은 대나무 껍질이요, 송심은 소나무의 속심이다. 선비는 이 두 가지로서 겉모습과 속마음의 본을 삼아야 한다는 것이다.

달라진 세상이라 해도 위에서 살펴본 소나무의 시조들과 더불어 '죽균송심'의 이 말씀을 다 같이 되새겨 보았으면 싶다.

난초를 심은 뜻은

1

　난초에 대한 이야기이자 싶으면 먼저 가람[李秉岐, 1891~1968]이 떠오른다. 손수 난초를 기르는 모습을 자주 뵈올 수 있었거니와 선생께서 창작하신 난초 소재의 시문도 적잖이 대해왔기 때문이다.

　아니, 선생은 한평생을 난초와 더불어 사셨던 어른이라고 할 수 있다. 상촌 신흠(申欽, 1566~1628)은,

> 풀을 심으려거든 난초를 심고
> 나무를 키우려거든 대를 키워야지.

　　藝草當藝蘭　　養樹當養竹

의 시구를 남긴 바 있다. 사람의 세상살이에 속되어짐을 막고자 함이었을 것이다. 사실 신흠은 한생 개결한 삶이었다. 그는 기품 있고 지조 있는 선비를 '여란여혜(如蘭如

蕙)'로 곧잘 비유하기도 하였다.

'혜(蕙)'도 난초의 일종이다. 난초 혜초를 구분없이 난초라고 일컫기도 한다. 그러나 서계 박세당(朴世堂, 1629~1703)의 『산림경제(山林經濟)』에서는 구분하여 말하였다.

> 한 줄기 꽃대에 한 송이 꽃이 피며 향기가 넘쳐흐르는 것이 난초이고, 한 줄기 꽃대에 6~7송이의 꽃이 피며 향기가 좀 모자라는 것이 혜초다.

　一幹一花　而香有餘者　蘭也,
　一幹六七花　而香不足者　蕙也

가 곧 그것이다.

가람께서는 우리나라의 한 꽃대 한 송이 꽃의 춘란(春蘭)에도 방렬한 향기의 참난초[眞蘭]가 적지 않다며, 일찍이 영조·철종 간의 한 박학한 시인이던 이산운(李山雲)의,

> 우리나라엔 진란이 없거니
> 오직 난초 비슷한 것이 있을 뿐.

　東國無眞蘭　惟有似蘭者

이라 한 시구는 난초에의 한 무식한 소치였다는 말씀이었다.

가람께서는 어찌하여 많은 화초 중에서도 특히 난초

를 사랑하고 난초를 기르셨던 것인가. 서울·향리할 것 없이 가람이 기거하시던 울안이나 방안에는 언제나 난초가 따랐다. 저 일제하의 어두운 시절엔 30여 종 40분(盆)의 난초를 데불기도 하셨다.

꽃이 피던 시인묵객의 친구들을 초청하여 그 방렬 복욱한 향기에 술잔을 나누며 즐기셨고, 저때의 친구분들은 '난초' 하면 가람을, '가람댁' 하면 난초병원을 연상하였다고 한다. 병든 난초도 선생 댁에 얼마동안 맡기면 난초 본래의 기운을 되찾게 되었기 때문이다.

가람께서는 만년에 다음과 같은 술회를 하셨다.

> 난(蘭)과는 40여 년 깊은 인연이었다. 나의 많은 파란과 함께 난도 환난이 많았다.
>
> 교편을 잡고 독서·작시도 하고 고서도 사들이고 그 틈틈이 난을 길렀던 것이었다. 한가롭고 자유로운 맛은 몹시 바쁜 가운데에서 깨닫는 것이다. 원고를 쓰다가 왕왕 새우기도 하였다. 그러면 그럴수록 난의 위안이 더 필요하였다. 그 푸른 잎을 보고 방렬한 향을 맡은 순간엔 문득 환희의 별유세계에 들어 무아무상의 경지에 도달하기도 하였다.

선생의 생애엔 망국의 한, 광복 후의 혼란, 6·25전쟁,

군사정권 하의 을씨년스러운 세월도 들어 있다. 선생이 왜 난초를 저리 사랑하였던가를 다시 챙겨 말한다는 것은 한 군더더기가 될 뿐이겠다.

호암 문일평(文一平, 1888~1939)의 『화하만필』에서 「난초찬」이나 되챙겨 본다. 난초의 뛰어남을 다섯 가지 면에서 말하였다. "① 화태고아(花態高雅), ② 경엽청초(莖葉淸楚), ③ 형향유원(馨香幽遠), ④ 기품우의(氣品優毅), ⑤ 운치섬부(韻致贍富)." 어찌 호암(湖岩)만의 난초관이라 하랴. 이러한 덕목은 옛날 우리의 선인들이면 누구나 그리워한 덕목이기도 하였다.

가람의 「난초·④」도 이러한 난초의 덕목을 읊음이었다.

> 빼어난 가는 잎새 굳은 듯 보드랍고
> 자줏빛 굵은 대공 하얀한 꽃이 벌고
> 이슬은 구슬이 되어 마디마디 달렸다
>
> 본대 그 마음은 깨끗함을 즐겨하여
> 정한 모래톱에 뿌리를 서려 두고
> 미진(微塵)도 가까이 않고 우로(雨露) 받아 사느니라

2

 이제 우리의 옛시조에 드러난 난초를 살펴보기로 하자. 이번 기회에 옛날 가집(歌集)들을 들추어 보며 새삼스럽게 놀란 것은 난초를 읊은 시조들이 희소하다는 것이었다. '사군자'로 같이 일컬어온 매화·국화·대에 비하여 난초를 노래한 작품들이 적은 것은 어찌된 일인가. 몇 손가락으로 헤일 수 있을 뿐이니 말이다.

 그 까닭을 혹자는 난초의 향유층을 들어 말하기도 한다. 곧 '지난날 난초를 즐긴 계층은 일정한 정신적 차원의 생활이 가능한 귀족층이었기 때문'이라는 것이다. 사실 난초는 매화나 국화·대나무처럼 누구나 쉽게 가꿀 수 있는 초본은 아니었다.

 가람께서도 "화초 가운데 난이 가장 기르기 어렵다", "적어도 10년 이상 길러 보고아 그 비밉이 난다. 미립이 난다 하는 건, 첫째 물 줄 줄을 알고, 둘째 거름 줄 줄을 알고, 셋째 추위를 막아 줄 줄을 알아야 한다는 것이다. 조금만 촉냉(觸冷)해도 감기가 들고, 뿌리가 얼면 바로 죽는다"는 말씀이었다.

 그렇다 해도, 난초 기르기의 어려운 것과 난초를 사랑하는 것과는 다르다. 기르기 어렵고 가까이할 수 없는 것이라 해도 그것으로 스스로를 닦으며 그것을 사랑할 수는 있기 때문이다.

대나무를 의인화하여 「포절군전(抱節君傳)」을 남긴 바 있는 월헌 정수강(丁壽崗, 1454~1529)은 난초를 읊어,

　　사람들은 붉은빛·자줏빛 꽃을 탐내지만
　　나는 난초의 푸르름을 사랑하거니
　　추운 겨울 더욱 그 빛을 들어내고
　　깊은 숲속에서 그 향기 일렁이기 때문일레.

　　人貪紅紫艶　　我愛此蘭靑
　　節晩尤生色　　林深更發馨

이라 하였다. 월헌(月軒)은 '갑자사화'(1504)에 화를 입기도 하였다. 그러나 뒷날 벼슬이 동지중추부사에 이르렀고, 사람살이의 법도를 난초로 본을 삼았다.

한말의 유학자로 '파리장서(巴里長書)'의 민족대표였던 면우 곽종석(郭鍾錫, 1846~1919)은 난초를 심고 다음 절구를 읊은 바 있다.

　　난초 심는 일은 덕을 심는 일과도 같아
　　오직 밝고 맑은 기상을 기림일레
　　내 어찌 좋은 향기만을 바라서겠나
　　영화롭지 못함이 난초와 같기 때문이지.

種蘭如種德　　惟待汎光風
　　合臭吾何望　　不榮君與同

 난초를 꼭 심어서 만이랴. 울안이나 화분에 심지 않고 마음속에 심었다해도 난초를 심었다면 '종란(種蘭)'이다. 면우(俛宇)는 한말에 망명(亡命)이나 기의(起義)보다도 자정(自靖)으로 한생을 마쳤다. 그의 평생 삶을 이 한 수의 절구에서 단적으로 볼 수 있거니와 우리의 선인들은 어려운 시기면 어려운 시기일수록, 마음이 흔들리면 흔들릴수록 난초로 심지를 가꾸고자 하였다.

 이러한 일이라면 어찌 사대부 귀족층의 사람들에게만 필요한 것이었을까마는, 일반 서민의 시조에서 난초를 흔하게 찾아볼 수 없는 점은 한 아쉬움이 아닐 수 없다.

　'우리네 삶이야 내내 그런 걸, 굳이 난초를 이끌어 어
　줍은 노래 같은 것 따로 지어 부를 것 무엇 있겠느냐.'

의 낙낙한 생각들이었을지도 모를 일이다. 이 또한 우리 선인들의 자기과시를 멀리한 풍류스러운 마음이 아닐까.

　천산(千山)의 뻗은 칡이 이 내의 입을 것이
　만산(萬山)의 모든 지초(芝草) 이 내의 먹을 것이
　입을 것 먹을 것 있으니 분별없이 하노라

지은이를 알 수 없는 시조다. 일반 서민들에 의하여 널리 불리어 온 것이다. 그만치 서민들의 일반적인 세상살이 심서(心緖)이기도 하였다. '지초'도 꼭 '치지', '영지'만을 일컬은 말이 아니다.

    난초지초 온갖 향초
    꽃 따 먹던 입 그리고.
    난초지초 그려 들고
    옥녀 방에 놀러 갓네.

에서처럼 난초와 지초는 '온갖 향기로운 풀'을 아울러 일컬은 말이다. '분별없이'의 '분별'도 사리 판단의 분별이 아니다. '근심', '염려'의 뜻으로 쓴 것이다. 갈건야복(葛巾野服)으로 안분지족(安分知足)한 선인들의 삶이 드러나 있다. 이런 분들의 마음 밭엔 이미 '난초지초'가 심어져 있는 것으로 보아야 한다.

연대를 알 수 없는 이수강(李洙康)의 한 수 시조,

    옥분(玉盆)에 심은 일간일화(一幹一花) 기이하다
    향풍(香風) 건듯 이는 곳에 십리초목(十里草木) 무안색(無顔色)을
    두어라 동심지인(同心之人)이니 채채백년(采采百年) 하리라.

에서도 난초를 자신과 한마음의 인격체로 대하였다. 오직 '채채백년' 백년토록 성하게 그 마음을 가꾸어 나가고 싶다는 바람이다. 난초의 향기를 향조(香租)·제일향(第一香)으로 흔히 일컬었다. 하니, 십리 안의 모든 초목이 얼굴빛을 잃을 밖에.

두 사람이 참마음으로 하나가 된다면 그 예리함이 금을 자를 수 있고, 두 사람이 참마음 같이 하여 말의 아름다움은 난초의 향기와도 같다.

二人同心　其利斷金　同心之言　其臭如蘭

고 했다. 『역경』에 있는 말이다. 우리의 선인들도 일상 즐겨 인용하던 말이다.

퇴계 이황(李滉, 1501~1570)의 시조에 등장하는 난초는 옥분에 올려 가꾼 난초가 아니다. 자연 속에 있는 그대로의 난초다.

유란(幽蘭)이 재곡(在谷)하니 자연히 듣기 좋애
백운(白雲)이 재산(在山)하니 자연히 보기 좋애
이 중에 피미이인(彼美一人)을 더욱 잊지 못하애

「도산 12곡」 '전6곡'에 들어있는 한 수다. '언지(言志)'로, 글하는 사람의 마음에 지녀야 할 뜻을 말한 것이다.

'유란'은 난초의 별칭이다. 난초의 성결은 심산유곡을 좋아하거니, 제자리 그윽한 골짜기에서 일렁이는 향기는 절로 맡기에 좋고, 흰구름 청산 위에 유유히 떠있음은 절로 보기에 좋다는 것이다. 저 향기로운 난초와 같은 마음, 저 깨끗한 흰구름과 같은 마음을 가꾸면서 한가지 잊지 말아야 할 것은 나라와 겨레라는 것이다. 임금은 곧 나라와 겨레의 상징이었다.

아침저녁 퇴계선생의 후학들은 이 시조를 입모아 낭송하는 것으로 하루의 배움길을 열고 닫았다. 저 광경은 상상만으로도 아름답다. 경건한 마음이 일기도 한다.

남명 조식(曺植)의 문하였던 개암 강익(姜翼, 1523~1567)은 난초 같은 마음을 가꾸고 지니고자 쉽게 이룰 수 없음을 자탄한 시조를 남겼다.

 지란(芝蘭)을 가꾸려하여 호미를 두러메고
 전원(田園)을 돌아보니 반이나마 형극(荊棘)이다
 아해야 이 기음 못다 매여 해저물까 하노라

가 곧 그것이다. 개암(介菴)은 27세 때 과거에 합격하였으나 벼슬길에 나가지 않았다. 오직 독서와 저서로 스스로를 닦는 일에 힘썼던 분이다.

선인들에게 있어서 난초를 가꾼다는 것은 바로 스스

로의 심성과 기품을 닦는 일로 통하였다. 온갖 물욕을 물리치며 이 길에 오롯하기란 도리어 형극 같은 길이었을 것이다.

'풀을 심으려거든 난초를 심으라' 했던 상촌 신흠은 다음 시조에서도 난초로써 자신의 삶을 다스리려 하였던 것을 볼 수 있다.

　창 밖에 위석버석 님이신가 일어보니
　혜란계경(蕙蘭磎徑)에 낙엽은 무슨 일고
　어즈버 유한한 간장이 다 끓일까 하노라.

상촌은 영창대군사건(1613)으로 벼슬길에서 물러나 한때 춘천과 김포에서 귀양살이와 같은 삶을 지냈다. 그런 속에서도 거처에 이르는 길가에 난초를 심어 자신의 마음을 다스리며 오직 걱정은 '피미일인'의 '님'에 있었음을 알 수 있다.

이 시조는 김포에서의 작이다. 그의 유명한 시조 「노래 삼긴 사람 시름도 하도할샤」와 한 무렵의 것이다. 여기서의 '시름'도 '혜란계경'에 낙엽이 덮이는 것을 걱정한 마음과 다를 바 없다. 선비로서의 마음가짐이다.

3

 19세기를 산 가객이요 시조작가였던 주옹 안민영(安玟英)의 난초시는 특이하다. 살아있는 난초를 이끌어 쓴 시조가 아니다. 말하자면, 앞에서 살펴본 산곡·전원·계경이나 옥분에 있는 난초들이 아니다. 주옹(周翁)의 「난초시삼절(蘭草詩三絶)」은 그림으로 그려진 난초를 노래한 것이기 때문이다.

 평시조 2수와 사설시조 1수로 된 「난초시3절」은 다음과 같다.

> ① 옥로(玉露)에 눌린 꽃과 청풍(淸風)에 나는 잎을
>   노석(老石)의 조화필(造花筆)로 깁 바탕에 옮겨신져
>   미재(美哉)라 사란(寫蘭)이 기유향(豈有香) 가마는 암연습인(暗然襲人) 하더라
>
> ② 붓 끝에 젖은 먹을 더져보니 화엽(花葉)이로다
>   경수로이장저(莖垂露而將低)하고 향종풍이습인(香從風而襲人)이라
>   이 무삼 조화를 부렸관대 투필성진(投筆成眞) 하인고
>
> ③ 석파대로(石坡大老) 조화란(造化蘭)과 추사필(秋史筆)
>   자하시(紫霞詩)는 시서화 삼절(三絶)이요
>   소산죽(蘇山竹) 석련매(石蓮梅)는 매여죽(梅與竹) 양절(兩

絶)이라

기중에 본받기 어려울슨 석파란(石坡蘭)인가 하노라

『금옥총부(金玉叢部)』에 수록되어 있다. '시작노트'도 곁들였다. "계유년(1873) 봄, 석파께서 양주 직동 별장에 머물러 난초를 치실 때, 나는 옆에서 소견(消遣) 삼아 「난초사」 3수를 지어 관현에 올렸다"고 했다.

석파는 흥선대원군 이하응(李昰應, 1820~1898)의 아호다. 「난초사」 3수는 대원군의 난초그림에 붙이는 찬사였던 셈이다. '석파란'은 당대에도 유명하였던 듯, 추사 김정희(金正喜, 1786~1856)는 석파에게 보낸 한 편지에서 다음과 같은 찬사를 했다.

> 허리를 구부리어 난초그림을 보니, 이 늙은이도 마땅히 손을 들어야 하겠습니다. 압록강 동쪽에서는 이와 같은 작품이 없을 것입니다. 이것은 면전에서 아첨 떠는 꾸밈말이 아닙니다.

추사(秋史)와 석파 사이는 내외 8촌척이었고, 나이는 추사가 34년 위였다. 뿐인가. 석파란의 이름을 얻기까지엔 추사의 영향이 컸다고 하지 않은가. 그런데도 이러한 편지였으니, 옛 어른들의 편지 법도에도 멋스러움을 느끼지 않을 수 없다.

석파에게 보낸 다른 편지와 글에서 난초그림에 관한 몇 대문을 다시 옮겨 본다.

> 난초그림은 한 가지 기예(技藝)이긴 하지만 마음을 집중하여 공부하기는 유가에서의 격물치지(格物致知) 공부와 다를 바 없습니다. 그런 까닭으로 군자는 일거수일투족이 하나도 도(道) 아닌 것이 없는 것입니다.
> 난초 치는 일은 인품이 고고(高古)하여 특별히 뛰어나지 않으면 쉽게 손댈 수가 없습니다. 비록 9,999분에까지 이를 수 있다 해도 그 나머지 1분을 원만하게 이루기란 가장 힘이 드니, 이 1분은 인력으로 가능한 것이 아닙니다. 그렇다고 역시 인력 밖에서 나오는 것도 아닙니다.

추사는 이 1분의 공력을 석파에게 당부한 것임을 알 수 있다. 추사 자신이 난초를 치고, 거기에 붙인 시에서,

> 난초를 치지 않은 지 20년이구나
> 이제야 우연히 쳐볼 생각이 난다
> 문닫고 생각하고 또 생각해 보아도
> 이는 바로 유마의 불이선이로구나.
>
> 不作蘭花二十年　　偶然寫出性中天
> 閉門覓覓尋尋處　　此是維摩不二禪

라고도 하였다. 모모 난을 친 사람들은 많아도 추사와

석파의 난초그림에서 솟는 사람을 헤아리기는 쉽지 않다. 추사의 문하생으로 추사체와 매화그림에 능하였다는 호산 조희룡(趙熙龍, 1789~1866)도 '난초 하나 바위 하나 그리기가 하늘의 별을 따기보다 어렵다(一蘭一石 難於摘星)'는 말을 남긴 바 있다.

이제 안민영의 석파란에 대한 시조로 돌아가 본다. 한자어가 많으나 창(唱)하듯이 한자한자 짚어가며 느릿느릿 읊조리자면 뜻풀이가 막힐 것도 없다.

① 구슬 같은 이슬이 맺혀 있는 꽃과 맑은 바람이 이는 잎을
석파대로(石坡大老)의 조화로운 붓으로 비단 바탕에 옮겼음이여
아름답도다 그림의 난초가 어찌 향기를 뿜을까마는 은근하게 사람을 엄습해 오도다.

② 붓 끝에 젖온 믹물 비단 톡톡 치니 바로 꽃잎이로다
줄기에 맺힌 이슬 아래로 드리우려 하고 향기는 바람 따라 사람을 엄습하네
이 무슨 조화를 부렸기에 붓끝 던지기만 해도 진자 난초가 이루어지는가.

③ 시는 시·서·화 삼절이요
소산 송상래(宋祥來)의 대 그림과 석련 이공우(李公

愚)의 매화그림은 매화·대의 양절이라
그중에서도 본받기 어려운 것은 석파의 난초그림인가 하노라.

이러한 뜻풀이로 읽어도 좋을 것 같다. 이 중 ③의 시작노트에도,

오절 중에서 본뜨기 어려운 것은 오직 석파란이다

五絶之中　難摹者　獨石坡蘭

를 강조해 놓았다.

한때의 시름을 달래고자 석파는 난초를 치고, 그 옆에서 주옹은 시조를 읊고, 또 관현을 배음으로 울린 저 광경이 눈앞에 어려들기도 한다. 한 풍류마당이 아니었겠는가.

석파란 이야기 끝이니, 눈 딱 감고 70년대에 쓴 졸시 「난초」 한 편을 덧붙이고자 한다.

솔낭기 실가지 스치는 / 구름에 / 눈을 부빈다
지줄대는 산새 / 시린 물소리에도 / 귀를 세운다
영화론 / 숨결 앞에선 / 차라리 눈을 감는다
흥선대원군과의 / 도타운 우정을 이야기 하지만
그의 큰 기침소릴 / 한 번도 받아들인 적이 없다
문 닫고 / 시름에 겨운 친구의 / 그 마음을 안다

저때의 나는 유명하다는 석파란을 놓고 '난초가 대원군을 따랐던가, 대원군이 난초를 따랐던가'의 어설픈 생각을 하고 있었던 것 같다.

4

마무리에 앞서 정지용(1903~납북)의 자유시 한 편 「난초」가 떠오른다.

> 난초닢은 / 차라리 수묵색(水墨色).
> 난초닢에 / 엷은 안개와 꿈이 오다.
> 난초닢은 / 한밤에 여는 담은 입술이 있다.
> 난초닢은 / 별빛에 눈떴다 돌아눕다.
> 난초닢은 / 드러난 팔구비를 어짜지 못한다.
> 난초닢에 / 적은 바람이 오다.
> 난초닢은 / 칩다.

2행 7연으로 한 편을 이룬 시다. 1931년 12월 『신생』에 발표된 작품으로 되어 있다. 난초 꽃이 아닌 잎을 노래했다.

'수묵색·엷은 안개와 꿈·한밤에 여는 담은 입술·별빛에 눈떴다 돌아눕다·들어난 팔구비·적은 바람·칩다' 등의 어휘와 어쩐지 애련함에 젖게 한다. 그러나 왠지 슬프진 않다.

  앞에서 살핀 선인들의 난초시와는 사뭇 다르다. 자연에 있는 난초도, 분에 심은 난초도, 들이나 지름길의 난초도, 그림 속의 난초도 아니다.

  '빼어난 가는 잎새', '굳은 듯 보드랍고', '빳빳하고도 오히려 영롱한' 난초잎은 찾아볼 수 없다. 난초의 '자줏빛 굵은 꽃대'도 '하이얀 꽃'도 '높고 조촐한 향기'도 없다.

  정지용의 「난초」는 지극히 감각적이다. 그러나 그 감각은 외관(外觀)에 의한 것이 아니요, 내관(內觀)의 것이다. 말하자면 자신의 마음속에 있는 난초다. 1930년대 초, 그때의 정지용 자신의 자화상이라 할 수 있지 않을까. 그 자화상엔 푸르고 환한 밝은 빛이 아닌 수묵빛이 어려 있다. 별빛 같은 꿈을 그리다가도 돌아눕는다. 팔은 있어도 마음껏 펼칠 수 있는 팔굽이도 아니다. 상처투성이다. 적은 바람에도 을씨년스럽고 추울 뿐이다. 추울 수밖에 없다.

  그래도 시인은 마음 속 난초를 떨치지 못한다. 난초의 본래의 성질을 잘 알고 있기 때문이다. 외려 소중한 것으로 챙겨 나가지 않을 수 없다는 생각이다. 그래 이 「난초」의 시는 이루어진 것이 아닐까.

이러한 맥락에서 본다면 지용의 「난초」도 우리 옛 선인들의 난초관에 뿌리를 둔 것이다. '풀을 심으려거든 난초를 심고', '남초를 심는 일은 덕을 심는 일' 어떠한 시대, 어떠한 상황에서의 세상살이에서도 차라리 추울진정 어찌 난초 같은 기품을 가꾸지 않으랴의 저 선인들의 마음과 다를 바 없다.

> 난초는 숲속에서 자라나 사람이 찾아오지 않는다고 향기를 풍기지 않는 일이 없다. 군자는 덕을 닦고 도를 세우는데 있어서 곤궁함을 이유로 절개나 지조를 바꾸는 일이 없다.

芝蘭生於深林　不以無人而不芳.
君子修道立德　不爲困窮而敗節

『공자가어(孔子家語)』에 있는 말이다. 난초 한 분 상머리에 가꾸거나, 묵란(墨蘭) 한 폭 벽에 길어두고, 아침저녁으로 난초와 같은 마음 되챙겨 보았으면 싶다. 뭐 풍류심(風流心)이 따로 있겠는가.

정자여, 옛 풍류여

1

　얼마 전(2003. 10. 5) 한 정자가 소실되었다는 신문기사를 본 바 있다. 정자의 이름은 '농월정(弄月亭)'이며, 경상북도 함양군 안의면 월림리 남계천변의 반석 위에 자리하여 온 정자라고 하였다. 저 원림리의 마을이름과 그 마을 앞을 흐르는 시냇물과 그 냇가의 반석을 그리자면 '농월정'이란 정자 이름이 썩 어울렸으리라는 생각이 들기도 한다.

　저 정자에서 벌어졌을 선인들의 맑은 놀이도 떠오른다. 만산이 꽃철이면 농춘(弄春)하고, 무더운 더위엔 쇄풍(曬風)하고, 달 밝은 밤이면 완월(玩月)하며,

　　세사 금삼척(世事琴三尺)이요, 생애 일배주(生涯一盃酒)려니

　낙낙한 마음으로 거문고도 뜯고, 술잔도 돌리고, 너울

너울 학춤도 추고, 낭랑한 목소리로 시도 읊는 선인들의 풍류놀이가 어려 들기도 한다.

비록 오늘의 우리들 삶에서 멀어져 간 정자요, 거기 얽힌 풍류라 해도 오랜 역사 정자 하나가 불길로 사라졌다는 것은 큰 아쉬움이 아닐 수 없다. 지나는 길에 묵은 역사를 띠고 올연독좌하고 있는 정자를 바라볼 수 있다는 것은 그것만으로도 잠시 맑은 정서와 추념에 잠길 수 있지 않았던가.

몇몇 문헌에서 저 농월정을 살펴보았다. 불타버린 데 대한 아쉬움을 달래보고자 함이었다. 『함양군지』에 의하면 농월정의 창건주는 선조 때의 박명부(朴明榑, 자 汝昇, 호 知足堂)라 했다.

박명부의 생몰연대는 기록에 없다. 다만 '선조 때 죽산부사·공청도 관찰사·예조참판을 역임하고 정계에서 은퇴 후 축조'한 정자라 했고, 이 정자에서 그는 자연의 풍광을 즐기며 근처에 있는 금담서당(金潭書堂)에서 후진을 육성하는 것으로 여생을 보냈다고 했다.

그러나 『조선인명사서』(1937)에 의하면 그는 선조 경인년(1950)에 문과에 급제, 벼슬이 예조참의·감사에 이르렀고, 창의하여 진주싸움에서 전사한 것으로 되어 있다. 진주싸움이란 정유재란의 진주성전투를 일컬음이니, 그의 몰년은 1597년인 셈이다.

이로써 보면, 농월정은 은퇴 후 축조로 보기보다 문과급제 바로 후이거나, 그 이전 과거 공부를 할 때 휴식 소요의 공간으로 마련하였던 것이 아니었던가 싶다.

이야 어떻든 이 농월정의 소실 기사로 하여, 시조에 담긴 선인들의 정자 풍류를 되챙겨 보고 싶었다. 이를 말하려던 것이 앞 사설이 길어졌다.

정자풍류라는 말이 생소할지 모르겠다. 그러나 정자를 하나의 풍류공간으로 누려온 선인들의 삶을 생각하면 이 말을 사용하지 못할 것도 없을 것 같다.

2

먼저 정자이름이 직접 등장하는 옛 시조를 들어 거기에 담긴 선인들의 풍류운사(韻事)를 살펴보기로 한다. 「한송정가」로도 알려진 시조가 먼저 떠오른다.

① 한송정(寒松亭) 달 밝은 밤에 경포대(鏡浦臺)에 물결잔 제
  유신한 백구는 오락가락 하건마는
  어떻다 우리의 왕손은 가고 아니 오느니

강릉 기생 홍장(紅粧)의 작으로 전한다. 그러나 『고려사』 '악지(樂志)'에서 이 시조의 초·중장과 같은 뜻의 5언절구 「한송정」을 볼 수 있다.

  月白寒松夜 波安鏡浦秋
  哀鳴來又去 有信一沙鷗

가 그것이다. 이로 보면 홍장은 이 한시를 초·중장으로 풀고, '어떻다 우리의 왕손은 가고 아니 오느니'의 종장을 덧붙인 것이 아닌가 싶다. 이 추측이 가능한 것은 『동인시화』의 다음 이야기로 하여서이다.

조선조 초, 강릉부윤 조운흘(趙云仡, 1332~1404)은 강원도 안렴사로 온 박신(朴信, 1362~1444)을 맞이하여 경포대의 달밤놀이를 즐긴 바 있었다. 이때 홍장도 그 자리에 불렀다. 홍장은 일찍이 박신이 강릉부윤으로 있을 때 그의 사랑을 받은 바 있었다고 하였다.

말하자면, 저날밤의 재회는 왕조가 바뀐 직후의 만남이었던 셈이다. 벼슬아치 박신의 감회는 어떠한 것이었을지 모르나, 기생 홍장은 저 풍류의 놀이에서도 고려유민으로서의 탄식이었음을 볼 수 있다. 홍장의 이 시조로 하여 저날밤의 정자풍류에 빛을 보낼 수 있지 않을까.

② 대동강 달 밝은 밤에 벽한사(碧漢榰)를 띄어두고
　연광정(練光亭) 취한 술이 부벽교(浮碧橋)에 다 깨거다
　아마도 관서가려(關西佳麗)는 예뿐인가 하노라

　윤유(尹遊, 1674~1737)의 작품이다. 그는 자를 백숙(伯叔), 호를 만하(晩霞)라 했고, 영조 때에 평안도 감사를 지낸 바 있다. 벼슬도 공조·호조·이조·예조의 판서를 역임하였거니와 명필로 이름이 높았다. 술과 노래도 즐긴 풍류인사였던 것 같다.

　이 시조는 그가 평양감사로 있을 때 연광정의 술자리와 대동강의 뱃놀이를 즐기면서 노래한 것이라 할 수 있다. 평양에서도 연광정·부벽루·을밀대·청류벽·능라도·백은탄을 돌아볼 수 있는 대동강의 저 일대는 예로부터 '관서지방의 절승지'로 내림내림 수많은 시인 묵객들의 절찬을 받아온 곳이기도 하다. 저곳을 노래한 시문이야 한우충동이다. 근대시의 효시로 일컫는 주요한의 「불놀이」에도 저 일대가 배경으로 등장한다.

　정자의 이름은 등장하지 않으나, 윤유가 남긴 또 한 수의 시조도 이 일대가 배경이다.

　청류벽에 배를 매고 백은탄(白銀灘) 그물 걸어
　자(尺) 남은 고기를 눈살 같이 회쳐 놓고

아희야 잔 자주 부어라 무진토록 먹으리라

이 시조 또한 평안도 감사시절의 풍류에서 지어 읊은 노래라 할 수 있다. 누구였던가, 부여의 낙화암 사비루(泗沘樓)에 올라 원근을 둘러본 후 백마강에서 뱃놀이를 즐기며,

江山如此好　　無罪義慈王

의 시구를 남긴 이는, 그러나 한 나라를 저 지경으로 만들어 망친 의자왕의 질탕한 달놀이·뱃놀이를 풍류라 할 수는 없다. 원래 선인들의 정자풍류란 "꽃 피면 달 생각하고 달 밝으면 술 생각하고 / 꽃 피자 달 밝자 술 얻으면 벗 생각하며"[이정보(李鼎輔), 1693~1766]의 마음바탕에서 이루어지는 놀이이기 때문이다. 그래, 선인들은 흔히 '사미(四美)'를 들어 말하지 않았던가. '사미'란 좋은 시절[良辰], 아름다운 경치[美景], 경치를 바라고 즐기는 마음[賞心], 유쾌한 일[樂事]을 말함이었다. 의자왕이 저때를 '좋은 시절'로 볼 수는 없는 것 아닌가.

　③ 정우정(淨友亭) 돌아들어 최락당(最樂堂) 한가한데
　　금서(琴書) 생애로 낙사(樂事) 무궁하다마는
　　이 밖의 청풍명월이야 어찌 끝이 있으리

지은이는 이간(李偘, 1640~1699)이며 선조의 손자요, 효종의 당숙이 되는 종친으로서 자를 화숙(和叔), 호를 최락당이라 하였다. 낭원군(朗原君)에 봉해졌다. 30수의 시조가 전하거니와 전서와 예서에도 능하였다고 한다.

정우정의 소재는 확인할 길이 없으나 자신의 거처인 최락당과 가까이 있어 속되지 않은 벗들과 더불어 풍류운사를 즐기던 정자였음을 그 이름으로 알 수 있다. 정우정의 '사미'로는 거문고·서책·청풍·명월을 들 수 있겠다.

> ④ 청려장(靑藜杖) 흩던지며 합강정(合江亭)에 올라가니
> 동천 명월(洞天明月)에 물소리 뿐이로다
> 어디서 생학선인(笙鶴仙人)은 날 못 찾아 하느니

지은이는 조명리(趙明履, 1677~1756)이며 자는 중례(仲禮), 호는 노강(蘆江) 또는 도천(道川), 벼슬은 형조판서에 이르렀고, 문장과 글씨에 뛰어났으며 『도천집』이 전한다. 『해동가요』에는 그의 시조 4수가 수록되어 있다. 이 4수의 시조에 대하여 김수장은 '말뜻이 선명하고 눈앞이 환하게 트여 시원스럽다'고 하였다.

이 시조에서도 활연한 기운이 돈다. 김삼불(金三不)은 '합강정'을 '낙동강에 있는 조간송(趙澗松)의 정자. 「합

강정가(合江亭歌)」가 나온 곳'이라고 주석한 바 있다. 그러나 낙동강변의 어느 지점인지는 확인할 길이 없다. '간송'이 조임도(趙任道, 1585~1664)의 아호라면 경상도의 함안·칠원에 속한 어느 한 곳이 아니었던가 싶다.

간송은 '사는 곳에 강호·누대의 승경이 있어서 때로 조각배를 타고 오르락내리락하며 풍월을 음롱하였다'고 전하니 말이다. 벼슬은 공조좌랑에 이르렀으나, 만년은 칠원에 은거하였다고 하니, '합강정'을 지었다면 만년의 일이 아니었을까. 인조반정 후, 여헌(旅軒) 장현광(張顯光, 1554~1627)이 발탁하고자 하였으나, 간송은 "명절과 행의를 말하는 선비도 명리의 마당에 이르면 걸음을 잃지 않는 이가 적다"는 내용의 편지로 사양하였다고 한다. 이러한 마음바탕이 아니고는 정자풍류를 즐길 수 없는 것, '합강정'의 주인을 간송으로 보아도 좋을 것 같다.

여기서 「합강정가」가 나왔다고 하였으나, 이 「합강정가」는 전라도 순창의 적성강변에 있었던 합강정의 배경이 된 「합강정가」(일명 합강정선유가)와는 판판의 가사 내용이었을 것이 분명하다. 후자는 정자풍류와는 먼 지방 수령들의 호화판 뱃놀이와 이에 대한 백성들의 원성이 담겨 있기 때문이다.

이에 대해서는 여기에서 상론(尙論)할 바 아니요, 윗시조의 작자 조명리가 명아주지팡이를 흩어 짚으며 간송이 옛 주인으로 즐기던 합강정에 오른 것은 어느 달 밝은 밤이었다. 둘레의 산과 강에 어린 달빛과 물소리에 젖으며, 스스로가 '생가선인'이 된 느낌이었던 것을 볼 수 있다. '생가선인'은 학을 타고 생황을 부는 신선을 일컬음이다. 저 신성을 상상하지 못하는 사람이라면 아예 정자풍류와는 거리가 먼 사람이라 하지 않을 수 없다.

조명리는 타고난 성품이 청려장 흩어 짚으며 산수의 아름다움에 젖기를 좋아하였던가, '설악산 가는 길에 개골산 중을 만나 / 중더러 물은 말이 풍악(楓嶽)이 어떻더니 / 이 사이 연하여 서리 치니 때 맞았다 하더라'의 시조를 남기기도 하였다.

> ⑤ 삼군(三軍)을 연융(鍊戎)하야 북적남만(北狄南蠻) 파한 후에
> 더러인 칼을 싯고 세검정(洗劍亭) 지은 뜻은
> 위엄과 덕을 세우셔 사해안녕(四海安寧) 함이라

『해동가요』의 편자로, 『청구영언』의 편자인 김천택과 더불어 '경정산가단(敬亭山歌壇)'을 이끌던 18세기의 가객 김수장(金壽長, 자 子平, 호 老歌齋)의 시조다.

'세검정'은 그 이름부터에서 시퍼런 칼날이 번득인다. '삼군'·'연융'·'북적남만'의 용어에도 서슬이 돋는다.

김수장은 병조서리를 지낸 바 있다. 다음 사설시조 한 편에서도 그의 평소의 심지와 기개를 엿볼 수 있다.

> 병자 정축 난리시에 훈련원대(訓鍊院垈) 건너 붉은 복닥이 쓴 놈 간다
> 앞에는 몽고(蒙古)요 뒤에 가달(可達)이 백마 탄 진달(眞達)이는 사수리살 차고 유월내마(騮月乃馬)탄 놈 철철총(鐵鐵驄)이 탄 놈 양비렬(兩鼻裂)이 탄 놈 아라마초초 마리 베러 가자
> 어즈버 최영(崔瑩) 곧 있었더면 썩은 풀 치듯 할랐다

병자호란의 치욕을 잊지 못하고 있다. 청나라 저때의 가달·진달의 몽고족, 유월내마·철철총이·양비렬의 말을 타고 온 놈들의 머리를 베어 치욕을 씻지 못한 한탄이요 통탄이다. 그리고 고려 말 최영 같은 명장이 없음을 크게 아쉬워하고 있다.

세검정에 대해서는 몇 가지의 유래담이 전한다. 그러나 영조 때엔 저 주변에 총융청(摠戎廳)을 두었다고 하니, 병사들의 훈련 중 휴식공간의 구실도 하였을 것이다. 훈련으로 지친 몸을 쉬면서도 병사들의 염원은 오직

'사해안녕'에 두어야 할 것임을 윗 시조는 노래하고 있다. 선비면 갖추어야 할 것으로 알아온 육예(六藝) - 예(禮)·악(樂)·사(射)·어(御)·서(書)·수(數) - 에도 활쏘기[射]와 말타기[御]가 들어있다. 그리하여 정자에 따라서는 과녁을 설치하기도 하였다. 오랜 전통을 지닌 전주의 '군자정'도 그 중의 하나이다. 그래서 선비들은 외우내환에 화살통을 메고 말을 달리며 '사해안녕'을 위하여 분연히 일어설 수 있었던 것이다.

⑥ 나니 언제런지 어제런지 그제런지
　월파정(月坡亭) 밝은 달 아래 뉘집 술에 취하였는지
　진실로 먹었실싸 먹은 집을 몰라라

'월파정'은 경상도 선산(善山)에 있던 정자다. 이 시조의 작가에 대해서는 이설이 있다. 김두성(金斗性)과 박문욱(朴文郁). 이들은 '경정산가단'의 일원으로, 다 같이 가난한 삶이었으나 성격은 호탕하고 풍류를 즐겼다고 전한다.

이 시조에도 그러한 성격들이 드러나 있다. '월파정' 달 밝은 밤 완월장취를 함께 하였던 것인가. 몇 집에서 내어온 술동이를 다 비웠던 것인가. 마시고 취하기는 하였는데 다음날 깨어서는 뉘 집 술들을 마셨는지 모르겠다는 사설이다. 두 사람 중 누가 이 시조를 불렀던들 따질 게 있으랴.

경음(鯨飮) 대취를 권할 일은 아니다. 그러나 술 좋아하는 사람들로서 속된 딴마음 없이 완월 창서(暢敍)를 위한 술자리였다면 저 경지에 이르렀다고 하여 흠잡을 것은 없겠다. 저 또한 정자풍류일 수 있겠기 때문이다.

> ⑦ 상운(祥雲)이 어린 곳의 노안당(老安堂)이 장려(壯麗)하고
> 화풍(和風)이 이는 곳의 태을정(太乙亭)이 표묘(飄緲)하다
> 두어라 상운화풍이 만년장가(萬年長佳)하리라.

『가곡원류』의 한 편자요, 『금옥총부』를 남긴 가객 안민영(安玟英)의 작이다. '노안당'은 대원군이 거처하던 운현궁의 큰 사랑채를 일컬음이요, '태을정'은 운현궁 후원의 정자였다. '저 사랑채와 정자에 언제나 상서러움과 화평함이 어리어 만년토록 길이 아름다움이어라'는 축원이 담긴 노래다. 노안당 태을정에는 노래와 춤의 풍류뿐 아니라 때로는 묵향(墨香)의 풍류도 흘렀을 터이다. 대원군은 사란(寫蘭)과 예서(隷書)로도 이름이 높았기 때문이다.

정자의 이름이 등장할 뿐 지은이를 알 수 없는 시조로는,

⑧ 벼슬을 버리거나 전 나귀로 돌아오니
　새가을 금수정(金水亭)의 여윈 고기 살지도다
　아희야 그물 던저라 날 보내려 하노라

⑨ 양덕(陽德) 맹산(孟山) 철산(鐵山) 가산(嘉山) 내린 물이
　부벽루(浮碧樓)를 감돌아 들고
　마흐라기 공이소 두미(斗尾) 월계(月溪) 내릴 물은 제
　천정(濟川亭)으로 돌아든다
　님 그려 우는 눈물은 벼갯모로 돌아든다

의 두 수를 들 수 있다. ⑧에는 벼슬길을 버리고 다리 저는 나귀 한 필로 고향에 돌아와 유유자적한 한거를 꾀하는 무명씨의 심경이 담겨 있다. '금수정'의 소재 또한 알려져 있지 않다.

⑨에서의 양덕·맹산·가산·두미·마흐라기·공이소 등은 지명이다. 다만 초장에 나오는 지명들은 평안도에 딸려 있고, 중장의 지명들은 경기도에 딸려 있다. '제천정'의 소재는 북한강의 한 강안으로 알려져 있으나 그 지점은 확실하지가 않다.

시조의 내용 또한 다분히 민요적이다. '부벽루', '제천정'에 어린 풍광이나 풍류는 찾아볼 수 없다. 저들 지명인 곳으로 내려 감돌아드는 물을 들어 말한 것도, 오직 "님 그려 우는 눈물은 벼갯모로 돌아든다"를 말하기 위

한 앞 사설일 뿐이다. 정자풍류와도 썩 어울리지 않는 노래다.

3

 정자풍류의 시조 이야기에서 '면앙정(俛仰亭)'을 빠뜨릴 수는 없다. '면앙정'은 전남 담양에 현전하는 정자로 송순(宋純, 1493~1583)이 치사(致仕) 후에 세운 것으로 전한다. 그의 『면앙집』에서 이 정자에서의 풍류를 읊은 시조의 한역가(漢譯歌)를 볼 수 있다. 「면앙정단가」 7수와 「면앙정잡가」 2수가 곧 그것이다. 가사로 된 「면앙정가」의 한역가도 전한다. 이 중 원가를 볼 수 있는 시조는 3수다.

⑩ 잘 새는 날아들고 새달은 돋아온다
　외나모 다리에 혼자 가는 저 중아
　네 절이 얼마나 하관대 먼 북소리 들리나니

⑪ 천지로 장막(帳幕) 삼고 일월로 등촉(燈燭) 삼아
　북해(北海)를 휘어다가 주준(酒罇)에 대여 두고
　남극(南極)에 노인성(老人星) 대하여 늙은 뉘를 모로리

⑫ 십년을 경영하여 초려(草廬) 한 간 지어내니

반간은 청풍이오 반간은 명월이라
강산은 들일 데 없으니 둘러두고 보리라

⑩, ⑪의 한역가는 「면앙정단가」에, ⑫는 「면앙정잡가」에 수록되어 있다. 나머지 한역가의 원시조를 잃어버린 아쉬움을 김동욱(金東旭, 1922~1990)은 반역시조(反譯時調)로 보완한 바 있으나, 여기에서의 인용은 지면관계상 줄이기로 한다.

⑫의 '초려'는 바로 면앙정을 말한 것인가, 면앙정의 아랫켠에 세운 '석림정사(石林精舍)'를 말한 것인가는 모집어 말할 수 없다. 그러나 「면앙정잡가」의 첫 수에 보이는

越野兮亭子上　我無睡兮云寤

의 '정자'와 같이 면앙정을 말한 것이라 봄이 옳을 것 같다. 김동욱은 이 중장에 해당하는 구를 '들 넘어 정자 위에 잠 못 이뤄 깨 앉으니'로 번역하였다.

면앙정은 저때 많은 명공거경과 이름난 선비들이 출입하며 창수(唱酬)풍류를 즐겼던 명소로도 유명하였다. 가까운 거리에 식영정(息影亭)·송강정(松江亭)의 이름난 정자와 소쇄원(瀟灑園)도 자리하고 있어 다 같이 우리 시

문학의 중흥에 기여한 바 컸다.

특히 면앙정을 출입한 인사 중 하서 김인후(金麟厚, 1510~1560)와 송강 정철(鄭澈, 1536~1593)은 정자의 주인에게 직접 사사한 바 있다. 때로는 정자에서 고금의 역사와 자연의 풍광을 사제 간이 한 자리에 앉아 부르거니 받거니 시조를 읊조린 바도 적지 않았다.

대(臺) 위에 심근 느티 몇 해나 자랐는고
씨 지어 난 휘초리 저 같이 늙도록에
그제야 또 한 잔 잡아 다시 헌수(獻壽)하리라

정철의 이 시조는 어느 정자에서 읊어지고, 헌수를 받는 주인공은 누구였을까. 송순은 90장수하여 회방례(回榜禮)도 치루었다. 저때 정철이 직접 가마채를 메었다 하니, 저 잔치에서의 헌수가가 아니었던가 상상해볼 수 있다. 느티나무야 남도의 어디서나 흔히 볼 수 있지 않은가.

정철은 송순의 사후 10년을 더 살았다. 다음 시조에 등장하는 '정자'도 바로 면앙정이 아니었을까의 생각이다.

나무도 병이 드니 정자라도 쉴 이 없다
호화로이 서신 제는 오리가리 다 쉬더니
잎 지고 가지 꺾은 후는 새도 아니 앉는다

송순의 사후 어느 때였던가. 면앙정에 들려본 정철은 새삼 염량세태에 젖었던 것인가. 주인공의 살아생전엔 물결 짓던 면앙정의 저 풍류는 찾아 볼 수 없고 이젠 소소하기 그지없는 적막경(寂寞景)만 도울 뿐이라는 감상이다. 하긴 정자에도 어찌 성쇠가 없겠는가.

4

불타버린 함양의 '농월정'은 어느 때나 다시 복원될 수 있을까. 정차풍류를 되챙기자면 희떠운 수작이라고 할 수도 있겠다. 그러나 산수 간 서있는 옛 정자는 바라보는 것만으로도 한 폭 그림의 구실을 하여 준다. 뿐인가, 비록 그 정자에 어린 선인들의 옛 풍류는 찾아볼 수 없다 해도, 또 설령 거칠게 보존되어 있다 해도, 때로 그 정자에 올라보면 잠시나마 세상의 속된 기운에서 벗어난 그림 속의 주인공이 된 듯한 느낌이 일기도 한다.

요는 편리한 오늘을 사는 데 정자가 무슨 쓸모가 있는가의 생각만은 고쳐 생각해 볼 필요가 있다는 것이다. 여기 못다한 말을 최근에 읽은 문병랑 시인의 시한 편 「즉음 채미정(卽吟 採薇亭)」으로 저 금오산 자락의 자연을 소요하며 후학을 가르쳤다고 전한다.

    그날의 고사리는 해마다 피고 져도
    고사리 캐먹은 분 찾을 길 바이 없네
    오늘은 그 고사리 어디에 숨었는고

    역사는 흘러가도 절의는 새로워라
    금오산 송백은 풍상이 섯거쳐도
    그날의 일편단심은 일월을 꿰뚫는다

    수양산 고사리 금오산에 옮겨왔나
    저만큼 성삼문도 절의를 다투는데
    동방의 의인열사들 여기 다 모였구나

김천택·김수장의 봄 풍류

1

봄철의 시조 풍류를 생각해 본다. 먼저 조지훈(趙芝薰, 1920~1968)의 수필 한 편이 떠오른다. 『요리의 감각』이 곧 그것이다.

풍미가려(風味佳麗)한 봄철 음식에 관한 이야기런데, '개춘연(開春宴)'이란 말이 들어 있다. 이 말로 하여서다.

'우리나라 풍속 중 삼월 삼짇날에 개춘연이라는 봄맞이 잔치를 여는 풍속이 있습니다. 겨우내 쌓인 먼저를 털어내고 친한 벗을 청해다가 볕바른 남창을 열어놓고 집에서 빚은 술을 나누며 산천의 물색을 얘기하는 잔치'로, '개춘연'의 뜻풀이까지 해 놓았다. 개춘이란 봄의 시작을 일컫는 말이겠으나, 이제 우리말 사전엔 '개춘연'이란 말도 들어 있지 않다.

지훈 시인은 어느 해였던가, 개춘연의 메뉴를 손수

작성하여 그 음식마다 이름을 붙인 바 있었다고 했다. 몇 가지 보기를 들기로 하였다. '봄소식·남풍(南風)·설변춘(雪邊春)·호상춘(湖上春)·산해채(山海菜)' 등등.

저 '개춘연'에는 누구누구 어느 시인·작가들이 초대되었는지는 알 길이 없다. 그러나 서로 간 거배(擧杯)·순배(巡杯)하며 봄맞이를 즐기는 저 자리의 '상심낙사(賞心樂事)'를 헤아려보기란 어렵지 않다.

"강호에 봄이 드니 미친 흥이 절로 난다."는 고불 맹사성(孟思誠, 1360~1438)의 「강호사시가」에서의 봄노래이거니와 백수로 늙는 시골의 선비들도 봄맞이에 왜 흥결이 없었겠는가. 지은이를 알 수 없는 시조 한수,

    전촌(前村)에 계성활(鷄聲滑)하니 봄소식이 가까왜라
    남창(南窓)에 일난(日暖)하니 합리매(閤裏梅) 푸르렀다
    아희야 잔 가득 부어라 춘흥(春興)겨워 하노라

도 봄의 흥결이다. '계성활'은 닭울음소리가 매끄럽고 바드랍게 흐름을, '합리매'는 쪽문 안의 매화를 일컬음이다. 이들 봄소식에 이냥 앉아만 있을 수 있겠느냐며, "아희야, 잔 가득 술을 따르라."는 흥결이다.

이만 앞 사설은 줄이기로 한다. 이제 '개춘연' 하는 기분으로 옛시조에서 선인들이 챙긴 봄 풍류를 살펴보기

로 하자.

2

『해동가요』를 들추어본다. 봄을 읊은 시조는 적지 않다. 여기서는 김수장(金壽長)과 김천택(金天澤)의 시조를 주로 하여 봄 풍류를 살펴보기로 한다. 김수장은 『해동가요』를 직접 엮어낸 편자요, 김천택은 『청구영언』의 편자이기도 하다. 다 같이 우리의 노래와 풍류를 즐겼던 가객들로, 영조 때의 이른바 '경정산가단(敬亭山歌壇)'의 중심인물이기도 하였다.

김천택은 한때 포교(捕校)를, 김수장은 병조의 서리(書吏)를 지낸 바 있다고 한다. 그러나 이들 평소 삶에의 마음 둠을 다음 시조에서 엿볼 수 있다.

안빈(安貧)을 슬히 여겨 손혜다 물러가며
부귀(富貴)를 부러하여 손치다 나아오랴
아마도 빈이무원(貧而無怨)이 긔 옳은가 히노라
　　　　　　　　　　　　　　　　　　　－김천택

와실(蝸室)은 부족하나 십경(十景)이 버러있고
사벽도서(四壁圖書)는 주인옹(主人翁)의 심사(心事)로다
이 밖의 군마음 없으니는 나 뿐인가 하노라
　　　　　　　　　　　　　　　　　　　－김수장

이러한 마음 씀이었기에 그들은 가난에도 세상을 원망하지 않고, 달팽이집처럼 좁은 방에서도 책이 있는 것과 창밖의 자연 경치로 '상심낙사'를 삼으며 유유자적할 수 있었다.

김수장 시조의 '10경'이란 그의 거처였던 화개동(花開洞, 현 서울의 종로구 화동) 북록하(北麓下)의 노가재(老歌齋) 10경을 말함이다. 오늘날에야 어디가 어디인지 알 수 없겠으나, 저때의 10경은, ① 동령호월(東嶺晧月), ② 서잠낙조(西岑落照), ③ 남루명종(南樓鳴鐘), ④ 북악청풍(北岳淸風), ⑤ 경회송림(慶會松林), ⑥ 왕래백로(往來白鷺), ⑦ 인봉조하(寅峯朝霞), ⑧ 원촌모연(遠村暮煙), ⑨ 만곡화향(滿谷花香), ⑩ 자가우금(自歌友琴) 등을 들었다. 춘하추동 4시를 두고 노랫소리, 거문고소리 끊이지 않았을 노가재에서의 영춘(迎春)·상춘(賞春)·송춘(送春)의 풍류는 어떠했을 것인가.

① 적설(積雪)이 다 녹아지되 봄소식을 모르더니
　귀홍(歸鴻)은 득의천공활(得意天空闊)이요 와류(臥柳)는
　생심수동요(生心手動搖)로다
　아희야 새술 걸러라 새봄맞이 하리라

② 꽃도 피려 하고 버들도 푸르려 한다
　빚은 술 다 익었네 벗님네 가세그려

육각(六角)에 두렷이 앉아 봄맞이 하리라

김수장의 봄맞이 노래다. ①의 중장은 칠언구 한시에 토를 달아놓은 것 같다. '북으로 돌아가는 기러기는 하늘이 공활하므로 기뻐하고, 물가에 누운 버들은 물이 풀리자 움직이려 한다'는 뜻풀이가 된다. ②에서의 '육각'은 서울 인왕산(仁旺山)에 있던 고개 이름, 그 옆의 필운대(弼雲臺)는 봄철의 꽃놀이로 유명한 곳이었다고 한다.

김수장은 봄맞이에 "새 술 걸러라", "빚은 술 다 익었네"로 술을 챙기고 있다. ①, ②에서 다 같이 '개춘연'을 생각하였던 것이다. ②에서는 벗들까지 불러 모으고 있다. '경정산가단'의 가객들만 해도 김천택을 비롯하여 탁주한(卓柱漢)·박상건(朴尙健)·김유기(金裕器)·이차상(李次尙)·김성후(金聖垕)·김우규(金友奎)·문수빈(文守彬)·박문욱(朴文郁) 등을 헤아릴 수 있다.

김천택도 '육각현'의 저 봄맞이에 참석하였던가. 『해동가요』에서 볼 수 있는 그의 57수 시조에는 '개춘연'에서 읊었을 법한 작품이 보이질 않는다.

③ 농인(農人)은 고여춘급(告余春及)하니 서주(西疇)에 일이 많다
막막수전(漠漠水田)을 뉘라서 독매여 주리

아마도 궁경가색(躬耕稼穡)이 내 분(分)인가 하노라

④ 남산 나린 골에 오곡(五穀)을 갖추 심어
　　먹고 못 남아도 긋지나 아니 하면
　　아마도 내 집의 밥이야 긔 맛인가 하노라

　③, ④가 다 봄맞이에서부터 여름지이 걱정이다. '개춘연'의 풍류 같은 것은 보이질 않는다. 말하자면 같은 가객이면서도 김수장의 봄맞이와는 딴판이다.

　③에서는 '농부는 나에게 봄이 이르렀음을 일러 준다. 서쪽 논밭 일이 많게 되었다. 막막한 무논을 누구 홀로 매어 주겠는가. 내가 갈고 여름지이 하는 일만이 내 분수에 맞는 일'임을 말하였다.

　④에서는 '오곡을 갖추어 심어 여름지이를 한 대도 먹고 남을 것이 있을지, 여유는 없대도 절령이나 되지 않았으면 싶다. 내가 지어 내가 먹는 밥이어야 세일 좋은 맛이라' 했다. ④의 종장을 자신이 엮은 『청구영언』에는 "그밖의 여남은 부귀(富貴)야 바랄 줄이 이시랴"로 되어 있다. '부귀'보다는 '내 집의 밥'으로의 표현이 더 풍류적이라 할 수 있다. 그러나 '개춘연'을 생각한 김수장의 봄맞이 풍류의 멋에는 미치지 못한다. 때로는 현실을 떨쳐버리는 데서 풍류를 찾을 수 있기 때문이다.

봄맞이를 지나 봄을 즐기는 상춘(賞春)의 시조는 어떠한가. 이번엔 김천택의 시조부터 들어 본다.

⑤ 춘복(春服)이 기성(旣成)커든 관동육칠(冠童六七) 거느리고
   풍호무우(風乎舞雩)하야 흥(興)을 타 돌아오니
   어즙어 사수심방(四水尋訪)을 부러워할 줄 이시랴

⑥ 춘창(春窓)에 늦이 일어 완보(緩步)하여 나가보니
   동문유수(洞門流水)에 낙화 가득 떠있어라
   저 꽃아 선원(仙源)을 남 알세라 떠나가지 말아라

⑦ 내 부어 권하는 잔을 덜 먹으려 사양마소
   화개앵제(花開鶯啼)하니 이 아니 좋은 땐가
   어즙어 명년간화반(明年看花伴)이 눌과 될 줄 알리오

⑤의 초장은 중장은 『논어』의 「선진편(先進篇)」에 있는 증석(曾晳)의 말, "저문 봄에 봄옷이 이미 이루어지면 관자 5~6인과 동자 6~7인으로 기수에서 목욕하고 무에서 바람 쐬고 시를 읊고 돌아오겠다(春服旣成 冠者五六人 童子六七人 浴乎沂 風乎舞 詠而歸)"의 뜻을 담아낸 것이다. 종장의 '사수심방'은 주자(朱子)가 봄날에 산동성에 있다는 사수 강가의 봄 경치를 찾아본 일을 들어 말한 것이다. 말하자면, 고사의 인용만으로 자신의 상춘에 대한 심정이 담겨 있다.

⑥에서도 '무릉도원'과 같은 봄꽃철의 아름다움을 볼 수 있으나, 동네어귀의 흐르는 물에 떠있는 낙화를 보고, '저 꽃아 이 신선세계와 같이 아름다운 곳을 세상 사람들이 알까 두렵다. 이곳을 떠나가지 말라'는 것은 덜 풍류스럽다. 풍류는 다 같이 즐겨야 할 것 아닌가.

⑦에서의 한문투, '화개앵제'는 '꽃이 피고 꾀꼬리가 울음'을, '명년간화반'은 '명년에 더불어 꽃을 볼 친구'를 일컬음이다. 이러한 한문투가 좀 눈에 거슬리나 여기에선 ⑤, ⑥과는 달리 시원스럽게 술잔을 들며 봄을 즐기는 한 풍류인의 모습을 볼 수 있다.

김수장의 상춘시를 들어 본다.

> ⑧ 봄비 갠 아침에 잠 깨어 일어보니
> 반개화봉(半開花封)에 다토와 피는고야
> 춘조(春鳥)도 춘흥(春興)을 못이기어 노래 춤을 하느냐
>
> ⑨ 어와 벗님네야 화류(花柳) 가며 천렵(川獵) 가세
> 귀밑의 흰 터럭을 이제 이미 못 금(禁)커든
> 앞길이 긴동절은동 그를 몰라 하노라
>
> ⑩ 천랑기청(天朗氣淸)하온 적에 혜풍화창(惠風和暢) 좋을시고
> 도리(桃李)는 홍백(紅白)이요 유앵(柳鶯)은 황록(黃綠)이

로다
이 좋은 태평성세(太平聖世)에 아니 놀고 어이리

김천택의 시조에 비하여 봄놀이, 봄의 흥결이 구체적으로 드러나 있다. 보다 활달하고 보다 멋스럽다.

⑧은 노가재의 봄경치일 터. '간밤에 내리던 봄비가 갠 아침, 자리에서 일어나 밖에 나와 보니 반쯤 벙근 꽃봉오리들이 다투어 피는구나. 새들도 봄의 흥결을 못 이겨 노래하며 춤추는 것 같다'. 홀로 노가재의 뜰을 거닐며 나직이 읊어 낸 '평조(平調) 한 닙'이라 하겠다.

⑨는 봄도 무르익었던가. 노가재 가객 친구들과의 봄놀이를 앞장서 서두르고 있다. 봄놀이로는 '화유(花柳: 花遊, 꽃놀이, 꽃달임: 화전놀이)', '천렵(川獵)'을 들고 있다. 봄놀이에의 유인도, 우리들 이미 귀밑 백수(白鬚)들로야, '남을 앞길이 긴지 짧은지 모르는 길 아닌가'의 화법이다. 이런 경우 흔히 쓰인 '일장춘몽'이니 '화무십일홍'과는 멋이 다르다.

⑩에는 한자어가 솜솜하다. 그러나 그대로 읊조리자면 이해에 어려울 것은 없다. '천랑기청'은 날씨가 밝고 맑음을, '혜풍화창'은 봄바람이 화창함을, '태평성세'는 태평한 세상을 곧바로 짐작할 수 있겠기 때문이다. 중장의

'도리'가 노소를 '유앵'이 노래와 춤을 비유한 것이라면, '이 좋은 태평성세에 아니 놀고 어이리'의 옛시조에 흔했던 상투적인 종장에 이를 법도 하다. 그러나 저 봄놀이의 자리는 경정산가객들의 풍류성을 잃어버린 어지러운 술판이 되었으리라고는 생각지 않는다. 오직 '상춘'에 뜻을 둔 봄놀이였을 것이기 때문이다.

다음엔 봄을 보내는 송춘·석춘(惜春)의 시조를 들어본다. 김천택의 것에선 찾아볼 수 없고, 김수장의 다음 한 수를 들 수 있겠다.

⑪ 꽃 지자 봄이 저물고 술이 진(盡)차 흥이 난다
　역려광음(逆旅光陰)은 백발을 배야는데
　어디서 망녕(妄靈)엣 것들은 노지 말라 하느니

'역려광음'은 이백(李白)의 유명한 『춘야연도리원서(春夜宴挑李園序)』의 첫머리에 나오는 말이나. 세월의 빠름과 인생의 덧없음을 일컬음이다.

비단 이 말이 중장에 들어있어서 뿐 아니라, 이 시조 한 수를 읊조리자면 이백의 저 '도리원서'를 떠올리지 않을 수 없다.

　무릇 천지는 만물의 역려(여관)요 광음(세월)은 백대의 과객이다. 부생(인생)은 꿈과 같거니 기쁨이랬자 그 얼마이랴.

夫天地者萬物之逆旅　光陰者百代之過客　而浮生如夢
爲歡幾何

때는 봄, 이내 낀 경치가 나를 부르고, 천지는 나에게 문장을 빌려 주었거니, 도리화 동산에 모이려 천륜의 놀이를 펼친다.

況陽春召我以煙景　大塊假我以文章　會桃李之芳園
序天倫之樂事

경치를 즐기는 일 아직 그치지 않고 고담은 아직 맑은데 좋은 시가 없다면 어찌 아치 있는 회포를 풀 수 있겠는가. 만약에 시가 되지 않는다면 금곡의 예에 좇아 벌주를 마셔야 한다.

幽賞未已　高談轉淸　開瓊筵以坐花　飛羽觴而醉月
不有佳作　何伸雅懷　如詩不成　罰依金谷酒數

의 광경과 방불하지 않은가. '금곡주수'란 진(晋)의 석숭(石崇)이 금곡놀이에서 시를 읊어내지 못한 사람에겐 벌주로 석 잔 술을 마시게 하였다는 고사를 이름이다.

김수장이 봄이 감을 아쉬워한 저 석춘의 자리에도 '경정산가단'의 가객들이 함께 하였을 터, 그 중 몇 사람이

'이만 자리를 피하자'는 말이라도 하였던 것인가, 하여 김수장은 '어디서 망령엣 것들은 놀지 말자 하느니'의 이 시조를 읊었을 법 하다.

가는 봄에 대한 아쉬움의 노래는 작자미상의 시조에서도 적잖이 볼 수 있다.

　　봄이 가려 하니 내라 혼자 말릴손가
　　다 못 핀 도리화를 어찌하고 가려는가
　　아희야 덜 괸 술 걸러라 가는 봄 전송하리라

　　봄이 간다커늘 술 싣고 전송 가니
　　낙화 많은 곳에 간 곳을 모를러니
　　유막(柳幕)에 꾀꼬리 이르기를 어제 갔다 하더라

선인들은 개춘놀이에도 술을 챙기고, 봄놀이에도 술을 챙기고, 전춘(餞春) 놀이에도 술을 챙겼다. 그리고 그 술에는 으레 영가(詠歌)·영시(詠詩)가 따랐다. 이세 선인들의 풍류였다. 그저 술이나 마시고 와자지껄 수떠드는 자리가 아니었다.

덧붙여 생각나는 멋진 노래 한 수,

　　꽃이 진다하고 새들아 슬허마라
　　바람에 흩날리는 꽃의 탓 아니로다
　　가노라 희짓는 봄을 새와 무삼하리오.

이는 면앙정 송순(宋純, 1943~1583)의 시조다.「상춘가(傷春歌)·석춘가·을사사화가(乙巳士禍歌)」로도 불리운다.『면암집』에서는 이 시조를 '을사사화(1545)에 죽어간 제현들을 슬퍼한 노래'라고 하였다. 다음의 이야기도 덧붙였다.

> '한 기생이 잔칫집에서 이 노래를 부르자, 옆에 있던 진복창(陳復昌, 을사사화 주동자의 한 사람)이 이는 남을 비방하는 노래라며 지은이를 대라고 하였다. 그러나 기생은 끝까지 대답하지 않아 뒷일이 무사하였다.'

는 것이다. 저 잔치마당도 늦은 봄철에 있었던 것인가. 지는 꽃이 슬퍼서 불렀을 뿐이라면 진복창인들 어찌하겠는가. 그러나 실은 꽃다운 많은 선비들을 낙화처럼 지게 한 소윤(小尹)의 무리들을 짓궂은 바람에 비유하였던 것이다. 저 기생은 이 시조가 지닌 풍간의 뜻을 알고 있었기에 진복창의 추궁에도 끝내 출처를 밝히지 않았던 셈이다.

계절의 봄뿐이랴. 사람의 봄도 그 봄이 간다는 것은 다 같은 아쉬움이 아닐 수 없다.

3

마침 새봄이다. '개춘연' 삼아, 『해동가요』를 꺼내들고 선인들의 봄풍류를 살펴보았다. 처음 생각으론 김천택·김수장의 시조 11수만으로도 선인들의 봄 풍류를 살펴보기에 족할 것 같았다. 그러나 생각을 이어가다 보니, 두 사람에 국한시킬 것이 아니었다. 좀 더 많은 선인들의 작품에서 살폈어야 할 것을 하는 아쉬움이었다.

이미 어푸러진 물이 되고 말았다. 그런대로, 우리 선인들은 봄맞이 봄놀이 봄을 보냄에도 시를 짓고 노래를 하는 운치로움이 따랐다는 것을 엿볼 수 있었다.

김천택이 봄맞이에 여름지이부터 생각하였던 것도 저러한 봄놀이의 운사(韻事)를 몰라서였겠는가, 봄맞이 놀이에 앞서 이웃들에게 분수를 일깨우자는 것이었을 것이다. 그의 시조,

> 강산 좋은 경을 힘센 이 다툴 양이면
> 내 힘과 내 분(分)으로 어이하여 얻을소니
> 진실로 금할 이 없을새 나도 두고 노니노라

로 보아서도 알 수 있다. 말하자면 농부들의 봄맞이 심경을 노래로써 읊어낸 것일 뿐이다. 초장·중장에서 그의

다른 시조에 있는 '주문(朱門)의 벗님네야 고거사마(高車駟馬) 좋다 마소'의 풍간을 볼 수 있다. 그러나 그는 워낙 '빈이무원(貧而無怨)'의 풍류인이었다. 그래, 종장에서 '진실로 금할이 없을새 나도 두고 노니노라'고 했다. 자연에 파묻혀 자연을 즐기며 사는 한한(閑閑)한 마음을 드러낸 것이다. 이 한한한 마음이 아니고는 즐길 수 없는 것이 풍류이기도 하다.

김천택·김수장의 봄 풍류 시조를 살피는 동안 자꾸만 눈앞을 갈아드는 것은 오늘의 이른바 봄놀이 광경이었다. 자연이야 봄 햇살 어린 아름다운 자연이라 해도 놀이판에서 선인들의 한한한 풍류를 찾아보기 어렵다는 생각이기 때문이다.

놀이판에 벌여놓은 음식만을 생각해도 그렇다. '꽃달임', '천렵'은 제쳐놓고, 봄철 음식의 담백한 맛을 찾아볼 수 없는 것들이다. '고량진미(膏粱珍味)'라 할 수 있는 것일지는 몰라도 '풍기가려' 한 음식과는 먼 것들이라 하지 않을 수 없다.

또 저 놀이판에서의 춤과 노래라는 것은 무엇인가.

  노자 젊어 노자 늙어지면 못 노나니
  화무는 십일홍이요 달도 차면 기우나니
  인생이 부득갱소년(不得更少年)이니 아니 놀고

의 놀이판 노래를 불러도 선인들의 저 노래엔 낭차짐한 가락과 유연한 춤사위가 따랐다. 꼭 저 가락과 춤사위만을 좇자는 것은 물론 아니다.

그러나 봄을 맞이하고 봄을 즐기고 봄을 보내는 상춘의 놀이라면 그 놀이판의 주변 자연과도 어울리는 노래와 춤이었으면 싶다는 생각이다.

케케묵은 생각이랄까. 그렇다 해도, 이왕 바쁜 일 덜어내고 날 받은 봄놀이라면 유유한한한 멋을 생각해봄직 하지 않은가. 김천택·김수장의 봄 풍류를 생각해본 것도 이 점에 있다.

'조식소식' 시대의 먹거리 풍류

1

먼저 떠오르는 시조 한 수,

노인이 섶을 지고 원(怨)하느니 수인씨(燧人氏)를
식목실(食木實)하올 제도 만천세(萬千歲)를 하였는데
어찌타 교인화식(敎人火食)하야 후생(後生)을 곤(困)케 하시뇨

지은이는 알 수 없다. 병와 이형상(李衡祥, 1653~1733)의 『지령록(芝嶺錄)』에 한역가가 전하는 것으로 보아 17세기에도 널리 불렸음을 알 수 있다. 한역가는 다음과 같다.

老翁負薪　訴怨燧人有巢氏　作木實亦生　何敎人火食
使我困行

'수인씨'·'유소씨(有巢氏)'는 중국 상고시대의 전설적인 제왕들이다. 수인씨는 처음으로 불을 일으켜 사람에게

화식(火食)할 수 있는 것을 가르쳐주고, 유소씨는 새가 보금자리를 만들어 사는 것을 보고 사람에게 집을 짓고 살도록 가르쳐 주었다는 것이다. 이들 이전의 삼황(三皇)은 나무열매만을 먹고도 모두 1만 8천 세를 누렸다는 신화(神話)다.

오늘을 사는 우리는 '미식소식(美食小食)'을 말하고 있다. 이 말을 유행시킨 이는 오찌 히로토모[越智宏倫]가 아니었던가 싶다. 그는 인류의 식생활 변천을 '조식소식(粗食小食)' → '조식대식(粗食大食)' → '미식대식' → '미식소식'으로 말한 바 있다.

우리의 식생활도 이러한 변천을 거쳐 오늘에 이르렀다고 해도 좋을 것 같다. 그렇다면 첫머리에 옮긴 시조는 어느 식생활 시대를 산 선인이 읊었던 것인가. 많은 사람들이 삼시 세 때 끼니도 잇기 어려웠던 '조식소식'의 시대였으리라는 생각이다. 물론 저때에도 김천택(金天澤)이 말한, "주문(朱門)의 벗님네"야 '미식대식'의 삼시 세때였을지도 모른다. 두보(杜甫)의 시에도, '주문주육취(朱門酒肉臭) 노유동사골(路有凍死骨)'의 시구가 있지 않았던가.

김천택과 한 무렵의 김수장(金壽長)은 마치 김천택의 '주문의 벗님네'야를 받아서 부른 것과도 같이 노래를 남기고 있다.

> 뒷집은 토계삼등(土階三等) 이우지[이웃는 구목위소(構木爲巢)
> 의초의(衣草衣) 식목실(食木實)에 사람이 다 어질더니
> 어떻다 육식대하(肉食大廈)에 용(容)치 말려 하느니

고기를 먹고 넓은 집에서 사는 사람들은 '미식대식'을 하면서 풀옷 입고 나무열매로 '조식소식'도 제대로 못하는 이웃을 돌보지 않으려 하는 것은 어찌된 일이냐는 사설이다.

이만 잡다한 사설은 줄이기로 하자. 섶나무를 지고 화식을 가르친 수인씨를 원망하며 고달픈 삶을 노래한 무명씨 노인과 같은 '조식소식'의 시대를 산 선인들의 식생활을 시조에서 살펴보기로 한다.

2

이덕무(李德懋, 1741~1793)는 『사소절(士小節)』에서 선비는 음식 자랑을 할 것이 아님을 들어 말하였다. "평생 즐긴 음식을 많이 먹고 남을 대할 때마다 먹은 수를 헤아려 가면서 과장하는 것은 점잖은 사람이 아니다"가 곧 그것이다.

조식소식 시대에 미식대식을 말한다는 것은 분명 주위에 덕이 될 수는 없는 일이겠다. 보통 사람들은 색다른 음식을 자랑하고자 해도 자랑할 만한 음식이 무엇 있었겠는가. 그래, 『사소절』에선 다음과 같은 당부도 잊지 않았다. '집에 색다른 음식이 있거든 아무리 적어도 노소(老小)·귀천(貴賤) 간에 고루 나누어 먹어야 한다'고 했다.

이러한 사정이고 보면 음식에 관한 옛시조도 흔할 것 같지가 않다. 그러나 저 조식소식 시대에도 있는 사람, 없는 사람 할 것 없이 나름대로의 음식을 즐기면서 그것을 노래로 담아낸 것을 적잖이 볼 수 있다. 그리고 그 노래를 지어 부른 주인공은 거의가 낙천적인 낙낙한 마음의 소유자들이었다. 없는 사람도 '주문의 벗님네'를 부러워한 것이 아니라, 없는 것으로 하여 영욕(榮辱)을 모르고 사는 즐거움을 말하였고, '육식대하'로 사는 사람에게도 없는 사람들의 처지를 생각하는 마음이 있어야 한다는 것을 일깨우고자 한 노래들이었다. 말하자면 제철의 음식 한 가지를 놓고도 더불어 즐기고자 한 풍류심(風流心)이 담겨 있다는 것이다.

① 자네 집의 술 익거든 부디 날 부르시소

내 집의 꽃 피여든 나도 자네 청하옴세
　　백년(百年) 덧 시름 잊을 일을 의론(議論)코저 하노라

김육(金堉, 1580~1658)의 작으로 전한다. 이 시조에서도 풍류심을 읽을 수 있다. 김육은 벼슬이 영의정에 이르렀던 분이다. 벼슬에 관계없이 풍류적인 멋이 없는 사람에게선 이러한 노래가 나올 것 같지 않다. 시절따라 새로 나온 먹거리이거나 새로 핀 꽃을 대하고도 이웃과 친구를 생각하고 그들과 더불어 사람살이를 즐기고자한 마음은 바로 풍류심과 통하기 때문이다.

봄철의 먹거리로부터 이야기를 이어보기로 하자.

　②내 집은 도화원리(桃花源裏)어늘 자네집은 행수단변(杏樹壇邊)이라
　　궐어(鱖魚) 살쪘거니 그물일랑 자네 밑네
　　아희야 덜 괴인 박박주(薄薄酒)일망정 병을 채워 넣으라

가객 안민영(安玟英)의 작이다. 1866년 '병인야요'에 홍천 영금리 산골로 들어가 피란살이를 하면서 지은 노래였다고 한다. '호랑이에게 물려가도 제 정신을 차리자'는 여유였던 것인가. 사실 저 여유 없인 풍류심도 일지 않을 터이다. '궐어'는 쏘가리, '박박주'는 맛이야 챙길

수 없는 텁텁한 술을 일컬음이다. 제철의 쏘가리를 보고 친구 생각이 났었던 것 같다. 그래, '덜 익은 박박주'일망정 챙긴 것이 아니겠는가.

작자 미상의 다음 시조에서도 저러한 마음을 엿볼 수 있다.

> ③ 엊그제 빚은 술이 익었느냐 설익었느냐
> 앞내에 후린 고기 굽느냐 회치느냐 속고느냐끓이느냐
> 아희야 닁큼[냉큼] 차려 내어라 벗님 대접하리라

앞내에서 후릿그물로 잡아온 물고기를 술의 잘 익고 덜 익고는 아랑곳없이 친구부터를 생각한 마음이다.

> ④ 내집이 기구(器具) 없어 벗이 온들 무엇으로 대접하리
> 앞내에 후린 고기를 캐어온 삽주에 속고아 놓고
> 엊그제 쥐빚은 술 익었으리라 걸러 걸어 내어라

이 또한 지은이는 전하지 않는다. 어려운 세간 살림에도 친구맞이에 흥결이다. 물고기의 조리법까지 말하고 있다. 중장이 곧 그것이다. 물고기탕을 '삽주'를 넣고 끓이라 했다. 삽주는 산채의 일종이다. 한방에서는 그 뿌리를 백출(白朮)·찰출(蒼朮)이라 하여 약재로 쓴다. 술도 안주도 자급자족인 셈이다.

제철의 먹거리를 미리 요량하는 시조도 볼 수 있다.

⑤ 전원에 봄이 되니 이 몸이 일이 하다
　　나는 그물 깁고 아해는 밭을 가니
　　뒷뫼에 엄 기는 약(藥)을 언제 캐려 하느니

⑥ 간밤 오던 비에 앞내에 물 지거다
　　등 검고 살찐 고기 버들넋에 올라 괴야
　　아희야 그물내어라 고기잡이 가자스라

⑤는 지은이를 알 수 없고, ⑥은 유숭(俞崇, 1666~1734)의 작으로 전한다. 유숭은 벼슬이 공조참판에 이르렀다. 그러나 귀양살이도 해야 하는 불우한 때도 있었다.

⑤나 ⑥이나 봄맞이에 제철의 먹거리들을 요량하고자 한 것을 볼 수 있다. '엄 기는 약'이란 움[芽]이 길어져 가는 약초(산채)를, '등 검고 살찐고기'란 쏘가리를 말한 것이 된다. 선인들의 식성은 육류의 고기보다도 계곡의 맑은 물에서 잡아낸 민물고기나 산나물·들나물을 더 좋아하였던 것인가, 고불 맹사성(孟思誠, 1360~1438)은 「강호사시가」의 봄노래에서,

　　탁료계변(濁醪溪邊)에 금린어(錦鱗魚) 안주로다

고 하여 쏘가리의 맛을 챙겼고, 미암 유희춘(柳希春,

1513~1577)은 미나리의 맛을 손님에게 자랑한 것을 볼 수 있다.

⑦ 미나리 한 펄기를 캐어서 씻우이다
년대[다른 데] 아니야 우리 님께 받자오이다
맛이야 긴(緊)치 아니커니와 다시 씹어 보소서

『조선왕조실록』의 봉안사로 전주(全州)에 온 박화숙(朴和叔)을 맞이한 술자리에서 읊은 시조라 전한다. 저때 유희춘은 전라감사로 있었다. 일반 서민들도 봄미나리 맛을 즐기며 연군(戀君)의 정을 노래하기도 하였다.

⑧ 겨울날 다스한 볕을 님 계신데 비최고자
봄미나리 살찐 맛을 님에게 드리고자
님이야 무엇이 없으리마는 내 못잊어 하노라

봄미나리의 살찐 맛을 '초야인(草野人)의 청복(淸福)'이라 말한 시인도 있었다. 봄미나리나 겨울볕을 연군의 정으로 노래한 시가를 「헌근가(獻芹歌)」·「자배가(炙背歌)」로도 일컬어 왔다. 일찍이 고려 말의 허금(許錦, 1340~1388)은 「자배」의 칠언절구를 남긴 바 있다. 등에 와 닿는 따뜻한 봄햇볕을 즐기며 임금을 그리워한 내용이다.

송강 정철(鄭澈, 1536~1593)은 『훈민가』에서 봄미나리를

들어 강원도 백성들에게 임금 생각하는 마음을 일깨우고자 하였다

 ⑨ 임금과 백성과 사이 하늘과 땅이로다
  나의 설운 일을 다 아로려 하시거든
  우린들 살찐 미나리를 혼자 어찌 먹으리

가 곧 그것이다. 사실 선인들은 먹거리를 놓고도 '접빈객(接賓客)'부터 요량하였던 것이다.
 여름철의 먹거리는 어떠하였던가.

 ⑩ 보리밥 풋나물을 알마초 먹은 후에
  바횟긋 물가에 슬카지 노니노라
  그 남은 여남은 일이야 부럴 줄이 이시랴

 ⑪ 보리밥 문 준치에 배부르니 흥이로다
  농필포도(弄筆葡萄) 노래하니 신선인들 부럴소냐
  아마도 우로은택(雨露恩澤)이 깊고 큰가 하노라

 ⑩은 고산 윤선도(尹善道, 1587~1671)의 작이요, ⑪은 김수장의 작이다. 신분의 차이는 있어도 다 같이 보리밥으로 자족하고 있다. '풋나물'에선 여름철에 먹을 수 있는 산채나 터전에서 가꾸어 낸 상추가 떠오르고, '문 준치'에선 곰삭은 준치젓이 떠오른다. 보리밥을 놓고도 고

산은 풋나물을 아울러 먹는 것에 풍미를 느끼고, 노가재는 준치젓을 아울러 먹는 것에 풍미를 느꼈다 할까.

조지훈(1920~1968)은 식도락을 말하며, '가난하나마 무슨 신선한 풍미나 따스한 아취가 깃들이면 그것을 결코 초라하게 느껴지지 않는 법'이라고 하였다. '조식소식'의 어려운 시기에도 선인들은 주어진 여건에서 풍미를 찾고 풍류를 즐기고자 하였다.

- 여남은 일이야 부러워할 것 있으랴
- 붓을 휘둘러 포도그림도 그려보고 시조도 한 장 읊조리며 신선인들 부러울 소냐

의 마음들이다.

⑫ 매암이 맵다 울고 쓰람이 쓰다우니
　산채를 맵다는가 박주를 쓰다는가
　우리는 초야에 묻혔으니 맵고 쓴 줄 몰라라

18세기 가객으로 현감을 지낸 바 있는 이정진(李廷藎)의 이 노래에서도 선인들의 저러한 마음을 읽을 수 있다.

⑬ 질가마 조히 싯고 바위 아래 샘물 길어
　팥죽 달게 쑤고 저리지 이끌어 내니
　세상에 이 두 맛이야 남이 알까 하노라

『율리유곡』 14수의 전원시조를 남긴 김광욱(金光煜, 1580~1656)의 작이다. 좌참찬의 벼슬에 이르렀던 분이다. 여러 벼슬을 역임하며 조신을 바르게 하였고, 한때 경기도 고양(高陽)의 율리(栗里)에 은거하면서 마을 사람들과도 곧잘 어울리는 풍류인으로도 유명하였다. 여름철 산간에 들어 석간수 청렬한 물로 즉석에서 쑤어낸 팥죽을 겉절이김치로 즐기고 있음을 본다.

⑭ 오늘은 천렵(川獵)하고 내일은 산행(山行) 가세
꽃달임 모레 하고 강신(講信)이란 글피 하세
그글피 편사회(便射會) 할 제 각지호과(各持壺果) 하시소

김천택, 김수장과도 교분이 두터웠던 가객 김유기(金裕器)의 노래다. 여기 나오는 물놀이·산놀이·화전놀이·향약(鄕約)의 모임·활쏘기 모임 등에도 음식이 따르기 마련이었다. 이는 한 마을 사람들의 농한기의 하루를 즐기자는 것으로, 거기에 따르는 음식이란 걸판지게 요량한 것이 아니었다. '각자의 형편대로 가져온 술이나 과일 등을 놓고 즐기자'는 놀이였던 것이다.

삼복철 복달임의 풍속은 어느 때부터의 일이었던가. 땀을 많이 흘려야 하는 여름철이고 보니 추렴을 해서라도 소복이 필요했을 터, 이로 하여 복달임이 있어 왔을

것이다. 소복을 위한 먹거리로는 닭보다도 개를 챙겨 왔다. '구장(狗醬)'이 곧 그것이다.

⑮ 내집에 양이황구(兩耳黃狗) 있어 사자같이 생겼는데
　애주정성(愛主情誠)은 짐승이라 못할로다
　그러나 황반(黃飯)이 절식다시(絶食多時)하니 가련감창(可憐感愴)하여라

작자미상의 노래다. 구장은 누렁개[黃狗]를 으뜸으로 꼽았다. 두 귀가 늘어진 사자 같이 생긴 황구, 주인 섬기기도 지극 정성으로 하는 그 황구를 추렴으로 내놓아야 했던 것인가, 접빈객을 위해서였던가, 아니면 끼니를 건너뛰며 굶기를 밥먹듯 하는 식구들의 식보를 위해서였던가. 아무튼 저 황구를 더 이상 기를 수 없는 처지의 주인이 작자였던 것만은 분명하다. 생각하면 참으로 가련·감창할 일이다.

여름 먹거리는 이만 줄이고, 가을로 옮겨 본다. 먼저 방촌 황희(黃喜, 1363~1452)의 시조가 떠오른다.

⑯ 대초의 볼 붉은 골에 밤은 어이 듣드르며
　벼 뷘 그루에 게는 어이 나리는고
　술 익자 체 장사 돌아가니 아니 먹고 어이리

'황희정승' 하면 명재상으로 조선조 내내 우러름을 받아 온 분이다. 이 어른이 이렇듯 풍류로운 노래를 불렀다니 놀랍기만 하다. 대추·밤·게·햅쌀술은 가을이 제철인 먹거리이다. 가을철 전원의 한 폭 풍물화를 대한 느낌이다.

⑰ 뒷들에 벼 다 익고 앞내에 고기 찻네
　　백주황계(白酒黃鷄)로 냇놀이 가자스라
　　술 취(醉)코 전원에 누었으니 절(節) 가는 줄 몰라라

⑱ 단풍은 연홍(軟紅)이요 황국은 토향(土香)할 제
　　신도주(新稻酒) 맛 들고 금린어회(錦鱗魚膾) 별미로다
　　아희야 거문고 내어라 자작자가(自酌自歌)하리라

⑰은 작자미상의 노래요, ⑱은 김수장의 작이다. ⑰은 풍년인 가을걷이만을 남겨놓고 있는 한 때의 노래요, ⑱은 가을걷이도 끝나고 산에는 물들어가는 단풍이요, 울안에는 국화꽃이 향기를 토하는 서릿철의 노래다. 그래, ⑰에는 흰 막걸리에 살찐 누른 닭고기 안주요, ⑱은 햅쌀로 담아낸 누룩빛 돋는 술에 보얀빛이 돋는 쏘가리 회가 안주다. 저들이 모두 제철의 신선한 먹거리임을 생각하면 상상만으로도 별미·풍미가 돋는다.

고산 윤선도의 『어부사시사』의 추사(秋詞)에는 마른 갈

대에 불을 붙여 금방 건져 올린 크고 좋은 바닷물고기를 구워놓고 질병에 담아온 술을 바가지 잔으로 마시는 풍미도 드러나 있다.

끝으로 겨울철의 먹거리 시조로는 다음 3수만을 들고자 한다. 이미 지면이 다하였기 때문이다.

⑲ 엊그제 덜 괸 술을 질동이에 가득 붓고
　설 데친 무나물 청국장 끼쳐 내니
　세상에 육식자(肉食者)들이 이 맛을 어이 알리고

⑳ 댁(宅)들레 동난지이 사오 저 장수야 네 황아(荒貨) 긔 무엇이라 웨느냐 사자
　외골내육(外骨內肉) 양목(兩目)이 상천(上天) 전행(前行) 후행(後行) 소(小)아리 팔족(八足) 대(大)아리 이족(二足) 청장(靑醬) 아스슥하는 동난지이 사오
　장수야 하 거북히[거북하게] 웨지 말고 게젓이라 하렴은[하려무나]

㉑ 묵은해 보내올 제 시름 한듸[함께] 전송(餞送)하세
　흰곤무 콩절미 자채술 국 안주에 경신(庚申)을 새우렬 제
　이윽고 자미승(粢米僧) 돌아가니 새해련가 하노라

⑲는 김천택의 작이요, ⑳은 작자미상, ㉑은 이정진의 작이다. ⑲에서는 무나물과 청국장을, ⑳에서는 게젓을,

㉑에서는 흰골무떡·콩인절미·자채술·술국 등을 노래하였다. ㉑에서의 '경신을 새우렬 제'는 원래 '섣달 중의 경신날에 밤을 새우는 풍습'을 말함이었으나, '음력 섣달 그믐'으로 풀이하여도 좋을 것 같다.

㉒에서 장수가 사라고 외치는 '동난지이'는 게젓의 별칭으로 되어 있다. 그러나 생태계의 변화가 심한 오늘날 같지 않게 옛날에는 게의 종류도 많았다. 그 중 어떠한 게였을까. 게젓을 '게장'이라고 했고, 어려서부터 들어온 게 이름도 많다. 참게·꽃게를 비롯하여 대게·털게·민물게·농게·칠게·엽낭게·방게·범게·갈게 등을 헤아릴 수 있다.

궁금하던 '동난지이'는 게젓의 통칭이 아니라, '방게젓'을 말함이었다. '동난젓'으로도 일컬었음을 이용기(李用基)의 『조선무쌍신식요리제법』(1924)에서 확인할 수 있다.

㉑의 '자채술'은 자채(紫彩)쌀로 빚어낸 술을 말한다. 자채벼는 올벼의 일종으로 품질이 좋기로 유명하였다. 새해맞이에 쓰기 위하여 미리 요량하였던 것이 된다. 조상을 생각하는 선인들의 마음씀을 엿볼 수 있다.

3

 옛시조에 드러난 사철의 먹거리를 통하여 선인들의 음식풍류를 살펴보고자 하였다. 장황한 글흐름이 되었으나, 그런대로 '조식소식'의 어려운 시대를 살면서도 선인들은 시절 따라 나오는 먹거리에 어떠한 마음씀이었던가는 엿볼 수 있지 않았나 싶다. 그 마음씀을 선인들의 한 풍류심으로 들어보고자 하였던 것이다.

 우리가 살고 있는 오늘날을 '미식소식'의 시대라 하나, 그 미식소식은 누구를, 무엇을 위하자는 것인가. 더불어 살아야 하는 사람살이의 멋을 챙기자면 참으로 멋대가리 없는 세상이 되어가고 있는 것이 아닌가하는 생각이 들기도 한다. 먹거리에 대한 선인들의 풍류심이 그립다면 한갓 구닥다리의 넋두리라고만 나무랄 것인가.

 때로 홀로 흥얼거리기도 하는 방랑시인 김삿갓(金笠, 1807~1863)의 「죽시(竹詩)」를 옮겨 놓는 것으로 끝마무리를 대신하고자 한다.

   此竹彼竹化去竹　風打之竹浪打竹
   飯飯粥粥生此竹　是是非非付彼竹
   賓客接待家勢竹　市井賣買歲月竹
   萬事不如吾心竹　然然然世過然竹

일반적으로 다음과 같이 풀이하고 있다. "이대로 저대로 되어가는 대로 / 바람쳐 가는 대로 물결쳐 가는 대로 / 밥이면 밥, 죽이면 죽 이대로 살아가고 / 옳은 것 옳고 그런 것은 그르고 저대로 부쳐 두세 / 손님 접대는 제 집안 형세대로 하고 / 시장 흥정은 시세대로 하세 / 모든 일은 내 마음대로 같지 못하니 / 그렇고 그런 세상 그런 대로 살아가세".

어쩌면 세상살이에 자기중심을 놓아 버린 것 같다. 그러나 '대나무 시(竹詩)'로 회자된 것을 생각하면 줏대 없이 세상을 살자는 뜻으로 선인들이 이 시를 받아들였던 것은 아니지 않을까.

김삿갓이 세상을 풍자함에도 그의 줏대로 하여서였거니와 내가 때로 이 시를 흥얼거리는 것도 내 마음의 심지를 북돋우고자 함에서였다.

이 자리에서 다시 이 시가 떠오른 것은, '반반죽죽(飯飯粥粥)', '빈객접대(賓客接待)'의 어구로 하여서인 것 같다. 굳이 성현의 말씀까지 빌려올 것 있겠는가. 우리 선인들은 '음식이란 누구나 먹지 않을 수 없는 것, 그러나 떳떳한 삶에 뜻을 두고도 악의악식(惡衣惡食)을 부끄러워한다면 그런 사람과는 함께 의견을 나눌 여지도 없다'

는 마음의 심지들이었다.

 이 마음의 심지가 바로 조식소식 시대를 산 선인들의 먹거리 풍류도 통했던 것이다. 오늘이라 하여 미식소식만을 챙길 것 있겠는가.

산수 간에 나도 절로

1

폭염·폭서의 연일이다. 복더위란 말이 있어 왔으나, 복더위도 이번 여름처럼 맹위를 떨친 때는 드물었다. 몇 십 년래의 혹서라는 이야기들이기도 하다.

'속대발광욕대규(束帶發狂欲大叫)'란 요즘 같은 시중 더위를 두고의 일컬음이었던가.

흔히, 더위에서 벗어나는 방법으로 피서(避暑)·척서(滌暑)·납량(納凉)을 들어 말하기도 한다. 이 중 납량은 정신적인 것으로 마음먹기에 달려있다는 것이다. 염량·한서도 앉은 자리에서 마음 하나로 다스릴 수 있다는 이야기다.

그러나 도인의 경지에 이르지 못한 범인으로서야 어찌 이런 일이 쉽겠는가. 그렇다고 '덥다 덥다' 안절부절 못하면 더욱 기승을 부리는 것이 더위다. 무슨 방법이 없을까. 책상머리에 앉자 시조 한 수가 머리를 스친다.

① 청산도 절로절로 녹수도 절로절로
　산 절로 수 절로 산수간에 나도 절로
　이 중에 절로 자란 몸이 늙기도 절로 하리라

하서 김인후(金麟厚, 1510~1560)의 시조다. 우암 송시열(宋時烈, 1607~1689)의 작품으로 전하는 가집도 있다. 널리 회자되었던 작품이었던 것 같다. 그러나 『하서집(河西集)』에 전하는 한역가,

　青山自然自然　綠水自然自然
　山自然自然　水自然自然
　山水間　我自然自然

으로 미루어 보아 김인후의 작품이라 하겠다.

청산녹수를 찾아간다면 피서행이 되고, 거기에선 더위를 씻는 척서도 할 수 있겠다. 그러나 당장의 여건으로 어렵다. 이왕 청산·녹수·자연의 시조가 떠올랐으니, 이번의 시조풍류는 선인들의 산수 자연을 읊은 시조 작품을 들어 엮어 보기로 한다.

납량의 한 방법이 될 법도 하다.

2

①의 「자연가」에 이어, 퇴계 이황(李滉, 1501~1570)의 노래가 떠오른다.

② 이런들 어떠하며 저런들 어떠하료
초야우생(草野愚生)이 이렇다 어떠하료
하물며 천석고황(泉石膏肓)을 고쳐 무슴하료

③ 청산은 어찌하여 만고에 푸르르며
유수는 어찌하여 주야에 긋지 아니난고
우리도 그치지 마라 만고상청(萬古常靑)하리라

②는 『도산12곡』 중 '전6곡'의 첫 번째 작품이요, ③은 '후6곡'의 다섯 번째 작품이다. 퇴계는 스스로 '천석고황'을 말할만큼 산수 자연을 좋아하고 사랑하였다. '천석고황'의 마음속 고질로 인하여 퇴계는 벼슬도 사양하고 물러나기를 평생에 72회나 아뢰었다는 것은 유명한 이야기다.

"이런들 어떠하며 저런들 어떠하료"는 물론 아무렇게나 살자는 것이 아니다. '명리를 떠나서 초야에 묻혀 자연과 더불어 인성을 닦으며 살고자 한다면 의식(衣食)의 유·부족에 마음 쓸 게 있겠느냐. 마음의 심지부터 독실하게 가꾸라'는 뜻이 담겨 있다. 그래, '언지(言志)'를 말한 '전6곡'의 첫 번째에 이 시조를 놓은 것이 아니겠는가.

'후6곡'은 '언학(言學)'을 말한 것이다. 청산이 만고에 푸르러 의연하고, 유수는 밤낮을 그치지 않고 흐르듯이 수기(修己)와 학문에 뜻을 세웠으면 정진에 전진을 거듭하여 '만고상청'할 수 있어야 한다는 일깨움이다. 후세에도 그 이름이 길이 남은 성현을 '만고상청'에 비유한 것이 된다.

공자는 '인자요산(仁者樂山) 지자요수(知者樂水)'라 했거니와 퇴계는 산수를 들어 독서를 말하기도 하였다. 「독서여유산(讀書如遊山)」의 칠 율에서 볼 수 있다.

> 사람 말은 독서가 유산과 같다고 하는데
> 이제 보니 유산이 독서와 같네
> 공력을 다함에는 원래 아래로부터 올라야 하고
> 깊고 옅음을 얻는 것은 모두 저로 말미암는다네
> 앉아서 이는 구름 바라보면 묘리를 알게 되고
> 원천에 이르르면 시초를 깨닫느니
> 절정에 오르기는 그대들 하기 나름
> 노쇠로 하여 도중에 그치는 이 몸이 부끄럽네

> 讀書人說遊山似　今見遊山似讀書
> 工力盡時元自下　淺深得處摠由渠

坐看雲起因知妙　　行到源頭始覺初
絶頂高尋免公等　　老衰中輒愧深余

 이 칠율은 『도산12곡』과 같이 도산의 산수자연에 들어 오직 학문과 강학(講學)에 전념하던 때의 만년작이라 할 수 있다. '천석고황'의 성품은 이 한시에도 그대로 드러나 있다. 후학들에게 학문에의 정진을 일깨우고자 함에도 산과 물을 들어 '자강불식(自彊不息)'하기를 바라고 있기 때문이다.

 퇴계의 '천석고황'에서 무이산수(武夷山水)를 좋아한 주자(朱子)가 떠오르기도 한다. 그러나 먼 이야기는 줄이기로 하고, 우리 황해도 해주의 고산산수를 사랑한 율곡 이이(李珥, 1536~1584)의 「고산구곡가(高山九曲歌)」를 보기로 한다.

 ④ 고산구곡담(高山九曲潭)을 사람이 모르더니
  주모복거(誅茅卜居)하니 벗님네 다 오신다
  어즈버 무이(武夷)를 상상하고 학주자(學朱子)를 하리라

 이는 서사(序詞)로, 율곡은 43세에 이조참판에서 물러나 고산의 계곡에 조촐한 정사(精舍)를 지었다. 거기서 주자학 공부와 강학할 뜻을 담아낸 것이다. 이어서 그 계곡의 아홉 물굽이마다에 이름을 부여하고, 그곳마다

의 아름다움을 노래하였다. 명칭은, 1곡은 관암(冠巖), 2곡은 화암(花巖), 3곡은 취병(翠屛), 4곡은 송애(松崖), 5곡은 은병(隱屛), 6곡은 조협(釣峽), 7곡은 풍암(楓巖), 8곡은 금탄(琴灘), 9곡은 문산(文山)으로 되어 있다.

이 명칭은 각 수마다의 초장에 드러나 있고, 중장에는 그곳의 아름다움을 서경(敍景)하고, 종장에는 그 아름다움에서 오는 흥취를 서정(敍情)하는 식으로 엮어져 있다. 그 중 몇 수를 들어본다.

⑤ 일곡은 어드메고 관암에 해 비친다
평무(平蕪)에 내 걷으니 원근(遠近)이 그림이로다
송간(松間)에 녹준(綠樽)을 놓고 벗 오는 양 보노라

⑥ 삼곡은 어드메고 취병에 잎 펴졌다
녹수(綠樹)에 산조(山鳥)는 하상기음(下上其音)하는 적에
반송(盤松)이 수청풍(受淸風)하니 여름 경(景)이 업세라

⑦ 오곡은 어드메고 은병이 보기 조희
수변정사(水邊精舍)는 소쇄(瀟灑)함도 가이 없다
이 중에 강학(講學)도 하려니와 영월음풍(詠月吟風)하리라

⑤는 일곡 '관암'에 아침해가 비칠 때의 그림 같은 원근 경치를 서경하고, 소나무 그늘에 술통을 마련하여

찾아오는 벗들을 기다리는 마음을 서정하였다.

⑥은 3곡인 '취병'에 녹음이 피어나면 그 푸르름 속 산새들의 지절거리는 높고 낮은 소리와 반송 사이를 스쳐 오는 맑은 바람에 한여름도 잊을 수 있다는 흥결이다.

⑦은 '은병'이라 이름한 5곡에서의 서경이요 서정이다. 물가의 정사(水邊精舍)란 '학주자'와 강학을 위해 마련한 '석담정사(石潭精舍)'를 일컬음이다. 그 시원하고 말끔한 정사에서 학문을 논하고 시가도 읊는 율곡의 모습을 그려보기란 어렵지 않다.

율곡은 고시(古詩)에서도 충담(沖澹)·소산(蕭散)·한미(閒美)·청적(淸適)·청신(淸新)·쇄락(灑落) 등을 높이 샀거니와 그의 「고산구곡가」에서도 이러한 시세계를 대할 수 있다. 이들은 모두 풍류의 속성이기도 하다.

퇴계나 율곡의 저때나, 오늘의 이때나, 저러한 산수 간의 세계를 동경한다 하여 아무나 누릴 수 있는 것은 아니다. 그러나 몸은 이르지 못한다 해도, 잠시 선인들의 풍류 세계를 그리자면 마음 한 자락에 산수 간의 맑은 바람이 흘러드는 느낌이 들 수도 있겠다.

3

 마음으로 그리고 즐길 수 있는 산수라면 『청구영언』 (1727)의 편자 김천택(金天澤)처럼 내 멋대로 자유로이 넘나들 수밖에 없다.

⑧ 강산(江山) 좋은 경(景)을 힘센 이 다툴 양이면
　내 힘과 내 분(分)으로 어이하여 얻을소냐
　진실로 금할 이 없을새 나도 두고 노니노라

 당시 사회에 대한 할깃한 눈 흘김을 볼 수 있으나, "진실로 금할 이 없을 새 나도 두고 노니노라"고 한 종장의 말마따나, 마음으로 상상하며 즐기는 산수야 누가 뭐라 할 것인가.

 오늘날 피서·척서한다고 산수 간을 찾아간다면 외려 눈꼴사나운 일들이 김천택의 저때보다도 더 많을지도 모른다. 연암 박지원(朴趾源, 1737~1805)도 어느 여름철에 읊조렸던가,

　　종일을 오직 꾀꼬리 소리에
　　창을 열고 푸른 솔 마주한다

　　盡日惟黃鳥　　開窓對碧松

의 산구(散句)가 전한다. 저때 연암도 방안에서의 납량이었던 셈이다.

다음의 사설시조도 직접 산수를 찾아가지 못한 선인들의 한 납량거리가 아니었던가 싶다.

> ⑩ 산부재고(山不在高)라 유선즉명(有仙則名)하고 수부재심(水不在深)이라
> 유룡즉령(有龍則靈)하나니 사시누실(斯是陋室)이나 유오덕형(惟吾德馨)이라
> 태흔(苔痕)은 상계록(上階綠)이요 초색(草色)은 입렴청(入簾靑)이라 담소유홍유(談笑有鴻儒)요 왕래무백정(往來無白丁)을 가이조소금(可以調素琴) 열금경(閱金經)하니 무사죽지란이(無絲竹之亂耳)하고 무안독지로형(無案牘之勞形)이로다
> 남양(南陽) 제갈려(諸葛廬)와 서촉(西蜀) 자운정(子雲亭)을 공재운(孔子云) 하루지유(何陋之有)오

사설시조라 하였으나, 이는 중국 당나라 시인 유우석(劉禹錫, 772~842)의 「누실명(陋室銘)」 81자 한자에 토만을 달아 읊은 것이다. 「누실명」은 『고문진보』에도 수록되어 있어 일찍부터 우리 선인들에게 애독되어 온 작품이기도 하다.

'천석고황'의 산수벽이 있는데도 여건이나 몸이 따르

지 못한 선인들은 곧잘 이 사설시조로써 그 마음을 달래며 홀로 무릎장단을 쳤던 것이 아니었던가 싶다.

작가 최인욱(崔仁旭, 1920~1972)이 명문으로 풀이한 「누실명」(1964)의 전문을 옮겨 사설시조의 이해를 돕고자 한다. 납량에도 도움이 되리라 믿는다.

> 명산이란 높다고 해서 명산이 아니다. 선인(仙人)이 있으면 유명하다. 물은 깊다고 해서 영(靈)한 것이 아니다. 용(龍)이 있으면 그곳을 신비하다 할 수 있다. 이 보잘것없고 좁은 집은 누추하긴 하지만 나의 인격만은 향기롭다. 이끼는 점점이 계단을 기어올라 푸르고, 푸른 초색은 발안에까지 비쳐든다. 이 누실에 모여 담소를 즐기는 이들은 모두 대학자들이며, 왕래하는 자로서 백의를 입은 천한 신분의 사나이는 한 사람도 없다. 아무 꾸밈새도 없는 백목(白木)의 금(琴)을 손에 잡고 곡조를 타거나, 성인의 경전을 펼쳐놓고 읽을 만하다. 사죽 등의 번거로운 악기를 다루는 소리가 귀를 어지럽히는 일도 없고, 관아의 공문서나 서찰 등이 몸을 수고롭게 하는 일도 업으니 지극히 고요하고 편안하다. 하남성 남양 땅에 있는 제갈공명의 초려나, 서촉 사천성의 성도(成都)에 있었던 양자운의 정자에나 비할까. 그곳에 사는 사람이 군자의 덕이 있다면, 공자의 말씀대로, 설령 오랑캐의 땅인들 무엇이 더러울 것이 있겠는가. 그와 같이 나의 이 좁은 집도 누추할 것은 없다.

먼저 이 「누실명」의 통석을 읽고 사설시조를 대하면 뜻풀이에 막힘이 없을 것이다. 세상살이에도 얽매임이 없이 대범하다.

고산 윤선도(尹善道, 1587~1671)의 산수 사랑은 어떠하였던가. 그가 만년에 은거한 보길도의 부용동정원(芙蓉洞庭園, 전라남도 기념물 제37호)은 오늘의 관광명소가 되어 있거니와 이곳에서 그가 읊은 산수 사랑의 시가는 적지 않다.

⑪ 산수간 바희 아래 띳집을 짓노라 하니
　그 모른 남들은 웃는다 한다마는
　어리고 향암(鄕闇)의 뜻에는 내 분(分)인가 하노라

보길도의 산수 간에 만년의 은거처를 마련하면서 지은 시조라 하겠다. 「산중신곡」 중 '만흥(漫興)'의 한 수이다. 이곳에서 읊은 「산중속신곡」, 「어부사시사」 등에서도 산수자연을 사랑한 그의 마음과 풍류스러운 삶을 읽을 수 있다.

⑫ 보리밥 픗나물을 알마초 먹은 후에
　바희 끝 물가에 슬카지 노니노라
　그 나믄 녀나믄 일이야 부럴 줄이 이시랴

이 또한 「산중신곡」 중 '만흥'의 한 수다. 물론 저때 고산의 삶이 의식(衣食)의 어려움이 있었다고는 생각되지 않는다. 그러나 많은 선인들이 산수자연 속 안빈낙도한 삶을 즐겼거니와 그러한 삶의 한 모습을 드러낸 것이라 할 수 있다.

이러한 삶의 모습은 작자미상의 시조 등에서도 볼 수 있다.

⑬ 산 좋고 물 좋은 곳의 바위 지허 띳집 짓고
　달 아래 고기 낚고 구름 속에 밭을 가니
　생리(生理)에 족할까 마는 부러울 일은 없어라

⑭ 청산도 내 벗이요 녹수도 내 벗이라
　청산 녹수 간에 풍월도 내 벗이라
　평생의 사미(四美)로 더불어 함께 늙자 하노라

⑬의 '바위 지허 띳집 짓고'는 바위에 기대이 띳집[茅屋]을 짓고, '생리'는 살림살이를 뜻하는 말이다.

⑭의 '사미'는 초·중장에서 드러낸 청산·녹수·청풍·명월을 네 가지의 아름다움으로 말한 것이다. 청산과 녹수, 청풍과 명월을 아름다운 벗으로 삼고자 한 선인들은 세속적인 부귀란 한갓 뜬구름 같은 것으로 여겼을 뿐이다. 이 바로 '풍류심(風流心)'이 아니겠는가.

뿐인가. 일상생활도 검박(儉朴)함을 위주로 삼았다. 퇴계의 도산정사(陶山精舍)나 율곡의 석담·수변정사(石潭·水邊精舍)도 그랬으려니와 한강(寒岡) 정구(鄭逑, 1543~1620)의 '백매원(百梅園)'도 크게 지은 집이 아니었을 것이다.

  자그마한 산 앞 자그마한 집에
  매화 국화는 해를 좇아 늘어 가고
  흰구름 푸른물이 그림처럼 꾸며주니
  세상에 나보다 호사하는 이 없으리

  小小山前小小家　　滿園梅菊逐年加
  更敎雲水粧如畵　　擧世生涯我最奢

 한강의 절구에 보이는 '소가'가 바로 '백매월'을 말한 것이다. 한강은 퇴계와 남명(南冥 曺植, 1501~1570)에게서 성리학을 공부하였고, 젊어서도 그 뜻은 벼슬보다도 자연이 두었다. 당대 사람들은 한강의 인품을 놓고 '천석고황'은 퇴계에게서 물려받고 호방한 기운은 남명에게서 물려받았다는 일컬음이었다고 한다.

 조식은 평생 지리산을 사랑하여 생애에 백 번을 올랐다 하거니와 만년엔 지리산의 덕산동(德山洞)에 들어가 '산천재(山川齋)'를 짓고 성리학의 연구와 후진육성에 전념하였다.

⑮ 두류산(頭流山) 양단수(兩端水)를 예 듣고 이제 보니
　 도화(桃花) 뜬 맑은 물에 산영(山影)조차 잠겼세라
　 아희야 무릉(武陵)이 어디뇨 나는 옌가 하노라

　남명은 지리산 길에서 이 시조를 읊기도 하였다. '두류산'은 지리산의 이칭이요, '양단수'는 두 줄기로 나뉘어 흐르는 물로, 노고단(老姑壇)에서 전라도와 경상도로 나뉘어 흐르는 물을 일컬음이 아닌가 싶다. 저곳을 남명은 도연명의 「도화원기(桃花源記)」에 나오는 무릉도원의 선경으로 비유하였던 것이다.

　선인들 중에서도 선비들은 벼슬길을 곧잘 '환해(宦海)'라 불렀고 그 풍파를 피하여 산수 자연에 들기를 좋아하였고, 생업에 종사하는 사람들은 세상에 두려운 난리만 없으면,

　　제력의 힘이 나에게 미친 바 무엇이리오
　　帝力于我何有哉

의 심경으로 우물 파서 물 마시고 밭을 갈아 밥 먹으며 사람살이를 즐겼던 것이다.

　저때는 우리의 천지에 '배산임수(背山臨水)' 아닌 곳이 오늘날과 같이 많지 않았다. 큰 들녘이 아니면 으레 마

을은 푸른 산이 에둘러 있고 맑은 물이 흐르기 마련이었다. 그런데도 선비들은 산에 들기를 좋아하고, 생업인들도 틈틈이 산수를 찾아 즐기고자 하였던 것은 무엇인가. 우리의 선인들은 워낙 산수 풍류를 즐길 줄 알았기 때문이다.

4

산수 풍류를 즐긴 선인들의 산수관을 우리나라의 인문지리서인 『택리지(擇里志)』를 쓴 이중환(李重煥, 1690~1752)으로부터 들어 본다.

그는 「복거총론」에서 "사람이 터 잡고 사는 근처에 아름다운 산수가 없으면 맑은 정서를 기를 수 없다" 하고, 「계거(溪居)」조에서는 다음과 같은 설명이다.

> 무릇 산수라는 것은 정신을 기쁘게 하고, 감정을 화창하게 하는 것이다. 삶에 산수가 없으면 사람들이 야비하게 된다.

이어서 다음의 말도 덧붙였다. "사람들은 자라처럼 살 수 없고 지렁이처럼 먹지 못하는데 한갓 산수만을 취해서는 살 수 없을 것이다". 따라서 먹고 살아갈 생리(生

利)도 생각해야 한다고 말하고, 생업에 종사하면서도 산수를 가까이 할 방법을 들려준다.

    10리 밖이나 혹은 한나절 걸을 수 있는 거리에다가 명산·가수(名山·佳水)를 사두어 매양 한 번 생각이 나면 때때로 왕래하여 근심을 잊고 혹은 유숙했다가 돌아올 수 있다면 이는 '요산요수'를 계속할 수 있는 방법이 될 것이다.

선인들의 산수 풍류를 단적으로 들어 말한 것이 된다. 이중환은 우리나라의 여러 명산을 들어 말한 「산」조에서 지리산의 오염을 걱정하기도 하였다.

    온 산에 귀신을 모시는 사당이 많아서 매년 봄·가을이면 사방 이웃 무당들이 구름 같이 모여들어 기도를 올린다. 그럴 때마다 남녀가 드러난 곳에서 서로 섞이기도 하고, 술과 고기의 냄새가 낭자하여 가장 불결한 곳이 된다.

이미 18세기의 저때의 산수 자연의 보호까지를 시사하였던 것이 된다. 사실 산수 풍류라면, '유산사독서(遊山似讀書)', '사미(四美)'를 벗으로 더불어 즐길 수 있는 마음이 앞서야 하지 않을까. 오늘날 우리의 산놀이·물놀이에 대한 생각도 다시 챙겨볼 필요가 있다. 지금 우리의 산수 자연은 어떠한 지경에 이르러 있는가.

우리의 선인들이 산수 간에 들어서나 가을의 달밝은 밤이면 즐겨 읊조렸던 「전적벽부(前赤壁賦)」의 끝부분을 되챙겨 본다. 송나라 소식(蘇軾, 1036~1101)의 작이나, 풍류에는 국경이 따로 있을 수 없다.

> 천지 간의 모든 사물은 각기 그 주인이 있어 나의 것이 아니면 털끝 하나라도 취할 수 없다. 오직 강 위를 부는 맑은 바람과 산 사이에 뜨는 밝은 달은, 귀에 들면 소리가 되고 눈에 담기면 빛깔을 이룬다. 이를 취하여도 막는 사람이 없고 아무리 써도 없어지지 않는다. 이는 조물주가 주신 무진장한 보배이다. 그리하여 나와 그대가 함께 즐기고 있는 것이다.

중국 적벽강의 뱃놀이까지야 생각할 것 있겠는가. 중국 천지를 가본 바 없는 우계 성혼(成渾, 1535~1598)도 「전적벽부」의 여운에서였던가. 다음의 시조를 남긴 바 있다.

⑯ 말 없는 청산이요 태(態) 없는 유수로다
  값 없는 청풍이요 임자 없는 명월이라
  이 중에 병 없는 이 몸이 분별없이 늙으리라

역시, 청산·녹수·청풍·명월과 더불어 다른 근심 떨쳐버리고 자연 그대로를 좇고자 한 풍류심을 엿볼 수 있다.

다시금 하서의 「자연가(自然歌)」를 읊조려 본다. 지금 내 둘레 가까이엔 청산·녹수가 없다. 그런데도 어디선가 한 줄기 맑은 바람이 일어 오는 것 같다.

높은 산 흐른 물의 소리풍류여

1

소리풍류를 살펴보자는데, 면앙정 송순(宋純, 1493~1582)의 풍류심이 드러난 「면앙정가(俛仰亭歌)」가 떠오른다.

> 술이 익었거니 벗이라 없을소냐
> 불러내어 타[彈]이며 혀[吹]이며 이아[搖]며
> 온갖 소리로 취흥(醉興)을 뵈야[催]거니
> 근심이라 있으며 시름이라 붙었으랴
> 누우락 앉으락 굽으락 젖히락
> 읊으락 파람[嘯]하락 노혜로(마음 놓고) 놀거니
> 천지도 넓고 넓고 일월도 한가하다.

술자리에 벗들을 청하여 현악기·관악기·타악기 등 국악기를 타게도 하고, 혀게도 하고, 흔들게도 하며, 즐기는 광경을 볼 수 있다. 속된 욕심도 속된 근심도 덜어버린 저 장면엔 오직 맑은 바람의 흐름만이 있을 법하다.

그래, 소리의 풍류마당이 아니겠는가. 저 자리에 속된 욕심이나 어떠한 권모술수 같은 것이 끼어든다면 소리를 즐기자는 풍류마당이 될 수 없을 것이다. 송순의 「면앙정가」는 송순이 그의 고향인 담양에 면앙정이란 정자를 지어(1533), 그 둘레의 산수를 즐기며 지어 부른 노래로 전한다. 저 장자를, '반간은 명월이요 반간은 청풍이라' 읊기도 하였거니와 그는 그곳에서 청풍·명월과 더불어 때로는 도연명의 「귀거래사(歸去來辭)」의 심경으로, '낙금서이소우(樂琴書以消憂)'한 삶이었다. 어찌 풍요롭지 않을 수 있겠는가.

선인들의 소리풍류에는 거문고 외에도 여러 가지의 악기들이 등장하였다. 다음 시조가 이를 말하여 준다.

① 죽렴(竹簾)에 달 비취었다 멀리서 난다 옥저(玉笛)소리 들리는구나
벗님네 오자 해금(奚琴) 저(笛) 피리 생황(笙簧) 양금(洋琴) 죽장구(竹杖鼓) 거문고 가지고 달뜨거든 오마드니
동자야 달빛만 살피어라 하마 올 때

② 김약정(金約正) 자네는 점심을 차리고 노풍헌(蘆風憲) 일랑 주효(酒肴) 많이 장만하소
해금 비파(琵琶) 저 피리 장구(杖鼓)일랑 우당장(禹堂掌)이 다려오소

글 짓고 노래 부르기 여기(女妓) 화간(花間)일랑 내
아무쪼록 담당하옴새

③ 한송정자(寒松亭子) 잔솔 베어 조고만 배 무어 두고
술이라 안주 거문고가얏고 해금 비파 저 필률(觱篥)
장구 무고(舞鼓) 공인(工人)과 안암산(安岩山) 차돌 일
번(一番)부시 나전대(螺鈿담뱃대) 귀지삼이(耳子:귀이개)
강릉여기(江陵女妓) 삼척주탕년(三陟酒帑女) 물속(몽땅)
싣고 달 밝은 밤의 경포대(鏡浦臺)에 가서
대취(大醉)코 고세승류(鼓世乘流)하여 금란굴(金蘭窟)과
영랑호(永郎湖) 선유담(仙遊潭) 임거래(任去來)를 하리라.

①은 달밤의 소리풍류를, ②는 산놀이에서의 소리풍류를, ③은 뱃놀이에서의 소리풍류를 말한 것이 된다. 모두가 작자미상으로 전한다. 옛날의 선비들이라고 이러한 소리풍류를 즐기지 않은 것은 아니나, 선비들의 '줄풍류'와는 격이 다른 속취와 농담이 배어 있다.

줄풍류란 줄[絲]이 매인 현악기 중에서도 거문고가 중심이 되는 소리풍류로서 산놀이나 뱃놀이에서보다도 방중악(房中樂), 곧 방안이나 정자에서 즐기는 소리풍류를 말한다. 따라서 줄풍류에서 술과 여자가 따른다 해도, '풍류미필재서시(風流未必載西施)'의 풍치 있고 멋스러운 놀이였다. 말하자면 서시와 같은 미인이 있다 해도 여

자보다 청산·명월·청풍을 아우른 거문고소리·가야금소리를 즐기고자 한 게 줄풍류였던 것이다. 그래, '명금이치(鳴琴而治)'라는 말도 있었던가. 거문고를 한가롭게 타며 즐길 수 있는 마음이면 어질고 맑은 도(道)로써 정치를 베풀 수 있을 터, 그러한 정치이면 힘들이지 않고도 잘 다스려진다는 뜻이 담겨 있는 말이다.

지금이 어느 세상이라고, 케케묵은 말이냐 할지 모른다. 그러나 '급할수록 돌아가라'는 세상살이 일깨움도 있지 않은가.

2

이제 시조작품에서 거문고의 소리풍류를 살펴보기로 한다.

④ 거문고 대현(大絃) 올라 한 과(棵) 밖을 짚어서니
　얼음에 막힌 물 여울에서 우니난 듯
　어디서 연잎에 지는 빗소리는 이를 좇아 맞추나니

⑤ 거문고 대현을 치니 마음이 다 눅더니
　자현(子絃)이 우조(羽調) 올라 막막조(邈邈調) 쇠온 말
　이 섧지는 전혀 아니호되 이별 어찌하려뇨

송강 정철(鄭澈, 1536~1593)은 거문고 소리를 좋아하여, 때론 거문고 타기를 좋아하였던가. ④, ⑤로도 엿볼 수 있다. '대현', '자현'은 거문고 줄[絃]의 이름이요, '과'는 거문고의 줄을 받치는 기러기발을, '우조', '막막조'는 곡조의 이름이다. '쇠온말이'의 '쇠온'은 '이룬·마친'의 뜻이요, '말이'는 뜻이 없는 조사(助詞)일 뿐이다.

송강은 자신이 타는 거문고소리를 푸른 연잎에 떨어지는 빗소리에 비기기도 하고, 희로애락의 감정을 느긋이 누그럽게 하기도 하였던 것을 볼 수 있다. 이로 하여, 옛 선비들이 흔히 사랑채에 거문고를 갖추어 두었던 까닭도 알만하다.

'사랑채엔 거문고, 안채에는 가야금'이란 말이 전해오나, 그 소리들을 듣고 즐기는 데야 안채·사랑채가 따로 있을 수 없다. 고산 윤선도(尹善道, 1587~1671)의 시조 「증반금(贈伴琴)」에 나오는 소리는 거문고 소리련가 가야금 소리련가.

⑥ 소래는 혹(或) 있은들 마음이 이러하랴
　 마음이 혹 있은들 소래를 뉘 하느니
　 마음이 소리에 나니 그를 좋아 하노라

「증반금」의 제목은 당시 탄금(彈琴)과 음률에 밝았다

는 '권반금(權伴琴)에게 주는 시조'라는 뜻이다. 음률에 밝은 분이었으니, 거문고·가야금에 다 같이 명수였을 것이다. 이 사람이 타는 악기의 소리에서도 그 사람의 마음을 읽을 수 있고 이 사람의 마음에서도 그 사람의 소리를 들을 수 있으니, 소리와 사람이 다 같이 좋을 수밖에 없다는 찬사다.

다른 한 수 고산의 시조로,

⑦ 바렸던 가얏고를 줄 얹어 놀아보니
  청아(淸雅)한 옛 소리 반가이 나는구나
  이 곡조(曲調) 알 이 없으니 집껴 놓아 두어라

는 한 수도 있다. 「고금영(古琴詠)」은 옛날 얻어 두었던 가야금에 대한 노래임이 분명하다. 모처럼 이 가야금을 꺼내어 열두 줄을 타보니, 청아한 소리는 예와 같으나, 이 곡조를 알아 줄 사람 없으니, 도로 금갑(琴匣)에 넣어 둔다는 사연이다.

거문고·가야금 소리는 듣는이의 마음도 흥결이게 한다. 그 흥결에 젖다 보면 자신의 마음도 맑아지기 마련이다. 추재 조수삼(趙秀三, 1762~1849)은 「청금(聽琴)」의 칠언 율시를 남긴 바 있다. 그 중 한 구에서,

余慾輕時忘肉味　　公從何處得淸音

이라 하였다. 거문고소리 들리는 곳을 지나가자니 고기 맛을 잊을 지경인데, 저 거문고는 어디로부터 저리 맑은 소리를 얻었는가라는 뜻이 담겨 있다.

거문고·가야금 소리가 배어있는 시가는 이루 다 헤아릴 수 없이 많다.

가야금소리가 배어있는 남파 김천택(金天澤, 18C 『청구영언』의 편자)의 시조 한 수로 거문고·가야금에 얽힌 시조는 줄이기로 한다.

> ⑧ 매창(梅窓)에 월상(月上)하고 죽경(竹逕)에 풍청(風淸)한 제
> 　소금(素琴)을 빗기 안고 두세 곡조 흘타다가
> 　취하고 화오(花塢)에 져이셔(의지하여) 몽희황(夢羲皇)을 하놋다

여기 '소금'이 바로 가야금의 일종이다. 그 가야금으로 두세 곡조를 흘어 타는 배경도 매화·달·대·바람을 말하여 맑은 기운이 감돌지만 그러한 속에서 술을 마시고 꽃언덕에 의지하여 희황시절 백성의 꿈이라니, 부럽기만 하다.

거문고·가야금과 더불어 3현의 하나로 꼽아온 비파(琵琶)도 지난날엔 여러 놀이마당에 등장하였던 것을 본다.

고려 때의 「한림별곡」에서는 비파의 명인으로, '김선(金善)'을 들었거니와 18세기 신희문(申喜文)도 비파 타기를 좋아하였던 것 같다. 그의 시조,

⑨ 진세(塵世)를 다 떨치고 죽장(竹杖)을 흩어 짚고
　비파를 두러메고 서호(西湖)로 들어가니
　수중(水中)에 떠있는 백구는 내 벗인가 하노라

로 보아서 알 수 있다. 그는 속세를 떨쳐버리고 서호에 들어 은거하고자 하였던 것인가. 은거에 뜻을 두고도 비파를 챙겼다. 당시 비파의 명인으로 가객 김성기(金聖器)도 있었다. 그는 '서호주인'이라 불리기도 하였다. 이런 일화가 전한다.

　　신임사화(辛壬士禍)의 고변자인 목호룡(睦虎龍, 1684~1724)이 하루는 큰 술판을 벌이고 비파소리를 듣고자 김성기를 청하였다. 그러나 그는 가지 않았다. 의짓값은 자들의 술자리에 가서 비파를 탈 수는 없다는 것이었다. 몇 차례를 거듭 불러도 가지 않았다. 목호룡은 다시 사람을 보내어 "이번에도 오지 않으면 내 장차 너를 크게 욕보이겠다"는 협박이었다. 김성기는 친구들과 더불어 비파를 튕기다가 이 말을 듣고 심부름 온 사람 앞에 비파를 내던졌다. 그리고 "네 돌아가 호룡에가 말하라. 내 나이 70에 어찌 너를 두려워하랴. 네가

고변을 잘하니 또한 고변하여 나를 죽이라"고 하였다.는 이야기다.

『악장가사(樂章歌詞)』에는 비파에도 '당비파', '향비파'가 있어 4현(絃)·5현으로 다르고, 그 소리도 '비파의 대소에 따라 다를 뿐 아니라 나무의 단단함과 무른 것, 만든 솜씨의 공교로움과 서투름, 줄(絃)의 느슨함과 팽팽함에 따라서 다르다'고 했다. 비파의 종류에 따라서 만이겠는가. 비파를 연주하는 사람의 마음 상태에 따라서도 그 비파소리는 다를 터이다. 지난날 선인들은 비파를 튕기고 즐기는 데도 풍류심이 앞서야 했다. 김성기의 저러한 마음에서도 풍류심을 볼 수 있다.

줄풍류에는 해금(奚琴)이 끼어들기도 한다. 해금을 혜금(嵇琴)의 한자로 표기하기도 하였고, 우리말로는 깡깡이·깡깽이로도 불렀다. '사슴이 짐대에 올라서 해금을 혀거늘 드로라'를 고려가요 「청산별곡」에서 볼 수 있으니, 이미 저때에도 민간연희 등에 해금이 널리 등장하였던 것이라 할 수 있다.

앞서 인용한 ①, ②, ③으로 보아서도 그렇고, 해금소리는 여인들이 들어도 마음 이끌리는 소리였던 것 같다.

⑩ 내 눈에 고운 님이 멀리 아니 있건마는
노래라 불러 오며 해금이라 혀낼소냐
이 몸이 송골매 되어 차고 올까 하노라

작자미상의 노래다. 그리운 임을 멀지 않은 곳에 두고도 노래로 불러낼 수도 없고, 해금소리로 이끌어낼 수도 없으니, 자신이 송골매가 되어 차고 올까 한다는 안타까움이다. 여인은 어떠한 신분이었던가.

이는 놀이마당에서의 한 희떠운 수작이라 할 수 있다. 해금소리에 얽힌 이야기로 조수삼의 『추재집』에 전하는 바는 당시 사회를 풍자하고 있음을 볼 수 있다. 이야기는 다음과 같다.

> 해금을 켜서 쌀을 구걸하던 한 늙은이가 있었다. 그는 해금을 연주하기 시작할 때마다, "깡깡이조카님, 임자 한 곡조 하세"로 허두를 떼고, 이어서 해금이 대답하듯, "한 늙은 부부 콩죽 먹고 배가 아파 아이구 배야", "아 조놈 조놈 석쥐 오기서(五技鼠) 한 마리 장독 밑으로 들어가누나", "남한산성의 도적놈이 요리로 달아나고 조리로 도망치네" 등등의 말로 당시의 시속을 풍자하였다.

는 것이다. 이 이야기를 전하고 조수삼은,

> 해금을 조카라 하여 스스로 묻고 대답하는데, 가만히

들어보면 이 모두 사람을 깨우치는 듯하였다.

    自與阿成相問答 竊聽都是驚人書

의 칠언시를 덧붙이기도 하였다. 해금을 켜며 떠돌던 비렁뱅이 노인이나 그 소리를 들으며 시속풍자를 깨닫고 느낀 조수삼도 풍류인이었다고 할 수 있다.

  옛시조에는 관악기도 등장하는 바, 그 중 피리가 많았음을 본다. 피리를 한자로 '적(笛)', 피리소리를 '적성(笛聲)', 한자어로는 '필률(觱篥)'로 표기하였다.

  통칭 피리라 해도, 그 종류는 다양했다. 대나무로 만든 피리에도 '당피리', '향피리', '세피리', '태평소'가 있고, 버들가지로 만든 버들피리, 보릿대로 만든 보리피리, 풀잎을 뜯어 부는 풀피리도 있다. 옛시조엔 세피리·대금도 들어 있으나 여기서는 '적'·'저'·'필률' 등으로 나타난 피리에서 몇 수를 들어보고자 한다.

    ⑪ 학(鶴) 타고 적(笛) 부는 동자(童子)야 너다려(너에게) 물어보자
    요지연(搖池宴) 좌객(座客)이 누구누구 와 있더냐
    내 뒤에 남극선옹(南極仙翁)이 오시니 거기 물어 보시소

⑫ 학타고 저 불고 호로병 차고 불노초 메고 쌍상투
 짜고 색등거리 입고 가는 아희 게 섰거라 네 어디
 로 가느냐 말 물어보자
 요지연 선관(仙官)들이 누구누구 모여 계시더냐
 그 곳에 이적선(李謫仙) 소동파(蘇東坡) 두목지(杜牧之)
 장건(張騫)이 다 모여 계시더라

문답체로 되어 있고, ⑫는 ⑪보다도 사설을 더하여 더 구체적이다. 지은이는 두 수 다 비상이다. 학가취적(鶴駕吹笛)을 말하고 '요지연'에 모인 좌객·선관을 묻자, 남극선옹·이태백·소동파·두목지·장건 등의 시인·묵객 등이 다 모인 잔치라 하였으니, 피리소리란 선계와 같은 놀이마당에서나 들을 수 있는 것임을 암시한 것이라고 할 수 있다.

그리하여 피리는 방중악인 줄풍류에서도 챙기긴 하였으나, 보다도 명산을 찾아가는 유산길이나 강물에 배 띄우고 맑은 놀이를 할 때에 주로 이를 챙겼던 것이다.

⑬ 적동(笛童)을 앞세우고 풍악(楓嶽)을 찾아오니
 신선은 어데 가고 학소(鶴巢)만 남았는고
 아무나 적송자(赤松子) 만나거든 날 왔더라 일러라

선조(宣祖)의 손자요, 시가에 능하고 풍류를 즐겼던 최락당(最樂堂) 낭원군(朗原君)도 금강산 길에 피리를 잘 부는 '적동'을 앞세웠던 것을 볼 수 있다. '적송자'는 신선의 이름이기도 하다.

신원을 알 수 없는 이차상(李次尙)의 시조에는 낙동강(洛東江) 뱃놀이에서 피리를 챙겼다.

> 낙동강상에 선주범(仙舟泛)하니 취적가성(吹笛歌聲)이 낙원풍(落遠風)이로다.

에서 볼 수 있다. 낙동강 뱃놀이에서의 피리소리·노랫소리는 맑은 강바람 타고 멀리 가서 떨어진다는 것이다.

피리소리는 밝은 달밤일 때, 부는 사람이나 듣는 사람이 다 같이 황진(黃塵)·홍진(紅塵)을 씻고 맑은 바람에 젖게 된다. 신라 경덕왕 때의 시승 월명사(月明師)는 달 밝은 밤이면 피리 불기를 좋아하였다고 한다. 그것이 바로 자신의 도를 닦는 길에 통하고, 중생을 위한 보시의 길로도 알았던 것인가.

그가 사천왕사(四天王寺)에 소속되어 있을 때의 일이었다고 한다. 달밤이면 경주의 큰길을 다니며 피리를 불면 하늘의 달도 멈추어 길을 환하게 비추었다. 사람들은, '피리가 달을 감동시켜 저 달나라의 항아를 멈추도다(笛搖明月住姮娥)'라는 찬탄과 더불어 그 길이 있는 마을을 '월명리'라 하고, 이로 하여 '월명사'의 이름도 얻게 되었다는 이야기다.

『삼국유사』에 전하는 「만파식적(萬波息笛)」의 저 피리소리와 더불어 월명사의 피리소리가 그리웁기만 하다. 저 피리소리를 오늘에 들을 수 있다면 어떠한 가락일까. 사람들의 세상살이 마음마다 청풍명월의 맑음과 밝음을 일렁여 주리라는 생각이다.

조선조 제19대왕인 숙종(肅宗)은 피리가 아닌 '퉁소'를 들어 그 소리에 온갖 근심·걱정을 덜어버리고 만백성과 더불어 동락태평(同樂太平)하고 싶다는 시조를 읊은 바 있다.

⑭ 추수(秋水)는 천일색(天一色)이요 용가(龍舸)는 범중류(泛中流)이라
소고일성(簫鼓一聲)에 해만고지수혜(解萬古之愁兮)로다.
우리도 만민(萬民) 다리고 동락태평하리라

한문투의 시조이나, 풀이하자면 다음과 같다. '가을 맑은 물은 하늘과 한 빛으로 푸르고 용무늬를 새긴 배는 물 가운데 떠있다. 한 가닥 퉁소소리·북소리에 만고에 쌓인 시름 다 풀어버리고, 만백성과 더불어 태평세월을 즐기리라'.

풍악(風樂)을 잡힌 뱃놀이에서도 왕자의 풍도와 풍류심이 드러나 있다.

①, ②, ③에서 볼 수 있는 악기 외에 다른 국악기에 대한 시조는 줄이기로 한다.

3

옛시조에 드러난 국악기를 주로하여 그 국악기를 선인들은 어떻게 즐겼는가를 살펴보고자 하였다. 그러나 『악학궤범(樂學軌範)』의 아악(雅樂)·당악(唐樂)·향악(鄕樂)에 따르는 수다한 악기들은 그 도설(圖說)을 보고도 문외한으로서는 다 이해할 수도 없다. 여기서는 옛시조에 나오는 악기 중에서도 거문고·가야금·비파·해금·피리·퉁소 등을 들어 선인들 풍류심의 일단을 살펴보았을 뿐이다.

저러한 악기를 노래하고 그 소리를 즐긴 선인들의 풍류심이란 어떠한 것이었던가. 김수장의 다음 시조가 이를 말하여 준다.

장안갑제(長安甲第) 벗님네야 이 말씀 들으시소
몸치레 하려니와 마음치레 하여보소

솔직령(直領) 쟝도리 풍류(風流)에란 부디 즐겨 말으시소

'장안갑제'는 서울의 좋은 집을, '솔직령'은 진솔직령, 곧 새로 지은 단령(團領, 소매가 넓은 깃이 빳빳한 겉옷의 일종), '쟝도리 풍류'는 다른 용례를 찾아볼 수 없어 분명히 말할 수 없다. 떠돌아다니는 '장돌뱅이 풍류', '노루발장도리 같은 발뒤꿈치로 깡충거리며 춤이라고 말하는 풍류'의 뜻이 담겨 있지는 않을까. 아무튼 풍류라 말할 수 없는 속배들의 놀이마당을 일컫고자한 말인 것은 분명하다. 그러기에 진정 국악기에 의한 소리풍류를 즐기자면, '몸치레보다도 마음치레'가 앞서야 한다는 것을 강조한 것이 아니겠는가. 유명한 '백아절현(伯牙絕絃)의 고사에서도 악기의 소리를 내는 사람이나 그 소리를 드는 사람이나의 마음가짐이 어떠한 것이어야 하는가를 생각해 볼 수 있다.

백아는 거문고의 명인이었다. 그의 친구 종자기(鍾子期)는 거문고소리의 일급 감상인이었다. 백아가 높은 산에 오르는 생각으로 거문고를 타면 종자기는 "좋다, 높기가 태산처럼 높구나"의 찬사였다. 또한 백아가 물을 생각하여 거문고를 타면, "좋구나, 넘실거림이 강물과 같다"는 칭찬이었다. 이로 하여 '지기지우(知己之友)'라는 말

이 생겼다거니와, 어느 날 종자기가 세상을 뜨자, 백아는 '아, 이제 나의 거문고소리를 들어줄 사람이 없다'며 그의 거문고 줄을 끊어버리고 두 번 다시 거문고를 타지 않았다는 고사다.

 우리의 선인들이 흔히 '뜻을 높은 산, 흐르는 물에 둔다' 하여 '지재고산유수(志在高山流水)'를 좌우명처럼 말하고, 사랑방에 거문고를 챙겨두었던 것도 백아와 종자기의 고사로 하여서였던가.

 사람살이의 살맛은 어디에 두어야 할 것인가. 선인들의 소리풍류가 부럽기만 하다.

선인들의 잠 풍류

1

 이야기가 될지 모르겠다. 문득 선인들의 시조에서 잠에 관한 풍류심을 엿보고 싶은 생각이 일었다. 그러고 보면 잠을 읊은 옛시조도 적지 않다.

 옛시조에 드러난 잠의 종류만 해도, 풋잠·봄잠·늦잠(春睡·春眠)·낮잠(午睡·午寢·晝寢)·선잠·단잠·새우잠 등을 들 수 있다. 이밖에도 일상 써온 말로는 반잠·거짓잠·토끼잠·벼룩잠·다방골잠(茶洞春眠) 등이 있다.

 잠을 노래한 선인들의 시조를 살펴봄에 '잠 풍류'라는 말을 쓴다면 어떨까. 선인들의 잠에서도 하나의 풍류심을 읽어 왔고, 그 풍류를 '잠 풍류'라 일컬어 보고 싶다. 『열자(列子)』에는 '화서지몽(華胥之夢)'의 이야기가 전한다.

 '황제(皇帝)'는 즉위하여 처음 15년간은 천하가 잘 다스려지자 자신의 성명(性命) 보양만을 위주로 하였고, 다음

15년간은 천하가 잘 다스려지지 않음을 걱정하여 오직 백성을 보살피는 일에 힘썼다. 그러나 전 15년 때나 후 15년 때나 다 같이 자신의 살갗은 까칠해지고 정신은 흐려져 멍해지기만 했다. 황제는 정사에서 물러나 궁 안의 외따른 별관에 거처하며 3개월 동안 몸과 마음을 정갈하게 가졌다. 그 어느 날 낮잠을 자다가 꿈에 화서씨(華胥氏)의 나라에 들어 노닐게 되었다. 그 나라는 다스리는 자가 없는데도 잘 다스려졌고, 백성들은 욕심이 없이 자연을 좇아 살아갈 뿐이었다. 삶을 즐길 줄도 죽음을 싫어할 줄도 몰라, 일찍 죽는 일이 없었다. 사람살이에 사랑도 미움도 없었다. 반역할 줄도 순종할 줄도 모르므로 이롭고 해로운 것도 없었다. 물에 들어서도 빠져 죽지 않고 불에 들어가도 뜨거워하지 않았다. 찍고 매질해도 상하거나 아파함이 없고 긁어도 간지러워함이 없었다. 공중을 다님이 땅 위를 걷는 것과 같고 허공에서 잠자는 것이 침대 위에 누워 있는 것과 같았다. 구름과 인개노 시력을 가리지 아니하고 벼락 천둥도 청력을 어지럽히지 않았다. 산과 골짜기도 행보를 멈추게 하지 않아 어디나 다닐 수 있었다. 꿈에서 깨어난 황제는 그 후 28년 동안 천하를 크게 다스려 거의 화서씨의 나라처럼 만들었다. 황제가 돌아가자, 사람들은 그를 그리워하여 2백 년 동안이나 그의 이름을 불러 전하였다.'는 내용이다.

잠이 주는 휴식과 새로운 활력을 말한 신화적인 이야기라 하겠다. 이상화 시인이 침실을 '부활의 동굴'이라 노래한 것과도 같다. 이 '화서지몽'을 직접 시행에 드러낸 옛시조를 볼 수 있다. 우계 성혼(成渾, 1535~1598)의 작이다.

① 시절이 태평토다 이 몸이 한가커니
　죽림(竹林) 푸른 곳에 오계성(午鷄聲)이 아니런들
　깊이 든 일장화서몽(一場華胥夢)을 어느 벗이 깨오리

우계는 당대 율곡과 더불어 성리학에 밝았고, 한때 병조참지·이조참판을 지낸 바 있으나, 뜻은 청산·유수·청풍·명월에 둔 삶이었다. 말하자면 은자로서의 삶을 추구하였고, 자연과 더불어 유유자적하고자 하였다. 한가한 마음으로 낮잠도 즐기고, 그 낮잠 속 저 '화서씨의 나라' 같은 무위자연을 소요하기도 하였던 것인가.

어느 날 낮닭의 울음소리로 하여 즐기던 낮잠에서 깨어나 무릎장단을 치며, '시절이 태평토다'를 읊조리는 우계의 모습을 그려볼 수 있다. 우계는 어느 때에 이 시조를 읊었던 것인가. 그의 생몰연대를 보면, 세상은 태평성대를 구가할 만한 시대가 아니었다. 그렇다면 '일장화서몽'을 들어 '태평성대'를 기원한 노래라고 할 수 있겠다.

그가 바라는 세상을 담아낸 시조라 해도 조급함이 없다. 한유롭기만 하다. 이 시조에서 풍류심을 느끼게 되는 것도 이 점에 있다.

2

선인들의 잠풍류를 볼 수 있는 시조에서의 잠은 낮잠이 대종을 이루고 있다. 그리고 그 낮잠에는 으레 꿈이 따르고, 그 꿈을 깨우는 사물도 따르기 마련이다.

②초당에 일이 없어 거문고를 베고 누어
   태평성대를 꿈에나 보려터니
   문전(門前)에 수성어적(數聲漁笛)이 잠든 나를 깨와다

③송림(松林)에 객산(客散)하고 다정(茶鼎)에 연헐(烟歇)커늘
   유선일침(遊仙一枕)에 오몽(午夢)을 늦이 깨니
   어즙어 희황상세(羲皇上世)를 다시 본 듯 하여라.

②는 낭간 유성원(柳誠源, ?~1456)의 작이요, ③은 남파 김천택(金天澤, 18세기)의 작이다. ②는 꿈속에서나마 태평

성대를 보고자 하였으나, 어부의 피리소리에 미처 보지 못하고 낮잠을 깨고 만 아쉬움을 노래하였고, ③은 꿈속에서 선인들과 어울려 잘 놀고 낮잠에서 일어나 태고 시절의 백성이 된 듯한 흡족한 마음을 노래하였다.

특히 ②에서는 계유정난(癸酉靖難) 때 수양대군이 김종서(金宗瑞)를 암살한 사건을 두고 읊은 것이라 전한다. 낭간은 성삼문·하위지 등과 더불어 단종의 복위를 꾀하다가 일이 탄로 나자 성균관에서 집으로 돌아와 그 부인들과 함께 자결하였다. '태평성대'는 단종에 의한 치세를, '수성어적'은 수양대군의 왕권탈취를 위한 신호탄을 상징한 것이 된다. 저 놀라운 소식에도 낮잠을 빌어서의 여유자작인 것을 볼 수 있다. 자신의 소신으로 떳떳한 일을 하자는데 두려울 것이 없다는 마음이다. 끝내는 자결로 끝나지만 죽으면서도 떳떳하다는 마음이었으리라.

③에서는 가객의 신분으로 현실은 맞갖지 않으나 여러 가객들과의 자리를 파하고 한바탕 늘어지게 낮잠을 자고 일어나서는 자신이 바로 '희황상세'의 백성이 된 듯한 느낌이라는 내용이다.

떳떳하지 못한 일로 심리적인 불안을 갖거나, 자기

분수를 망각한 잔단 욕심을 갖고는 낮잠은커녕 밤잠도 제대로 이룰 수 없을 터이다. 짧은 동안의 낮잠이나마 단잠으로 즐기자면 먼저 속된 사사망념부터 훨훨 털어 버려야 한다. 이게 풍류심이다.

 ④ 단잠 깨지 말 것을 아해 울음소리로다.
   젓줄 곤고노라 매양 우는 아해 갈와
   이 누고 저 누고 하면 어른답지 아네라

 송강 정철(鄭澈, 1536~1593)의 시조다. 순연한 저때의 우리말을 떡 주무르듯 하여 이루어 낸 노래다. '단잠에 들어있는 애기를 깨우지 말 것을, 이미 잠깨어 울고 있는 소리로다. 젓줄 꼬느라고 매양 우는 아이를 견주고 가루어, 이게 누군고 저게 누군고 하면 어른답지 않도다'의 뜻풀이가 된다.

 단잠은 세상사 아랑곳없이 아주 달게 자는 잠이다. 감면(甘眠)·숙면(熟眠)과도 같은 말이다. 송강은 단잠으로 무엇을 비유한 것인가. 또 그 잠에서 깨어 우는 울음소리란 무엇인가. 또 그 우는 아이를 가루어 이 아이는 누구고 저 아이는 누군가를 말하는 것이 어른답지 못하다는 것은 무슨 뜻인가. 언뜻 보아서는 잘 이해가 가지 않는다.

그러나 당시 이조전랑(吏曹銓郞)의 인선을 에워싼 일로 끝내는 동·서 분당에 이른 사실이나, 벼슬길에서의 송강의 부침(浮沈), 그리고 송강의 다른 시조에서 볼 수 있는, "님아 님아 온 놈이 온 말을 하여도 님이 짐작하소서"의 시행까지를 아울러 헤아린다면 쉽게 이해가 가지 않을까.

원래 단잠이란 세속적인 아옹다옹의 마음을 가지고는 이룰 수 없는 것이다. 송강은 어느 술자리였던가. 벼슬자리와 사람을 놓고 이 사람 저 사람의 이야기가 분분하자, 술맛 가시게 하는 이야기, 단잠 쫓는 이야기 작작하라며, 이 시조 한 수를 읊었던 게 아닐까. 이 한 수 시조에서도 풍류인으로서의 송강의 모습이 약여히 드러남을 볼 수 있다.

이제 작자미상의 시조에 드러난 낮잠풍류로 옮아 본다.

⑤ 청초 우거진 곳에 쟁기 벗겨 소를 매고
  길 아래 정자나무 밑에 도롱이 베고 잠을 드니
  청풍이 세우를 몰아다가 잠든 나를 (깨와라)

⑥ 관(冠) 벗어 송지(松枝)에 걸고 구절죽장(九節竹杖) 바회에 놓고
  폭포에 목욕하고 석두(石頭)에 잠을 드니

어디서 술 실은 벗님네는 선잠 깨와 노자나니

 낮잠에 계절이 따로 있을까마는 아무래도 낮잠이라면 여름철을 생각하게 된다. 특히 농촌에서 여름철을 지내 본 사람이면 직접 여름지이의 노동을 하지 않았더라도, ⑤의 낮잠 풍경을 자주 대했을 터이다.

 '푸른 풀이 우거진 곳'이라 하였으니, 논갈이보다도 밭갈이를 하다가 쉴 참이었던 것 같다. 쟁기의 멍에를 벗겨 부리던 소도 쉬게 하고, 일꾼은 정자나무 그늘 아래 들어 도롱이를 풀풀 말아 베고 단잠에 들어 있는 광경이다. 지난 날 농촌이면 어디서나 흔히 대할 수 있었다.

 일꾼들이 점심이나 새참을 먹고 잠시의 낮잠을 단잠으로 즐길 수 있다는 것은 뜨거운 여름볕 아래 땀을 쏟은 노동의 탓도 있겠다. 그러나 이것만으로 보아야 할 것은 아니다. 노동이 짜증스럽기만 하였다면 잠시인들 네 활개 벌리고 단잠을 들 수는 없었으리라는 생각이다. 이 시조를 읽자면 민요 「농부가」의 일절이 떠오르기도 한다.

  천생만민(天生萬民) 하올 적에
  필수지직(必授之職) 하였으니 우리는
  이 농사가 우리 직분(職分), 이 아니냐

이러한 마음바탕이었기에 저러한 단잠에 들 수 있었던 것 아니겠는가. 그리고 이러한 마음바탕이 바로 농부들의 풍류심으로 통하였던 것이다.

⑥은 농부의 신분과는 다른 시골 어른의 시조라 할 수 있다. 여름 더위를 식히고자 산간을 찾아가는 데도 의관을 갖추었던 것을 볼 수 있기 때문이다.

"갓을 벗어 소나무 가지에 걸어 놓고 아홉 마디 대지팡이는 바위 옆에 기대 놓았다. 폭포의 맑은 물에 몸을 씻고 널찍한 바위머리에 몸을 눕혔다면 잠은 절로 올 수밖에. 한소끔 단잠에 들판인데, 누군가가 잠을 깨운다. 선잠의 눈을 떠보니 술병을 들고 온 친구다". 한 폭 그림이 연상된다. 그림으로도 멋스러운 그림이다. 그림에는 바람도 시원하고 맑은 바람이 불어야 한다. 풍류스러운 정경이기 때문이다.

이름뿐, 그 신원을 알 수 없는 이의 낮잠을 읊은 시조도 볼 수 있다.

⑦ 곡구롱(谷口哢) 우난 소리에 낮잠 깨여 일어보니
작은 아들 글 니르고 며늘아기 베 짜는데 어린 손자는 꽃놀이 한다
맞초아 지어미 술 걸으며 맛보라고 하더라

⑧ 꾀꼬리 날려슬아 가지(柯枝) 우에 울릴세라
　겨우 든 잠을 네 소리에 깰싹이면
　아마도 요서일몽(遼西一夢)을 못 얻을까 하노라

⑨ 녹류간(綠柳間) 황앵(黃鶯)들아 나의 꿈을 셔으지[설치게] 마라
　아으라한 요서(遼西) 길을 꿈 아니면 못가리니
　아희야 잠든 덧스란[동안에는] 부대 타기(打起)하여라

　⑦은 오경화(吳景化, 吳擎華), ⑧은 박희석(朴熙錫) 또는 박희서(朴熙瑞), ⑨는 박영수(朴英秀)의 이름으로 전한다. 이들의 신원은 알 수가 없다.

　⑦은 '산수간에 절로절로' 늙어가는 노인네가 꾀꼬리 소리에 낮잠에서 깨어나 눈앞에 벌어지고 있는 정경을 그대로 노래한 것이다. 글을 읽는 작은 아들, 베를 짜는 며느리, 소꿉놀이를 하는 어린 손주, 술을 거르고 있는 늙은 부인의 등장을 볼 수 있다. 얼마나 단란한 한 울안의 정경인가. 노인네도 낮잠에서 깨어난 것을 흐뭇해하는 눈치다. 저 단린을 만족해하고 있다. 달리 더 바라는 것이 없다. 안분 자족함이 없다면 풍류 또한 챙겨질 수 없는 것이다.

　⑦과는 달리 ⑧, ⑨는 낮잠에도 단잠만이 아닌 다른

바람이 따르고 있다. 꿈을 생각하고 그 꿈에서는 그리는 임을 만나고 싶은 바람이다. 이로 하여 자신의 낮잠을 설치게 할 수 있는 꾀꼬리를 멀리하려 하고 있다. 꾀꼬리도 여름의 한 철을 노래하자고 나온 것임을-.

'요서일몽(遼西一夢)'·'요서길'에는 고사가 전한다.

'요서'는 중국에서 요하(遼河)의 서쪽을 일컬어 온 말. 저 지방으로 호인(胡人)을 지키고자 수자리에 간 남편을 꿈에서나마 만나보고자한 여인의 애틋한 마음이 담겨 있는 고사성어이다. 당나라 때의 어느 시인이 읊었던가. 「이주가(伊州歌)」에도 꾀꼬리 소리를 멀리한 것을 볼 수 있다.

```
打起黃鶯兒    莫敎枝上啼
啼時驚妾夢    不得到遼西
```

영조 때의 가객으로 김전택·김수징과 더불어 '경정산가단'의 일원이었던 김진태(金振泰)의 낮잠 시조에도 꾀꼬리가 등장한다.

⑩ 제(저기) 우는 저 꾀꼬리 녹음방초(綠陰芳草) 흥을 겨워
　우후청풍(雨後淸風)에 쇄옥성(碎玉聲) 좋다마는
　어쩌다 일침강호몽(一枕江湖夢)을 깨울 줄이(깨우는 것이) 어째요[어쩐일인가.]

제철의 꾀꼬리 소리를 쇄옥성, 구슬을 부수는 듯한 아름다운 소리로 좋아하면서도 낮잠에서 즐기는 강호의 꿈을 깨우는 것을 섭섭해 하고 있다. 꾀꼬리 소리보다도 산수의 아름다움에 젖는 것을 더 좋아한 셈이다.

풍류면에서는 ⑦과 ⑩이 ⑧, ⑨보다도 더 멋스럽다고 할 수 있다.

꾀꼬리 소리 아닌 매미 소리를 낮잠에 이끌어 쓴 호석균(扈錫均)의 시조 한 수는 그 구성이 재미있다.

⑪ 세류청풍(細柳淸風) 비 갠 후에 우지마라 저 매암아
　꿈에나 님을 보려 겨우 든 잠 깨오느냐
　꿈 깨야 곁에 없으면 병(病) 되실까 우노라

호석균의 신원도 미상이다. 구성이 재미있다고 한 것은 매미와 주고받은 대화로 되어 있기 때문이다. 종장에서의 매미의 대답, "꿈 깨어 꿈에서 만난 님이 곁에 없으면 병이 되실까 싶어 든 잠을 울어 깨운다"는 것이다. '울지마라', '왜 잠을 깨우느냐'로 끝나는 시조와는 멋이 다르다. 아무리 미물일망정 그 말도 들어주는 마음이 멋스럽다. 지은이의 풍류심을 읽게 된다.

3

여름철의 낮잠에서가 아닌 또 다른 잠에서 선인들의 잠풍류를 엿볼 수 있는 시조들을 챙겨본다.

⑫ 풋잠의 꿈을 꾸어 십이루(十二樓)에 들어가니
옥황(玉皇)은 웃으시되 군선(群仙)이 꾸짖나다
어즈버 백만억창생(百萬億蒼生)을 어느 결에 물으리

⑬ 청풍북창하(清風北窓下)에 갈건(葛巾)을 젖혀 쓰고
희황(羲皇) 베개 위의 풋잠을 깨어 보니
석양에 우배적성(牛背笛聲)이 양냥귀래(兩兩歸來) 한다.

⑫는 고산 윤선도(尹善道, 1587~1671)의 작이요, ⑬은 작자미상이다. 다 같이 '풋잠' 이야기가 들어 있다.

⑫의 풋잠에는 옥황상세와 군선이 등장하고, ⑬의 풋잠에는 희황이 등장한다. ⑫는 고산이 정치적인 여건으로 벼슬길에서 물러나 있을 때의 작품이다. 중·송상에서 그 당시 억울 답답해하는 고산의 심경을 엿볼 수 있다. 궁궐을 '십이루'로, 임금을 '옥황'으로, 정치적 생각을 달리한 벼슬아치를 '군선'으로, 백성을 '백만억창생'으로 비유하였다. 그러나 자신의 억울 답답함을 직선적으로 표현하지 않았다. 맞닥뜨리지 않고, 느긋하고, 낙낙한데

서 풍류는 이루어진다.

⑬에는 세상을 잊고 숨어 사는 사람의 심경이 드러나 있다. '희황 베개'는 희황상인(羲皇上人)의 꿈을 꾼 베개를 뜻한다. 그 꿈을 깨어보니 마침, "석양녘 쇠등에 오른 목동들이 피리를 불며 쌍쌍이 돌아오고 있다"는 것이다. 자신이 바로 희황상인과 다를 바 없다는 심경이다. 갈건야복으로 유유자적하는 은사의 풍류를 대할 수 있다.

삼주노인 이정보(李鼎輔, 1697~1766)는 벼슬이 예조판서에 이르렀으나 만년엔 벼슬을 버리고 산수 간에 자적하였다. 이 노인의 시조도 작자미상의 ⑬과 취향이 같은 은사의 풍류인 것을 볼 수 있다.

⑭ 청풍북창하에 잠 깨어 누웠으니
  희황씨쩍 사람인가 갈천씨(葛川氏)쩍 백성인가
  아마도 태고인물(太古人物)은 나뿐인가 하노라

'갈천씨'는 희황씨와 같은 중국 태고시대의 신화적인 인물이다. 교화에 힘써 세상이 태평하였다고 한다. 벼슬에서 물러나 산수 간에서 '잠 깨어 누웠으니' 바로 자신이 태평시절의 태고적 사람과 같은 느낌이라는 것이다.

은자의 풍류를 즐길 수 있는 사람이면 낮잠뿐 아니라

밤잠도 단잠에 들 수 있을 것이다. 세속적인 것에 얽매이거나 안달할 필요가 없겠기 때문이다. 세속적인 것에 집착하다 보면 잠을 자도 새우잠이기가 쉽다.

> ⑮ 어제밤도 혼자 곱송그려 새우잠 자고 지난밤도 혼자 곱송그려 새우잠 잤네
> 어인 놈의 팔자(八字)완대 주야장상(晝夜長常)에 곱송그려 새우잠만 잔다
> 오늘은 그리던 님 만나 발을 펴 벌리고 찬찬 휘감아 잘까 하노라

새우잠이란 몸을 새우처럼 꼬부리고 자는 잠을 일컬음이다. 마음이나 몸이 편하지 못할 때가 아니라면 왜 멀쩡한 육신을 꼬부리고 잠들 것인가.

'상팔자'를 생각하거나 '개팔자'를 넋두리 하거나 '팔자타령'이다 보면, 밤에도 전전반측하며 새우잠이기 쉬울 터이다. 팔자타령과 풍류는 서로가 멀리할 수밖에 없는 것이다. "팔자는 길들이기로 간다"는 상말도 있다. 새우잠을 멀리하자면 마음부터 길들여야 하지 않을까.

4

빠뜨릴 뻔 했다. 옛시조에서 잠이 맨 처음 등장한 것은 고려 말로, 해운당(海雲堂) 이조년(李兆年, 1269~1343)의 작에서 볼 수 있다.

⑯ 이화(梨花)에 월백(月白)하고 은한(銀漢)은 삼경(三更)인 제
 일지춘심(一枝春心)을 자규(子規)야 아랴마는
 다정(多情)도 병(病)인 양하여 잠 못 들어 하노라

의 종장에 잠이 드러나 있다. 흔히 「다정가(多情歌)」로도 불리우는 이 시조에서의 '잠'은 ⑮의 새우잠에서 말한 잠과는 차원을 달리한다. 우국의 정으로 하여 이루지 못한 잠이기 때문이다.

⑮와 ⑯과는 또 다른 잠을 말한 시조 한 수도 볼 수 있다. 『고금가곡』의 편자인 송계연월옹(松桂烟月翁)의 시조다.

⑰ 삼경(三更)에 월출(月出)하니 창외(窓外)에 송영(松影)이라
 일반청의미(一般淸意味)가 차시(此時)에 더욱 좋이
 묻노라 홍진취객(紅塵醉客)들은 자는가 깨였는가

송계연월옹은 불면의 밤을 오히려 즐기고 있다. 그리고 속된 세상의 술 취한 사람들에게 잠에만 빠져있을 것

이 아니라는 경계다. 한밤중 달이 돋고 창밖의 소나무 그림자가 아름다운, 맑은 기운과 멋에 젖어보라는 것이다. 그러고 보면 밤잠을 이루지 못한다고 불면을 탓할 것만도 아니라는 생각이다. '일반청의미'를 서로 간 함께 즐기자는 게 풍류심이기도 하다.

끝으로 신원미상의 이덕함(李德涵)의 시조,

⑱ 잇브면[피곤하면] 잠을 들고 깨였으면 글을 보세
　글 보면 의리(義理) 있고 잠 들면 시름 잊으리
　백년을 이렇듯 하면 영욕(榮辱)이 총부운(摠浮雲)인가

로 마무리를 짓고자 한다. 선인들의 '잠풍류'를 말한다면 이 한 수로 요약할 수 있을 것 같다. 그러나 오늘을 돌아보면 어디 이러한 잠풍류를 누릴 수 있는 세상인가.

- 일을 하라. '일이 있어야지'.
- 단잠을 자라. '잠이 와야지'.
- 의리를 생각하라. '의리가 밥 먹여주나'.
- 시름을 놓아라. '편한 소리하네'.
- 영욕이란 다 뜬구름 같은 것이다. '뜬구름 같은 소리 작작하라'.

이러한 세상 꼴이니, 선인들의 잠풍류를 말한대도 한갓 웃음거리일 수밖에 없겠다. 그렇대도 평생 바른 소리 하고 정묘호란엔 경상좌도 의병장이 되어 활약하였던 경정 이민성(李民宬, 1570~1629)의 한역가와 작자미상의 시조인,

> 醉枕松根臥　覺來仍忘返
> 忽然望江村　明月無遠近
>
> 술이 취하거늘 송근을 베고 누워
> 적은 듯 잠들어 꿈 깨어 돌아보니
> 명월이 원근방초(遠近芳草)에 아니 비췬 데 없드라

의 시경(詩境)에 자꾸만 정이 가는 것은 어쩔 수 없다.

'늙었다' 물러난 한한함이여

1

옛날의 벼슬아치는 나이 70이 되면 벼슬을 사양하고 물러나야 하는 것으로 알았다. '치사(致仕)'의 제도가 곧 그것이다. 그래, 많은 조선조 문신이었던 사람들의 문집에선 연로함을 들어 벼슬을 사임하고자 임금께 올린 '치사소(致仕疏)'도 흔히 볼 수 있다. 그러나 18세기경에 이르러선 벼슬아치들의 생각도 많이 흔들렸던 것 같다.

성호 이익(李瀷, 1681~1763)은 『성호사설』 '인사문(人事門)'에서 다음과 같은 한탄이었다.

> 지금 세상에서는 세력 있는 자들이 나이 80~90이 되어서도 벼슬길에서 물러나지 않고, 소원하고 직급이 낮은 자들은 외람스럽게 여겨 감히 청하지도 못하니, 이것이 무슨 의리인가.
> 비록 늙어서 물러났다 할지라도 나라에 중대한 일이

있으면 자기 의견을 소장(疏章)으로 나타내어 의논하는 것이 어찌 어렵겠는가. 혹 재산이 없어 굶주림을 면치 못한다면 염려스러운 일일 수도 있겠다. 그러나 지금 늙어서 벼슬을 그만둔 이에게 7품의 녹을 주고, 또 명절엔 술·고기·쌀도 하사하니, 은혜와 의리가 지극하다. 그런데도 그만두지 않는 자는 염치가 없는 자들이다. 강제로 벼슬을 그만두게 하여도 좋다.

는 내용이었다.

지난날 벼슬아치들의 '치사'를 생각하자면 두 수의 시조가 먼저 떠오르기도 한다.

> 귀거래(歸去來) 귀거래 말뿐이오 갈 이 없네
> 전원(田園)이 장무(將蕪)하니 아니 가고 어찌 할꼬
> 초당(草堂)에 청풍명월이 나며 들며 기다린다.

농암 이현보(李賢輔, 1467~1555)의 「효빈가(效嚬歌)」가 그 하나요, 다른 한 수는 면앙정 송순(宋純, 1493~1583)의 「치사가(致仕歌)」로 다음과 같다.

> 늙었다 물러가자 마음과 의론(議論)하니
> 이 님 바리고 어디러로 가잔 말고
> 마음아 너란 있거라 몸만 물러 가리라

이현보는 중종 37년(1542), 형조 참판의 자리에서 사직

을 청하였으나 받아들여지지 않자, 끝내는 도연명의 「귀거래사」를 본받아 이 시조 「효빈가」를 지어 부르고 고향인 예안(禮安)으로 돌아갔다. 성품도 괄괄하여 세상사 사람들은 그를 '소줏병'이라 부르기도 하였다. 고향에 내려가서는 「농암가(聾岩歌)」, 「어부가(漁父歌)」 등을 지어 부르며 유유자적한 삶을 누렸다. 이 때 그의 나이는 75세, 뒷날 명종의 부름을 받았으나 끝내 벼슬길에 나가지 않았다.

송순의 「치사가」는 선조 2년(1569), 우참찬으로 벼슬에서 물러나 고향인 담양(潭陽)으로 내려갈 때에 읊은 시조다. 그의 『면앙집』에는 이 시조와 더불어 한역의 「치사가」 3수가 전하나 두 수의 원가는 실전되었다. 고향에서는 가사 「면앙정장가」와 20여 수의 「면앙정단가」를 지어 부르며, 그가 세운 '면앙정'을 중심으로 풍류로운 삶을 누렸다. 그의 제자인 하서 김인후(金麟厚, 1510~1560), 송강 정철(鄭澈, 1536~1593)과도 이 정자에서 창수한 바 적지 않다.

이현보의 「효빈가」는 당시의 벼슬아치들이 흔히 입으로는 '치사'와 '귀거래'를 말하면서도 어정거리고 실천하지 못함을 스스로 결행하면서의 노래라면, 송순의 「치사가」는 몸은 '치사', '귀거래'를 해도 나라를 생각하는 마음은 임금 곁에 있음을 선언한 노래라고 할 수 있다. 이현보는 89세를 누렸고, 송순은 91세를 누렸다. 생애들을 살펴보아도 그렇거니와 「효빈가」, 「치사가」의 시조만으로도 두 어른의 풍류심이 느껍기만 하다.

> 가야 할 때가 언제인가
> 분명히 알고 가는 이의
> 뒷모습은 얼마나 아름다운가

이형기(李炯基, 1933~2005)의 「낙화」의 시행이 따라들기도 한다. 오늘에서 생각해도 저 어른들의 생애나 두 수 시조를 읊는 '뒷모습'은 「낙화」의 아름다운 여운이기 때문이다.

2

이제, 옛날의 벼슬아치들이 '늙었다 물러가자', '청풍명월이 나며 들며 기다린다'의 마음으로 치사·귀향 후의 삶은 어떠한 것이었을까. 나위소(羅緯素, 1583~1667)의 「강호구가(江湖九歌)」를 들어 살펴보고자 한다.

「강호구가」가 학계에 소개된 것은 1976년, 박준규(朴

燉圭) 교수에 의해서였다. 「송암의 수운정(岫雲亭) 제영과 '강호구가」를 대하고 그 출전을 수소문하다가 박준규 교수의 논문을 입수한 것이다.

나위소의 자는 계빈(季彬), 호는 송암(松岩), 본은 나주였다. 그의 생애는 허목(許穆, 1595~1682)이 찬한 「비명」과 박준규 교수의 논문 중 '송암의 가계와 생애'로 미루고, 바로 「강호구가」의 9수 시조를 들어 살펴보기로 한다. 차례는 『송암유집』의 것을 좇는다.

① 어버이 나하셔날 님금이 먹이시니
　낳은 덕(德) 먹인 은(恩)을 다 갚으려 하였더니
　숙연(倏然)히 칠십이 넘으니 할 일 없어 하노라

「강호구가」의 첫 수로, '님금이 먹이시니'는 30년간의 벼슬길에 있었을 때를 말한 것이다. 송암은 인조 1년 (1623) 문과에 급제하였고, 이후 여러 내외직을 역임하였다. 그가 '늙었다 물러나자'의 '치사'를 결행한 것은 경주목사(慶州牧使)의 자리에서 있을 때였다. 그 전의 벼슬살이에서도 때론 강호에 뜻을 두기도 하였으나, 벼슬을 떨치고 고향 길을 서둘지 못하였던 것은 임금의 은혜를 갚고자 함이었음을 알 수 있다. '치사'에 앞서 고향인 나주의 영산강변에 '수운정(岫雲亭)'까지 지어놓고 있었

다. 정자의 이름도 도연명의 「귀거래사」에 있는,

> 구름은 무심히 산골짝 굴 속을 돌아나오고,
> 새는 날다가 지쳐서 다시 산으로 돌아올 줄 아는구나
>
> 雲無心以出岫　鳥倦飛而知還

의 구에서 따온 것이 된다. 「강호구가」 아홉 수는 이 '수운정'을 중심으로 한 유유자적한 삶에서 이루어진 것이다.

> ② 어와 성은(聖恩)이야 망극(罔極)할 손 성은이다
> 　강호안로(江湖安老)도 분(分) 밖의 일이어든
> 　하물며 두 아들 전성영양(專誠營養)은 또 어인고 하노라

벼슬길에서 물러난 삶에서도 임금의 은혜를 잊지 못한다. 옛날의 임금은 나라와 같은 개념이었다. 벼슬살이를 했거나 안했거나에 관계없이 자연에 묻혀서 편안하게 늙어갈 수 있다면 이는 모두 '성은'으로 알았다. 하물며 송암은 벼슬살이를 하였던 선비가 아닌가. 게다가 두 아들까지 벼슬하여 노후의 자신을 봉양(奉養)하여 주거니, 더 바랄 것이 없다는 낙낙한 마음이다. 허목의 「비명」에는 2남이 아닌 3남으로 나와 있다. 장남 염(袡)

은 호조정랑, 차남 반(襻)은 선공첨정, 삼남 진(袗)은 의금부도사를 지냈다고 하였다. 이 시조에서 '두 아들'이라 한 것은 이 시조를 지어 읊은 당시엔 이 중 한 자제가 아직 벼슬길에 나가지 않았던 것인가.

③ 연하(烟霞)의 깊이 든 병(病) 약(藥)이 효험(效驗) 없어
　강호에 바리연지 십년 밖이 되었어라
　그러나 이제 다 못 죽음도 긔 성은인가 하노라

셋째 수에서도 성은을 노래하고 있다. '연하의 깊이 든 병'은 연하고질(煙霞痼疾)·천석고황(泉石膏肓)·은거(隱居)를 말함이다. 벼슬에서 물러난 지도 10년 세월이 지났다. 80세 수직(壽職)으로 동지중추부사를 제수받기도 하였으나 나아가지 않았다. 그 수직의 성은을 노래한 시조인 셈이다. 그리고 오직 80에 이르도록 죽지 않고 강호풍류를 즐기고 있는 것만도 성은으로 생각하고 있다. 송암의 강호풍류에는 어떠한 것들이 있었던가.

④ 전나귀 바삐 몰아 다 저믄 날 오신 손님
　보리 피 궂은 메에 찬물(饌物)이 아조 없다
　아희야 배 내어 띄워라 그물 놓아 보리라

'전나귀'는 발을 저는 나귀, 한시문에는 '건려(蹇驢)'로

흔히 등장한다. 옛날 시골에 거처한 선비들은 말보다도 당나귀를 선호했다. 경제적인 까닭도 있겠거니와 보다도 산길·돌길의 교통수단으로는 나귀가 말보다도 안전하고 편하였기 때문이다. '궂은 메'는 쌀밥이 아닌 잡곡밥을 일컬음이다.

오늘날엔 당나귀들도 잡곡밥도 한 귀물이 되었다. 그러나 옛날이야 아무나 흰밥 먹기가 쉬웠던 것이 아니다. 가난한 살림에선 물릴 정도로 먹어야 하는 게 '궂은 밥'이었다. 그것도 없어서 굶주려야 했던 조식소식(粗食小食)의 시대였다. 보리밥 피죽으로도 '낙부천명(樂夫天命)'을 즐겼던 게 옛날의 선비들이었다. 그러한 속에서도 찾아온 친구·손님들을 반겨 맞이하여 '강호(江湖)'의 산나물·물고기로나마 조촐한 상차림에 정성을 다하고자 하였다. 그것으로 떳떳하였다. 이 풍류심 아니겠는가.

⑤ 달 밝고 바람자니 물결이 비단일다
　　단정(短艇)을 빗기 놓아 오락가락하는 흥(興)을
　　백구(白鷗)야 히 즐겨 말고려 세상 알기 히노리

'단정'은 소정(小艇)과도 같은 말, 곧 '작은 배'·'조각배'를 일컬음이다. 옛 선비들의 강호살이에 흔히 따르기 마련이었다. 때로는 고기잡이에도 쓰였으나, 보다도 소일(消日)의 흥취를 돋우기 위한 것이었다. 바람이 고요하고 달 밝은 밤이면 강물 위에 배를 놓아 홀로 '일반청의미(一般淸意味)'를 즐기고, 맑은 날 높은 하늘 아래에선 백구를 벗 삼아 그물을 던지고 낚시도 드리우며 '왕래자득(往來自得)'한 한유를 즐기고자 함이었다. 농암 이현보의 「어부가」나 고산 윤선도(尹善道, 1587~1671)의 「어부사시사」도 이러한 풍류심에서 이루어진 것 아니겠는가.

⑥ 모래 위에 자는 백구 한가(閑暇)할사
　강호풍취(江湖風趣)를 네 지닐 때 네 지닐때
　석양(夕陽)의 반범귀흥(半帆歸興)은 너도 날만 못하리라

한 폭의 그림이다. 특히 초장에서는 두보(杜甫)의 봄날을 읊은 「사난수원앙(沙暖睡鴛鴦)」의 한 구가 떠오르기도 한다. '강호풍취'는 자연의 풍경과 아취를, '반범귀흥'은 돛을 반쯤 올리고 돌아오는 흥결을 일컬음이다.

햇볕이 따스한 봄날 모래톱에 날개를 접고 졸고 있는 백구를 두고의 노래다. 이 봄날의 강호풍취를 너도 지니고 나도 지녀 즐기고 있으나, 해질녘 돛폭을 반쯤 올리고 강안(江岸)으로 돌아오는 나의 흥취만은 네가 따르지 못하리라는 것이다.

백구야 나지 마라 옛 벗인 줄 모르느냐
성상(聖上)이 바리시매 물러오니 강호로다
이후의 찾을 이 없으면 너와 좇아 다니니라

백구야 놀라지 마라 너 잡을 내 아니라
성상이 바리시니 갈 데 없어 예왔노라
이제란 공명(功名)을 하직하고 너를 좇아 놀리라.

와 같은 작자 미상의 시조와는 그 격이 다르다. '성상이 바리시니' 강호로 돌아왔고, 이제는 찾을 이, 갈 데도 없으니 백구를 좇아 놀리라는 것이니, 벼슬길에 대한 미련을 아주 말끔히 떨쳐버리지 못하고 있는 셈이다. 공명에 대한 미련이 남아있다면 이는 풍류심이라 할 수 없다. 이미 벼슬길을 훨훨 떨쳐버린 송암이기에 같은 강호풍취를 지녔다 해도 백구보다 더한 자신의 흥취 하나를 더 꼽을 수 있었던 것 아니겠는가.

⑦ 가는 비 비낀바람 낚대 멘 저 하나바(할아비야)
　네 생애(生涯) 언마치라(얼마이라고) 수고롭도 수롬사
　(수고롭구나)
　생애를 위함이 아니라 어흥(漁興) 겨워 하노라

'세우사풍(細雨斜風), 비낀 바람에 내리는 가랑비 속을 낚싯대 맨 저 할아비야, 네 한평생이 얼마나 된다고 수

고로움도 수고롭구나.' '한 목숨의 생계를 위한 것이 아니야. 고기 잡는 흥취에 겨워서이지.'

타인과의 문답이랄 수도 있고 자문자답이랄 수도 있다. 강호풍취 면에서는 자문자답의 시조로 볼 때 더욱 멋스러울 것 같다.

'도롱이 삿갓 메고 이고, 세우사풍에 일간죽(一竿竹) 비끼 들어, 홍료화(紅蓼花), 백빈주저(白蘋洲渚)에 오며가며 하노라'의 송강 정철(鄭澈)의 풍류시조도 떠오르기 때문이다.

⑧ 피소주(粃燒酒) 무저리 우옵다(우습다) 어른 대접(待接)
　남은셔(남들은) 이른 말이 초초(草草)타 하건만은
　두어라 이도 내 분(分)이니 분내사(分內事)인가 하노라

'피소주'는 피좁쌀로 빚은 소주, 곧 제패소주(稊稗燒酒), '무우저리'는 무겉절이, 모두 가난한 서민들이 먹었던 거친 음식이다. '초초하다'는 구차하고 초라하다, '분내사'는 분수에 맞는 일을 일컬음이다.

선인들이 손님 대접엔 으레 정성을 다했으나 집안 형편에서 벗어난 고량진미를 챙기진 않았다. 허세로운 일이기 때문이다. 『퇴계선생언행록』에 전하는 손님 접대에 얽힌 음식이야기가 어려들기도 한다.

선생이 서울에 우거할 때, 당시의 좌의정 권철(權轍)이 찾아왔다. 정갈한 상차림의 식사 대접이었으나, 반찬은 담박하고 진미로운 것이 없었다. 권공은 그 자리에서 물러가 다른 사람에게, "내가 입맛을 잘못 길러서 대접받은 음식을 먹지 못하였으니 부끄럽다"는 말이었다.

는 이야기다

흔히 '맛이야 입 각각'이라 해도, 너무 까다로운 식성은 풍류적인 삶을 위해서도 바람직스러운 것이 못된다.

⑨ 식록(食祿)을 그친 후로 어조(漁釣)를 생애(生涯)하니
헴 없는 아해들은 괴롭다 하건마는
두어라 강호한적(江湖閑適)이 이내 분(分)인가 하노라

「강호구가」의 끝수이다. '식록'은 녹봉(祿俸)과도 같은 말, 곧 벼슬아치의 품계·직급에 따라 연액(年額)으로 주는 곡식·피륙·돈 따위를 통틀어 일컬음이었다. '어조'는 낚시질, '헴'은 헴가림·헤아림, '강호한적'은 자연 속에 묻혀 사는 한가로움을 뜻한다.

「강호구가」의 결사라고도 할 수 있다.

늙었다 물러가자로 벼슬길에서 치사한 후, 낚시질로 소일하니, 헴가림이 없는 어리석은 사람들은 괴로움을 사서 한다고도 말하지마는, 자연에 묻혀 사는 이의 한유

로움이야말로 이 늙은이의 분수에 맞는 일이다.

의 뜻풀이가 된다.

「강호구가」는 첫 수로부터 끝 수까지 미리 요량하여 한 때 한 자리에서 이룩한 연작(聯作) 시조가 아니다. 치사 후 수운정을 중심으로 한 생활에서 때로는 마을사람들을 청한 자리이거나, 때로는 먼길을 찾아온 친구들과의 술자리이거나, 때로는 홀로 산수자연을 소요하면서이거나, 그때그때의 감회에서 새로 지어 부르기도 하고, 전날에 불렀던 것을 되챙겨 부르기도 하였을 것이다. 그러다 보니 아홉 수의 노래를 헤아릴 수 있게 되었고, 아홉 수의 노래인가 싶자, 멀리는 「무이구곡(武夷九曲)」, 가까이는 「고산구곡가(高山九曲歌)」의 '구곡'·'구가'에도 생각이 미치고, 또 아홉이라는 숫자는 완성을 뜻하는 열[十]에는 못 미치나 홀수로서는 가장 높고 좋은 숫자이거니, 이를 택하여 「강호구가」의 연작(連作)시조로 정리한 것이라고 볼 수 있다. 연작(聯作)과 연작(連作)은 다르다. 연작(聯作)시조는 처음 구성에서부터 순서를 생각하고 순차적으로 창작한 것이라면, 연작(連作)시조는 수시(隨時)·수처(隨處)·수상(隨想)으로 창작하였던 것을 뒷날에 순서를 챙겨 한 제목의 묶음 아래 정리한 것이기 때문이다. 같은 송강 정철의 작품에서도 「주문답(酒問答)」 3수는 연작(聯作)시조라면, 「훈민가(訓民歌)」 16수는 연작(連作)시조로 볼 수 있다.

송암의 「강호구가」는 후자에 속한다. 따라서 '치사' 후의 어느 한 때에 바로 아홉 수의 노래를 지어 부른 것이 아니다. ①·③의 시조만 놓고 보아도 10년의 시간 거리를 생각할 수 있다. 송암의 향년은 85세였다.

3

송암 나위소의 생애에서 귀하게 챙기고 싶은 하나의 일화가 있다. 미수 허목이 쓴 「비명」에도 들어 있다.

> 정묘호란(1627) 때의 일이다. 저때 송암은 전라도 옥과(玉果) 현감으로 있었다. 전세가 급박해지자, 영의정을 지낸 바 있는 완평부원군오리 이원익(李元翼, 1547~1634)을 군무도체찰사로 삼아, 전주(全州)로 난을 피하는 세자를 시종하게 하였다. 군량미의 사정이 어려웁자, 체찰사는 옥과현감을 불러 그 조달책을 협의하였다. 이에 현감은 조[粟]로써 이를 충당하는 데에 큰 공을 세웠다. 체찰사는 위에 아뢰어 그 공에 상을 내리고자 하나, 송암은 극구 사양이었다.

"백성들의 조로써 자신의 공을 삼는다면 의리에 벗어나는 일"이라는 것이었다. 체찰사도 이에 크게 감심하였다.

는 내용이다. 송암은 옥과현감의 임기를 마치고, 공조좌랑으로 상경(1629)하게 된다. 송암의 나이 40대 중반의 일이다. 한창 일할 젊음이었거니 벼슬길에 대한 욕망도 있었을 것이다. 옛날에도 지방수령에 대한 고과(考課)라는 것이 있었다. 논공행상을 한다는데 이를 거절할 수 있는 벼슬아치라면 그 항심(恒心)이 어떠한 것이었을까를 가히 짐작할 수 있다.

체찰사 이원익도 전주에서 상경 후, 훈련도감도제조를 지내다가 '치사' 하였다. 청백리에 녹선되었을 뿐 아니라, 서민적인 인품으로 하여 남긴 일화도 많다. 미수(米壽)의 한생이었으니, 장수를 누렸다고도 할 수 있다. 덩달아 떠오르는 이원익의 시조 한 수,

　녹양(綠楊)이 천만사(千萬絲)인들 가는 춘풍(春風) 매어두며
　탐화봉접(探花蜂蝶)인들 지는 꽃을 어이하리
　아무리 근원(根源)이 중한들 가는 님을 어이리

도 있다. 사물에 대한 생각에 억지가 없다. 얼핏 보아, 가는 봄을 아쉬워하고 사랑하는 이와의 이별을 노래한 것 같으나, 종장의 "아무리 근원이 중한들 가는 님을 어

이리"로 보아서 단순한 석춘(惜春)·애별(愛別)을 노래한 것이 아니다. 군신(君臣)의 '근원'과 같은 것이 함의되어 있다고 할 수 있다. 이로써 보면, 정묘년(1627)의 가을, 두 번째로 '치사'를 원하여 임금의 허락을 받았을 때에 지어 부른 노래가 아닌가 싶다. 저때에 인조께서는 술과 흰 이불·흰 요를 하사하기도 하였으니 말이다. 전송하고자 나온 여러 벼슬아치들과의 술자리에서 불렀음직한 시조다. 그러고 보면, 이 또한 「치사가」의 하나로 보아도 좋지 않을까.

이원익이 '치사' 하였을 때 '정승 40년에 비바람도 가리지 못할 초가 수간' 뿐이었다거니와 죽었을 때에는 관재(棺材) 제구도 제대로 갖출 수 없는 형편이었다. 세자가 가서 조상하고 나라에서 돌봐주었다고도 한다. '늙었다 물러가자'로 향리로 돌아가서 '강호한적'과 '강호풍취'를 즐기고자한 선인들에게 있어서는 이미 세속적인 욕심을 비웠을 터이다. 오직 조각배 한척과 낚싯대 하나면 족하였다.

송암 나위소의 「강호구가」가 이를 말하여 주고 있다. 오늘을 사는 우리들은 옛 선비들의 '치사' 후 생활풍류에서 무엇을 건지고 무엇을 버릴 것인가.

끝으로, 『송암유집』에서 송암의 '치사' 후 '수운정' 생활을 직접 보고 말한 당대인의 글과 시의 한 구절씩을 인용하는 것으로 끝마무리를 짓고자 한다.

내가 여섯 살 때 어머니를 따라 수운정 외할아버지를 뵈온 바 있다. 83의 연세에 73세인 이부인(李夫人)과 해로하고 계셨다 / 자손들과 종족 빈객들이 모여 맑은 밤 풍류를 울리고 노래를 불렀다. 백발의 외할아버지께서 기쁨이 가득하여 안석에 기대고 있는 모습은 마치 꿈속의 일처럼 의연하다.

이는 송암의 외손인 조중원(趙重元)이 「수운정중수기」에서 한 말이다.

언제나 주량에선 주인의 구실을 하였고
선경을 찾고자 그곳이 어디인가를 묻곤 하셨지
흰 머리 맑은 얼굴 여든의 나이인지라
늙으신 어른은 흡사 학처럼 청수하셨어라

堂從酒戶爲賓主　欲向仙區門有無
白髮蒼顔年八十　老君能似鶴淸癯

부럽고녀. 옛 벼슬아치들의 '치사' 하는 마음이여, '치사' 후 강호에서 여생을 즐긴 모습이여, 저렇듯 한한(閑閑)한 풍류로 아무나 늙어갈 수 있다면 그 누가 늙음을 한스러워하겠는가. 부럽고녀.

농담시조의 화운적인 풍류여

1

 후덥지근한 날씨다. 일이 손에 잡히질 않는다. 발코니의 창변 풍경에도 얼씬거리는 바람 한 점 없다. 어린 시절 사랑채의 벽오동 푸른 그늘이 어려든다. 창문을 열뜨리고 앞마루에 나앉으면 한여름에도 건들거린 생기가 돌기도 하였었다.
 저 정경을 그리자, 날연한 속에서도 문득 떠오르는 시조 한 수,

  초암(草菴)이 적요(寂寥)한데 벗 없이 혼자 앉아
  평조(平調) 한닢[大葉]에 백운(白雲)이 절로 존다.
  어느 뉘 이 좋은 뜻을 알 이 있다 하리오

 18세기 김수장(金壽長)의 노래다. 저 초암은 서울의 화개동(花開洞)에 있었을 것이다. 그 곳 산수를 바라며 '평

조대엽'의 한 곡조를 부르는 가객 노가재(老歌齋)의 모습이 떠오른다.

한계절을 꼭 짚어 말할 순 없어도 산수 간에서의 평조대엽 낮은 곡조라면 한더위의 여름철을 생각하여 좋지 않을까. 노가재의 다음 시조도 따라든다.

초순(初旬) 염회간(念晦間)에 못노는 날 어느 날고
바람 비 눈 올쩨면 군소리 소일(消日)이라
달 밝고 풍청(風淸)한 날이면 거를 줄이 있으랴

무사태평이다. 세상살이 이렇듯 낙낙한 마음으로 노닐며 소일할 수 있다면 작히나 좋을까. 이는 차치하고 이 시조가 따라든 것은 중장의 '군소리'에 생각이 미쳤기 때문이다. '바람 비 눈'의 날뿐 아니라, 무더운 날을 잊고자 할 때에도 선인들은 군담·군말을 즐겼던 것이 아닌가 싶다. 이 내의 '군소리'는 물론 혼자서 '귀신 씻나락 까먹는 소리' 같은 군말·군담이 아니다. 좌중과 더불어 나누는 '군소리'를 말한 것이 된다. 말하자면, '농언(弄言)·농변(弄辯)·해어(諧語)·소담(笑談)·소서(笑謂)·골계(滑稽)·어희(語戲)' 등으로 서로가 스스럼없는 사이가 되어 허물없이 나누는 말이요, 이야기인 것이다.

시조창(唱)에도 농시조(弄時調)·언롱(言弄)·평롱(平弄)·농성(弄聲)·농가(弄歌) 등이 있다. '농트다'·'농지거리'의 농(弄)의 한자는 '구슬을 두 손으로 가지고 노는, 희롱하는 형상'을 나타낸 회의문자라고 한다. '농'자가 들어있는 이름의 노래를 들자면 절로 흥청거려지는 멋을 느끼게도 된다.

그렇고 보면, 군소리를 담아낸 선인들의 시조에서도 선인들의 풍류심을 엿볼 수 있지 않을까. 이번의 '시조 풍류'에서는 선인들의 군소리로 엮어진 시조들을 들어 보고자 한다. 여기서는 김수장이 말한 저 '군소리'를 농담으로 일컫고자 한다. 농담시조라 함도 군소리를 담아낸 시조를 말한다.

2

선인들의 농담시조에서 수적으로 가장 많은 것은 남녀 간 사랑에 관한 것이다. 심심파한의 자리이거나 술잔을 나누는 자리이거나 체면을 내세울 자리가 아니면 남녀 간 사랑이 주화제가 아니었던가 싶으리만치 많은 것을 볼 수 있다. 남녀 간 사랑이야 말하여 벌 받을 것도 죄될 것도 없다는 생각이었던 것 같다.

『태평한화골계전(太平閑話滑稽傳)』을 남긴 사가 서거정(徐居正, 1420~1488)같은 어른도, 사람이란 늘 긴장만 하고 살 수 없는 일, 때로는 웃음을 찾아 마음을 늦추고, 세상살이 근심과 무료함을 없앨 필요가 있다고 했다. 그리하여 웃음을 찾아 엮어 놓은 저 책에서는 사대부로서의 되잖은 위엄 같은 것을 찾아볼 수 없다. 선인들이 농담시조를 엮어 부른 것도 활연한 마음을 사고자 함에 있었을 것이다.

① 사랑이 어떻더냐 둥그더냐 모나더냐
　기더냐 쟈르더냐 밟고 남아 자힐러냐
　하 그리 긴 줄은 모로되 끝 간데를 몰내라

종장이 "지멸이 긴 줄은 모로되 애 그칠만 하더라"로 전하는 가집도 있다. 일찍이 가람[李秉岐]께서는 이 시조를 들어,

한 걸작으로 아시고 있는 분도 있으나, 이런 건 한 기교뿐이고 그 내용은 퍽 빈약하다. 재담이나 수수께끼와 같은 조어(措語)로서 한 시조의 형태를 구성하였다. 사랑의 한 설명이요, 그 표현이 아니었다.

는 말씀이었다.

  시적 표현의 성공 여부는 차치하고, 어느 좌중, 파한의 자리에서 사랑 이야기이자 한 사람이 이러한 노래를 불렀다 하자. 사랑 이야기야 어느 누구 한 마디 못하겠는가.

    ② 사랑 사랑 긴긴 사랑 개천같이 내내 사랑
       구만리 장공에 넌즈러지고 남는 사랑
       아마도 이 님의 사랑은 가없은가 하노라

    ③ 사랑 사랑 고고히 매인 사랑
       왼 바다를 두루 덮는 그물 같이 맺은 사랑 왕십리라 답십리라 참외넌출이 얽어지고 틀어져서 골골이 두루 뒤틀어진 사랑
       아마도 이 님의 사랑은 가없은가 하노라

  ②는 작자미상, ③은 김두성(金斗性) 또는 박문욱(朴文郁)의 작으로 전하기도 한다. 다 같이 '경정산가단'의 일원이기도 하였다. 이만한 사랑 노래라면 농담의 시조랄 것도 없다. 다 같이 사랑찬가로 가없는 사랑을 말하였을 뿐이기 때문이다.

    ④ 나모 여람 중의 잣같이 고소하며
       넌출 여람 중의 으흐음같이 흥덩지랴

으흐음 자 고명 박으면 흥글항글 하리라

②, ③에 이어 좌중의 어느 한 사람이 이 노래를 불렀다면 이는 농을 건, 농치는 시조라 할 수 있다. 나무 열매 중에서는 '잣'이 고소하고, 넌출 열매에서는 '으름'이 흥덩지다는 것이다. 그 흥덩진 으름에 잣을 고명으로 "박으면 흥글항글 하리라"는 농이다. 청자에 따라서는 창자를 '실없쟁이'라 할 수도 있겠다. 그러나 좌중은 한바탕 웃음이었지 않았을까. 웃음 끝에 좌중의 한사람은 '실없쟁이'라고 말한 청자를 향하여, '얌전한 고양이'로 빗대놓고,

⑤ 금준(金樽)의 주적성(酒滴聲)과 옥녀(玉女)의 탄금성(彈琴聲)과
양성지중(兩聲之中)에 어늬 소래 더욱 죤고(좋은고)
밤중만 동방화쵹(洞房華燭)의 해군성(解裙聲)이 더욱 좋다.

의 시조를 불러 농을 쳤을 법도 하다. 술 거르는 소리인 '주적성'이나 거문고를 뜯는 소리인 '탄금성'보다도 더욱 좋은 소리는 혼례를 치른 첫날밤 신부의 치마 벗는 '해군성'이라는 것으로 농을 친 것이 된다. 농치기도 이만하면 점잖은 편이다. 물방아 찧는 '수용성(水舂聲)'을 이끌어 쓴 농담시조도 있기 때문이다. ④에서의 '흥글항

글'의 농보다도 더 진한 '수용성'의 노래는 만횡청류(蔓橫淸類)의 노래다.

> ⑥ 드립더 바드득 안으니 세(細) 허리가 자늑자늑 홍상(紅裳)을 거두치니
> 설부지풍비(雪膚之豊肥)하고 거각준좌(擧脚蹲坐)하니 반개한 홍모란이 발욱어춘풍(發郁於春風)이로다.
> 진진(進進)코 우(又) 퇴퇴(退退)하니 무림산중(茂林山中)에 수용성인가 하노라

중·종장은 한문에 토 단 식으로 되어 있다. 그러나 이 사설을 한갓 풍월로 생각할 좌중은 없을 것이다.

"농 트고 술 마시고 마음 맞지 않은 세상사 떨쳐버리고 한바탕 웃고 즐기자는 사랑타령인 바에야 그까짓 한자어 한문투를 챙길 것 있겠는가. 육두문자를 걸쭉하게 놀아보자"는 친구도 저 좌중엔 있었던 것인가. 저 자리에는 기생도 있었을 것이다. 성에 관한 이야기라도 농지거리에 지나지 않은 것이었다. 저 자리에서 허물된 것이 없었다. 그저 웃음을 사고, 웃고 넘기면 그만일 뿐이었다.

> ⑦ 춥다 네 품에 드자 베개 없다 네 팔 베자
> 입에 바람 든다 네 혀 물고 잠을 드자

밤중만 물 밀어 오거든 네 배 탈까 하노라

⑧ 청치마 한 화냥의 딸년 자적(자줏빛) 장옷 뮈쳐(찢어)
　 버릴 년아
　 엊그제 날 속이고 또 누를 맞아 속이려 하고
　 석양에 가는 허리를 한들한들 하나니

사뭇 농탕질이다. 농담시조에서는 비속(卑俗)한 말도 허용된다. 맞대놓고의 욕설이 아니기 때문이다. ⑦은 작자미상이나 ⑧은 김수장의 노래로 전한다. 그러나 성적인 농지거리에 작자까지 들어 말할 것 있으랴. 어디선가 들었던 노래를 한 자리 놓치는 판에 어울린다 싶으면 옮겨 불러 웃음만 돋우면 그만이다. 한 사람이 좌중의 반반한 여인에게 눈 한번 찡긋하고 ⑦의 노래를 부르자, 이를 본 다른 한 사람이 ⑧의 노래를 부를 수도 있겠다. 저 반반한 여인이 ⑦의 노래에 어떠한 반응을 보였는가도 말할 것이 못된다. ⑧은 그저 ⑦을 두고 한바탕 웃자는 속셈이었을 것이다. 그러자, 또 한 사람은 시치밀 뚝 떼고,

⑨ 나는 지남석(指南石)이런가 각씨(閣氏) 네들은 날바늘
　 (맨바늘인지) 앉아도 붙고 서도 따르고 누워도 붙고 솟
　 떠도(솟구쳐도) 따라와 아니 떨어진다.

금실(琴瑟)이 부조(不調)한 분네들은 지남석 날바늘을
　　　닮여 일재복(日再服)하시소

를 불렀다고 하자, 이 노래 또한 김수장의 노래로 전한
다. 그러나 ⑧과 마찬가지로 저 자리에 김수장이 아니
라도 이 사설시조를 알고 있는 사람이면 이를 ⑦, ⑧에
이어 부를 수도 있지 않을까. 그렇다고 '각씨'들이 많이
따르는 자신을 내세워 우쭐거리자는 것이 아니다. 같은
농지거리에 한바탕 웃자는 것이었을 뿐이다.

　이쯤 돌아가는 웃음판·농담판이고 보면 저때의 '기생'
들도 입 다물고 있었겠는가. 판의 흥을 돋을 수밖에.

　　⑩ 밑남편 광주(廣州) 싸리비장사 소대남편(샛서방) 삭녕
　　　(朔寧) 잇비 장사
　　　눈경(눈짓)에 걸은 님은 뚝딱 두드려 방망치장사 도
　　　르르 감아 홍두깨장사 빙빙 돌아 물레장사 우물가
　　　에 치달아 간댕간댕하다가 워렁충창 풍덩 빠져 물
　　　담뿍 떠내는 두레꼭지 장사
　　　어디 가 이 얼굴 가지고 조리박장사 못 얻으리

　⑧과 ⑨의 노래를 뒤엎어버린 사설이다. 뒤엎었다고
하여 다칠 사람은 없다. 또 한바탕 웃음만이 낭자하였
을 것이다. 농치는 농담시조는 흥타령처럼 주거니 받거

니 돌아가면서 부를 때 흥은 더 돋기 마련이다.

⑪ 개를 여라믄이나 기르되 요 개같이 얄믜오랴
뮈온님 오며는 꼬리를 홰홰 치며 뛰락 나리 뛰락 반겨서 내닫고 고온님 오며는 뒷발을 버동버동 므르락 나으락 캉캉 짖여서 돌아가게 한다
쉰밥이 그릇그릇 난들 너 머길 줄이 이시랴

⑫ 뮈온님 촉 직어(꼭 찍어) 물리치는 갈고라쟝쟈리(갈고랑이) 고온님 촉 직어 나오치는(낚아채는) 갈고라쟝쟈리
큰갈고라쟝쟈리 작은 갈고라쟝쟈리 한데 들어 넘노니 어늬 갈고라쟝쟈리 값 많으며 또 어늬 갈고라쟝쟈리 값 적은 줄 알리
아마도 고온님 촉 직어 나오치는 갈고라쟝자리는 금 못 칠까 하노라

좌중 남자들은 '한술 더 뜨는' 기생들의 농담어린 익살에 또 한바탕 웃을 수밖에 없었을 것이다.

예조판서까지 지낸 삼주노인 이정보(李鼎輔, 1693~1766)는 때로 저러한 자리에도 잘 어울려 농담 사설도 즐기셨던가. 다음의 시조가 전한다.

⑬ 간 밤의 자고 간 그놈 아마도 못 잊을다
와얏놈(瓦冶: 기와장이)의 아들인지 진흙의 뽑내듯이 사공(沙工)놈의 성령(成怜: 성냥)인지 사앗대로 지르듯이 두더

쥐 영식(쇼息:아들)인지 국국기(꾹꾹) 뒤지듯이 평생에 처
음이오 흉증(凶症:음흉)이도 야릇 해라
전후(前後)에 나도 무던히 겪었어도 참맹세(盟誓)하지
간밤 그놈은 차마 못 잊어 하노라

⑪, ⑫의 노래를 부른 기생들에게 농을 튼 사설이라면 또 한바탕 웃음이었을 것이다.

3

남녀에 얽힌 농담에서 또 다른 농담의 자리로 옮겨본다. 제갈량(諸葛亮)이랬던가. "진중희언무(陳中戱言無)"라는 말이 있다. '희언'도 우스갯소리, 농담이다. 싸움판에 나갈 군사들에게 농담 같은 명령이나 지시는 있을 수 없다는 것이다. 당연한 말이다. 그러나 "농담 중에도 진담이 있다"는 "가롱성진(假弄成眞) / 농가성진(弄假成眞)"의 말도 전한다.

가람께서 소장하였던 『부담(浮談)』에는 이런 이야기가 전한다.

오성 이항복(李恒福, 1556~1618)이 비변사(備邊司)의 한 회의에 늦게 참석하였다. 한 정승이 그 지참을 꾸짖자,

"오늘길 종로에서 기관(奇觀)인 싸움 굿을 보고 오느라 늦었다"는 대답이었다. 여러 재상이 그 싸움 굿을 묻자, 오성은 "한 비렁뱅이 벙어리가 한 중을 큰소리로 꾸짖으니 중이 벙어리를 치는 것이었다. 벙어리는 중의 상투를 잡고, 중놈이 속한을 치니, 이 놈을 법사에 고하겠다며 더욱 큰소리였다. 앉은뱅이는 겁내어 돌아가고 소경은 길가에서 구경하고 있더라"고 하였다. 모든 재상이 대소하였다.

는 이야기다.

오성은 이 우언적(寓言的)인 농담으로써 당시 동·서분당의 사회상을 저 날의 비변사회의에서 다 같이 생각해보고자 함에 있었던 것은 아닐까. 비변사는 국방을 담당하였던 관이다. 말하자면 '농가성진'에 뜻이 있었던 셈이다.

이 이야기는 그 후 시조로도 유포되었다. 다음 사설시조가 이를 말하여 준다.

> ⑭ 중놈은 승년의 머리털 잡고 승년은 중놈의 상투 쥐고
> 두 끝을 맞맺고 이왼고 저왼고 쟉쟈공이 쳤는데 뭇
> 소경이 굿을 보니 어듸서 귀먹은 벙어리는 외다 옳다 하나니

비구니에게 머리털이 어디 있으며, 승가가 어찌 상투를 틀겠는가. 맹자가 어떻게 굿을 볼 수 있으며, 아자가

말로써 시시비비를 가릴 수 있겠는가. 있을 수 없는 일도 농담에서는 가능하다. 있을 수 없는 것을 들어 말함으로써 눈앞에 있는 부조리·불합리한 것을 풍자할 수 있기 때문이다. 그러나 빗대어 말하는 풍자에도 너무 날카로운 가시가 돋쳐 있으면 농이 아니다. 돋쳐 있는 가시는 상대방을 해치기 쉽다. 상대방만이 아니다. 자신까지도 해칠 수 있다. 임어당은 『생활의 발견』에서였던가. "사람살이의 예지(叡智)는 '현실 그 자체에 뿌리박은 우수한 유머 감각으로 부드럽게 하였을 때' 발휘된다"고 하였다. 풍자적인 농담도 유머 감각에서 빚어진다고 할 수 있다.

『시경』의 「위풍(衛風)」에는 "선희학혜(善戱謔兮) 불위학혜(不爲虐兮)"의 구가 있다. '희학'은 농담을 말한 것이다. 위나라의 무공(武公)을 찬양한 시, 「기욱3장(淇奧三章)」의 끝을 맺은 결구이기도 하다. "농담은 잘 하셔도 / 모진 일은 안 하시데"의 뜻이 담겨 있다.

농을 튼 자리에서의 농가(弄歌)나 농담을 풍류의 한 갈래로 들어보고자 한 것도 이 때문이다. 저들 농담시조에 비속하고 희학적인 말들이 튀어나오고, 장난삼아 한 말에 진심이 담겨 있다고 해도 거기에는 세상살이에

남을 해치거나 농간(弄奸)을 부리거나 농법(弄法)을 하는 것은 없기 때문이다. 이게 바로 사람살이의 한 풍류 아니겠는가.

4

'시조풍류'의 마무리는 『소림집설(笑林集說)』(민속자료 프린트본, 1958)과 『골계잡록』(일신사, 1982)으로 하려 함이다.

『소림집설』은 「진담론(陳談論)」·「성수패설(醒睡稗說)」을 필사하여 합본한 책으로 수적산방(穗積山房) 설향노보[雪香老叟]가 서문을 겸한 간행사를 썼다. 『골계잡록』은 이가원(李家源, 1917~2000)이 『태평한화골계전(太平閑話滑稽傳)』(서거정)·『촌담해이(村談解頤)』(강희맹)·『어면순(禦眠楯)』(송세림)·『속어면순』(성여학)·『명엽지해(蓂葉志諧)』(종만종)·『파수록(破睡錄)』(부묵자)·『어수신회(禦睡新話)』(장한종)·『담정총서(藫庭叢書)』(김려) 외에 『진담론』·『성수패설』·『각수집사』·『기문(奇文)』 등에서 뽑아낸 370편을 국역한 책이다.

설향노보는 '간행사'에서

기발한 골계·해학·이비(俚鄙) 등 설은 수하를 물론하고 일담(一談)하고 나면 파안일소, 엄동설한 중에 계강차나 하일염천 폭서 중에 서늘한 제호탕 일완을 마신 것보다도 오히려 더 흉금이 상쾌하고 두뇌가 명랑하여 가위 각수(却睡)·성수(醒睡)·파수(破睡)·어면(禦眠) 등 말이 과시 명불허전이라 하겠다.

고 하였다.

이가원은 '서문'에서

골계 중에는 농(弄)·희(戱)·해(諧)·학(謔)·기(譏)·자(刺)·배(俳)·풍(諷)·은(隱)·미(謎)·외(猥)·설(藝) 등 잡동사니가 일실에 병서(倂棲)하고 있는 것이다.

골계에는 대체로 두 가지의 흐름이 있다. 하나는 화운적(和韻的)인 '해(諧)'로서 어떤 두 사이의 분노를 화합시키는 역(役)을 함이요, 또 하나는 학살적(虐殺的)인 '학(謔)'으로써 어떤 불의와 교오(驕傲)에 대하여 날카로운 날로 통쾌하게 찌르는 역을 함이었다.

고 하였다.

'골계'를 '해'와 '학' 두 가지 흐름으로 파악한 견해에 이론을 제기할 생각은 없다. 다만 '해'와 '학'을 아우른 농지거리의 '해학'에서는 '학'에 '학살적'이라는 말은 써 어울리지 않는다. 어느 자리에서거나 농을 트고 농을 한다는 것은 어디까지나 '화운적'인 자리를 즐기고자 함에 있기 때문이다. 풍류도 그 속에 있는 것이다.

이가원의 저 '서문'에는 이런 구절도 있다.

때에 따라서는 이 해학의 풍류로움이 한갓 근엄의 건조보다 인풍(人風)·세도(世道)에 유익됨이 있다.

이어서 『시경』의 「기욱3장」에 있는 저 시구, "농담은 잘 하셔도/ 모진 일은 안 하시데"를 들어 놓기도 하였다. '해학의 풍류'라는 말에 전적으로 동감이다.

님이 가오실 제 노고(노구솥) 네일 두고 가니
오노고 가노고 보내노고 그리노고
그 중에 가노고 보내노고 그리노고란 몰속(몽땅) 깨쳐 바리고 오노고만 두리라

대붕(大鵬)을 손으로 잡아 번갯불에 구워먹고
곤륜산(崑崙山) 옆에 끼고 북해(北海)를 건너뛰니
태산(泰山)이 발 끝에 차이어 왜각데각 하더라

앞의 시조는 동병상련의 그리움을 노구솥 농담으로 다 같이 웃고 있다. 뒤의 시조는 호란(胡亂)에 의한 국치를 농담으로 씻어 내리고 있다. 곤륜산도 북해도 태산도 중국천지의 것이다. 대붕 또한 장자(莊子)로부터 거론되어 온 중국의 전설적인 새다.

선인들의 농담시조를 하잘것없는 것이라고만 말하여 좋을 것인가.

신계영의 「전원사시가」, 그 풍류성

1

16수의 시조를 남긴 신계영(辛啓榮)에 관심을 갖게 된 것은 최근의 일이다. 16수 중 1수의 작품엔 일찍이 눈길을 스친 바 있었다. 그러나 저때엔 별다른 흥결이 일지 않아, 나머지 15수의 작품도 따로 찾아 살피지 않고 있었다. 저때의 1수 작품이란,

① 양파(陽坡)의 풀이 기니 봄빛이 늦어 있다.
　소원 도리(小園桃李)는 밤비에 다 되거다
　아희야 쇼 됴히 머겨 논밭 갈게 하야라

였다. 부끄럽게도 이 1수를 대한 것은 와까마스 미노루[若松實]의 『한국의 고시조』(東京, 高麗書林, 1979)라는 일본책으로였다.

이제 생각해본다. 와까마쓰는 종래 우리의 가집에서 볼 수 없었던 이 시조를 어디서 보고 추켜들었던 것인

가. 다음 중 하나였으리라는 생각이다.

1. 이상보, 「선석의 시가」(서울대, 『국어국문학·2』, 1962)
2. 박노춘, 「신계영과 그의 선석가사」(『현대문학·85』, 1962)
3. 심재완, 『역대시조전서』(세종문화사, 1972)

아니면 석판본 『선석유고(仙石遺稿)』(영산신씨 화수회, 1959)를 들 수도 있겠다. 그러나 이보다도 심재완의 『역대시조전서』에서 작품을 취하고, 작자 신계영의 소개 또한 『역대시조전서』와 함께 간행된 『시조의 문헌적 연구』에서 간추린 것으로 보아도 좋을 것 같다.

나는 최근에야 『선석유고』를 입수하였고, 이에서 16수 중 14수의 시조와 1편의 가사 「월선헌십륙경가(月先軒十六景歌)」를 앉은 자리에서 살펴볼 수 있었다. 이에 대한 연구도 추심해 보게 되었다.

김명준의 「월선헌십륙경가에 나타난 의식 지향」과 송종관의 「가사와 시조의 상보적 관계 연구-'전원사시가'와 '월선헌십륙경가'의 경우」는 논문으로 발표된 것이었고, 윤덕진의 『선석 신계영 연구』(국학자료원, 2002)는 『선석유고』의 역주까지를 합철한 단행본이었다.

이들을 일별할 수 있었음은 큰 기쁨이었다. 나는 최근에 입수한 석판본 『선석유고』에 수록된 14수에 2수를 더한 16수 시조를 들어, 작가와 작품의 풍류적인 면모를 살펴보고자 한다. 이는 뒤늦게야 우러러 뵙게 된 훌륭한 한 선인과 그의 멋스러운 16수 시조에 대한 나의 흥결에서이기도 하다.

2

 신계영(1577~1669)의 본관은 영산(靈山), 자는 영길(英吉), 호는 선석, 시호는 정헌(靖憲)이었다.

 그의 증손 수화(受和)가 찬한 「행장」에서 느낀 바는 신계영은 당대의 훌륭한 외교관이었다는 사실이다. 그는 두 차례에 걸친 외국에의 사행(使行)이 있었다. 첫 번째는 1624년(인조 2년) 통신사 정립(鄭岦)의 종사관으로 일본에 갔다가 다음해에 돌아왔다. 사행 목적은 도쿠가와 이에미쓰[德川家光]의 사립(嗣立)을 축하하고, 임진왜란 때 포로로 붙잡혀간 동포를 귀환시킴에 있었다. 이때 데리고 온 피로자(被虜者)의 수는 146명으로, 주로 호남사람들이었다. 부산에 도착하자, 신계영은 이들을 고향으로 돌려보내는 일과 생계를 돌보아 주는 일 등에 대하여 계문(啓聞)하기도 하였다. 두 번째의 사행은 1637년(인조

15년) 병자호란 때에 붙잡혀간 사람들을 귀환시키기 위한 속환사(贖還使)로서였다. 이때에 속환한 사람은 600인이었다.

외국에 나가서는 "어려운 상황에서도 몸가짐을 바르게 하였고, 일에 임하여 처리하는 것이 모두 마땅함을 얻었다"는 중평이었다.

신계영은 74세(1649, 인조 27년)에 전주부윤(全州府尹)이 되어서는 "일처리를 물 흐르듯이 하여 공문서가 쌓이는 일이 없었다"고 한다. 두 차례의 사행에서 외교적인 공을 세우고, 세 임금을 모신 50년 벼슬길에서도 그의 지위는 정랑(正郞)에 불과하였다. "명리에 욕심이 없고 당시 사람들의 의론에 오르락내리락하며 성원을 받는 것을 부끄러워 한" 성품이었다고 한다.

신계영은 94세(1669, 현종 10년)로 천수를 다하였다. 현종이 내린 어제문(御祭文)에서는 이런 구절도 볼 수 있다.

> 그 성품이 진실 순수했고 그 풍모는 독실 돈후했다.
> 진퇴(進退)에 한결같이 효도하고 충성스러웠다.
> 혼조(昏朝)를 만나서도 스스로 깨끗하여 세속을 따르지 않고, 굳게 자신을 지키면서 시대가 맑아지기를 기다려서 마침내 그 무위(武威)를 떨쳤다. 흰 눈썹에 누런 머리칼로 풍채가 학과 같았다.

이로써도 그의 생전 풍모와 풍류심을 엿볼 수 있거니와 벼슬길에서 물러나 향리에 '월선헌(月先軒)'의 정자를 이루고(1655), 만년을 유유자적하며, 「월선헌십륙경가(月先軒十六景歌)」, 「전원사시가(田園四時歌)」, 「연군가(戀君歌)」, 「탄로가(嘆老歌)」 등 가사와 시조를 손수 지어 읊조리기도 하고, 자여손의 글 읽는 소리에 흔흔해 한, 한시 한 수에서도 그의 한아한 풍류심을 엿볼 수 있다.

『선석유고』에는 외국 기행시를 비롯하여 330여 편의 한시도 수록되어 있다. 그 중「야반문제손독서성(夜半聞諸孫讀書聲)」한 수를 옮긴다.

深夜寒天斗星橫　小堂揚越讀書聲
老夫側耳欣欣意　可占諸孫學業成

"깊은 밤 찬 하늘 북두성 누웠거늘 / 공부방 아이들 글 읽는 소리 들려오네 / 늙은이 귀 기울여 즐겁고 즐거워라 / 손주들 공부 대성할 것을 점칠 만하네"의 뜻이 담겨 있다. 이 한 수에서도 그의 만년의 흔한한 모습을 엿볼 수 있다.

3

이제, 신계영의 16수 시조에서 그의 풍류성을 살펴보고자 한다. 먼저 「전원사시가」 10수를 본다. 봄 2수, 여름 1수, 가을 2수, 겨울 1수에 이어 제석유감(除夕有感) 2수로 되어 있다.

봄 2수 중 '양파에 풀이 기니'는 앞서 ①로 옮겼거니와 남은 한 수는,

② 봄날이 점점 기니 잔설(殘雪)이 다 녹겄다.
  매화(梅花)는 발서 지고 버들가지 누르렀다.
  아해야 울 잘 고치고 채전(菜田)갈게 하여라.

『선석유고』에는 ②를 앞에, ①을 뒤에 놓았다. 봄을 노래하자면 '잔설', '매화'에 이어 '양파', '도화'의 차례일 것이다. ①, ②뿐 아니라 「전원사시가」에는 각 수마다 '아해야'의 부름말이 들어 있어 조존성(趙存性, 1553~1627)의 「호아곡(呼兒曲)」 4수가 연상되기도 한다. 전원생활을 노래하고 있음도 같다. 「호아곡」에서의 '아이야'는 모두 초장의 첫 구에 놓여있으나, 「전원사시가」의 춘하추동에서는 다 같이 종장의 첫 구에 놓여 있음이 다르다. 조사(措辭)에 난삽함이 없다. 봄 들어 차츰 바빠지는 전

원의 분위기를 노래하였다. 망중한의 멋스러움이 있다. 이게 풍류심 아니겠는가.

  ③ 잔화(殘花) 다 진 후에 녹음(綠陰)이 깊어간다
     백일고촌(白日孤村)에 낮닭의 소리로다
     아해야 계면조(界面調) 불러라 긴 조름 깨우자

 전원의 여름을 노래하였다. 봄철의 꽃들은 다 지고, 녹음도 짙어가는 여름 한낮, 외따른 그윽한 마을의 오계성(午鷄聲)도 흥겹이다. '녹음방초승화시(綠陰芳草勝花時)'랬다. 이 좋은 흥을 낮잠으로 보낼 수는 없다. 오수를 멀리 하게 계면조의 노래를 부르라는 것이다. 낮닭 울음소리를 배경으로 자신이 부르겠다는 것으로도 볼 수 있다. 풍류적이다. '계면조'는 국악에서의 가락을 일컫는 말로,

  ―'우조(羽調) 계면조에 객흥(客興)이 더하였어라'
  ―'일흥(逸興)을 못 이기어 계면조를 읊어내니'

에서의 계면조와 같은 말이다. 애원처창(哀怨悽愴)한 느낌을 주는 가락이라고 했다.

 가을을 노래한 두 수는 다음과 같다.

④ 흰이슬 서리 되니 가을이 늦어 있다.
긴들 황운(黃雲)이 한 빛이 되겠구나
아해야 빚은 술 걸러라 추흥(秋興) 겨워 하노라

⑤ 동리(東籬)에 국화 피니 중양(重陽)이 거의로다
자채(自蔡)로 빚은 술이 하마 아니 익었느냐
아해야 자해황계(紫蟹黃鷄)로 안주 장만하여라

가을의 흥취가 굽일어 든다. 맹사성(孟思誠, 1360~1438)의 "강호에 가을이 드니 고기마다 살쪄 있다 / 소정(小艇)에 그물 실어 흘리 띄워 더져 두고"의 「강호사시가」의 한 수와 황희(黃喜, 1363~1452)의 "대추 볼 붉은 골에 밤은 어이 듣드르며 / 벼 벤 그루에 게는 어이 나리는고 / 술 익자 체장사 돌아가니 아니 먹고 어이리"의 「강호가」의 풍류가 어려들기도 한다.

흥풀이에는 술 안주도 따르기 마련이다. 「전원사시가」의 신계영은 술과 안주로, '자재추(自蔡기 아닌 紫彩酒, 올벼쌀로 빚은 술)', '자해(자주빛 게)', '황계(털빛 누른 닭)'를 챙기고 있다. 술도 안주도 가을철의 풍미(風味)들이다. 이 먹을거리들을 들어서 가을의 흥결을 노래한 것 또한 풍류스럽다. 서리철·국화철의 중양절후와도 썩 어울리는 서경이요 서정이다.

⑥ 북풍(北風)이 높이 부니 앞뫼에 눈이 진다
　모첨(茅簷) 찬빛이 석양(夕陽)이 거의로다
　아해야 두죽(豆粥)이나 걸러라 먹고 자랴 하노라

　겨울노래다. 초·중장의 서경도 아름답다. 한아(閑雅)한 멋이 돋는다. 두죽은 콩죽이다. 콩죽을 쑤자면 불린 콩을 갈아서 마련한 콩물에 쌀을 넣어 끓여야 한다. 콩물을 마련하자면 콩껍질을 걸러내야 한다. "두죽이나 걸러내라"는 이를 말한 것이다. 동지(冬至) 전까지의 겨울밤은 길거니, 콩죽이나 "먹고 자랴 하노라"의 표현이 질박하다. 멋스럽다.
　겨울 노래에 이어 '제석유감' 2수가 있다.

⑦ 이바 아해들아 새해 온다 질겨 마라
　헌서한 세월이 소년 앗아 가느니라
　우리도 새해 질겨하다가 이 백발이 되었노라

⑧ 이바 아해들아 날샌다 기꺼 마라
　자고 새고 자고 새니 세월이 먼저 간다
　백년이 하 초초(草草)하니 나는 굿버하노라

　⑦의 '헌서한'은 옛시조에서도 그 용례를 적잖이 찾아볼 수 있는 '헌사한'의 오기라 할 수 있다. '야단스러운', '요란한'의 뜻풀이가 된다. ⑧의 '굿버하노라'의 용례는

옛시조에서 찾아볼 수 없다. '시답지 않게 여기다', '마음에 차지 않는다'의 사투리로 보아서 좋을 것 같다. 두 수에서 다 같이 "여봐라 아이들아"를 초장 첫 구에 놓고 우리 토박이말로 섣달 그믐날 밤의 담담한 심경을 물 흐르듯 노래하고 있다.

내가 입수한 『선암유고』의 「전원사시가」는 '제석유감'까지를 합하여 8수로 되어 있다. 그러나 박노춘의 논문 (1962)에 의하면 『선암유고』의 간행시 빠뜨린 두 수가 더 있음을 본다.

⑨ 원림(園林) 적막(寂寞)한데 북창(北窓)을 빗겨시니
  거문고 노라라 낮잠을 깨와괴야

⑩ 어제 소 친 구들 오늘이야 채 덥거니
  긴 잠 겨우 깨니 아적날이 높아 있다
  아해야 서리 녹았나냐 일고쟈도 하노라.

⑨는 여름 노래요, ⑩은 겨울 노래다. ⑨에서는 종장이 탈락된 것을 볼 수 있다. 송종관은 「월선십륙경가」의 가의(歌意)를 좇아 종장 아닌 중장이 빠진 것으로 보고, "낮잠을 잠깐 드니 한흥(閑興)겨워 하노라"로 그 중장을 재구성한 바 있다. 그러나 「월선헌십륙경가」에 있는 구절로 이 시조를 '상보(相補)'한다면, "(아해야) 목적

삼롱성(三弄聲)이 한흥(閑興)을 도와낸다"로 종장을 삼는 것이 좋지 않을까. 전원에서의 '한흥(閑興)'을 낮잠에 두느니보다도 목동의 피리소리에 두는 것이 더 어울릴 것 같기 때문이다. 거문고 연주법에서의 '삼롱(三弄)'은 줄을 힘 있게 누르고 계속 올려 치는 기법을 말한다고 한다. 목동들이 부는 피리소리 높아지는 가락을 낮잠에서 깨어나 듣는 것으로 '한흥'이 더욱 돋는다고 보아야 ⑨의 풍류성도 돋는다.

⑩의 '소 친 구들'은 쇠죽을 끓인 구들방을, '아적날'은 아침해를, '일고쟈도'는 '일어나려고[起寢]'의 축약된 말이다.

「전원사시가」 외의 6수는 「연군가」와 「탄로가」다. 마저 들어보기로 한다.

⑪ 창오산(蒼梧山) 해 진 후에 세월이 깊어 가니
　　님 그린 마음이 갈수록 새로워라
　　우로은(雨露恩) 생각하거든 더옥 슬워 하노라

⑫ 늙고 병이 들어 강호(江湖)에 누워신들
　　님 향한 단심(丹心)이 잠든다 잊을소냐
　　천리에 일편혼몽(一片魂夢)이 오락가락 하난다

⑬ 창연(蒼然)한 삼각산(三角山)이 반공(半空)에 섰는 얼굴
　　눈에 뵈는 듯 그리움이 가 없거든

하물며 오운궁궐(五雲宮闕)이야 일러 무암하리

이 3수도 치사 후 '월선헌'에서 「전원사시가」와 같은 시기에 노래한 것이다. 「월선헌십육가」 가사의 종결은,

초당연월(草堂煙月)에 시름 없이 누워 있어
촌주강어(村酒江魚)로 종일취(終日醉)를 원하노라
이 몸이 이러구롬도 역군은(亦君恩)이샷다

로 되어 있다. 말하자면 지난날 벼슬아치들의 치사 후 시가에 흔히 등장하는 '역군은'을 이 3수 시조에선 볼 수 없다. ⑪의 '우로은'이 그게 아니냐 일지 모르나, '역군은'의 투어(套語)와는 다르다. 시어 선택에 대한 작가의 마음씀을 볼 수 있다. ⑫의 '오운궁궐'도 그렇다. 옛 시조에는 임금이 있는 궁궐을 일컬어 '구중궁궐', '구중심처'의 투어였다.

옛날의 선비야 벼슬살이에 나가 있거나 벼슬살이에서 물러나 있거나, 어느 자리에 있어서도 '임금 곧 나라'를 생각하는 마음바탕은 한결같은 것이어야 한다. 따라서 '연군가'에 따른 풍류성을 이야기할 것은 못 된다. 그러나 그 연군의 정을 담아내는 노래의 구성이나 용어면에서 풍류성은 찾아볼 수 있지 않을까. 신계영의 「연군가」

3수에서 그러한 멋을 느낄 수 있다.

끝으로 「탄로가」 3수를 본다.

⑭ 아해 제 늙은이 보고 백발을 비웃더니
　그러대 아해들이 날 웃을 줄 어이 알리
　아해야 하 웃지마라 나도 웃던 아해로다

⑮ 사람이 늙은 후에 거울이 원수로다
　마음이 젊었으니 옛 얼굴만 여겼더니
　센머리 찡근 양자 보니 다주거만 하노라

⑯ 늙고 병이 드니 백발을 어이하리
　소년행락(少年行樂)이 어제런듯 하다마는
　어디가 이 얼굴 가지고 옛 내로라 하리

어쩌면 늙음에 대한 한탄은 풍류심과는 어울리지 않는 것이라 할 수 있다.

풍류심은 자연의 순리를 거스르는 마음과는 먼 것이기 때문이다.

이규보(李奎報)의 「경설(鏡說)」과 「면잠(面箴)」이 떠오르기도 한다. 「면잠」에는, "능히 마음이 활발하면 얼굴에게 부끄러울 것이 없다."고 했고, 「경설」에는,

　　잘생긴 사람은 먼지를 닦아낸 맑은 거울을 사용한 것이나 못생긴 사람은 구름에 가리운 달빛과 같은 흐릿한

거울을 쓰게 된다. 옛적에 거울을 보는 사람은 그 맑은 것을 취한 것이나, 내가 거울을 보는 것은 그 흐린 것을 취한다.

고 했다. 오늘엔 가당치도 않은 말이라 할지 모른다. 그러나 옛어른들의 풍류심은 외모가 아닌 자연스럽고도 바른 심성에서 우러난 것이었다.

⑭는 백발을 비웃는 아희들에게 한 일깨움을 담고 있는데도 종장의 "나도 웃던 아해로다"로 자신의 어렸을 때의 일을 들어 말한 것이 멋스럽다. ⑮는 초장에서 거울을 '원수'라고까지 하였으나 이도 한탄이라기보다는 한 희학(戲謔)에 있었다고 할 수 있다. 이 희학은 종장에서 드러난다. "다 주거만(죽으라고만) 하노라"의 표현이 웃음 짓게 한다. ⑯에서 초장·중장의 '노병(老病)·백발·소년행락' 등은 투어이나, 종장의 "어디가 이 얼굴 가지고 옛 내로라 하리"에 웃음이 있나. 역시 늙음에 대한 한탄이라기보다는 늙음을 희화(戲化)하자는 것으로 이 시조는 지어진 것이다. 생사병로고(生死病老苦)도 한탄 아닌 초탈에서 풍류심은 이루어지는 것이 아닐까.

신계영은 88세(1663)에 지은 자전적 장시 「노병중불감무료략기평생사적(老病中不堪無聊略記平生事蹟)」의 결말부에서도 그의 생사 초탈의 풍류심을 노래하였다.

>아내와 해로하며
>여든 일곱 누렸으니
>여생을 얼마나 더하겠는가
>질병과 근심 없음 기쁠 뿐이다
>이 밖에 무엇을 더 구하랴
>목숨이 끝나면 송추(松楸)에 의지할 것을.

4

신계영의 16수 시조를 들어 그의 풍류성을 살펴보았다. 「연군가」 3수와 「탄로가」 3수의 풀이를 혹 억지라 할 수도 있겠다. 그러나 작자의 생애와 성품으로 미루어 보아 연군·탄로에서도 그의 풍류심을 느낄 수 있었다.

그는 벼슬길에서도 주어진 구실에 충실하였을 뿐, 자리에 급급하지 않았다. 나아가고 물러나는 일에 따로 마음을 쓰지 않았다. 이 점만으로 그는 풍류인이라 할 수 있다.

사신으로 양쪽 이역(일본·청)에 갔을 때에도 그는 의연한 자세로 사리를 따져서 외교적인 성과를 크게 거두었다. 당론(黨論)에도 휩쓸리지 않은 고고함이 있었다. 「행장」에는 이러한 일화가 전한다.

> 인척 중 북인(北人)을 붙좇은 자가 승문원 정자(承文院正字)가 되어 자축의 잔치를 베풀었다. 많은 사람이 모였는데 공을 대한 그 자의 교만한 기색이 있자, 공은「도리고송가(桃李孤松歌)」를 지어 부르고 자리를 일어섰다. 들은 사람들은 숨을 죽여 두려워하였다.

는 것이다. 「도리고송가」는 송순(宋純, 1493~1583)의 "풍상이 섞어친 날에"의 「황국가(黃菊歌)」를 연상하게도 한다.

> 성하게 핀 도리화야 고송을 비웃지 말라
> 잠시동안 봄을 만나 화려하나
> 풍상이 섞어친 날엔 누가 홀로 푸르겠나.

한역되어 전하는 이 노래도 시조로 불렸던 것이 아닌가 싶다. 이 일화와 노래에서도 풍류인의 모습을 볼 수 있다.

신계영은 치사 후, 월선헌을 이루고 전원의 즐거움을 누렸다. 찾아오는 이들과 더불어 술과 시가를 즐겼다. 시가에서는 한시뿐 아니라, 가사와 시조를 손수 짓고 노래하였다. 하얀 눈썹과 머리칼로 학과 같은 풍채를 지니고 94세의 장수를 누렸다. 장수를 누린 것도 이러한 그의 풍류심이 작용하였던 것이 아닐까. "생에 집착하면 도리어 생을 잃게 된다"(生生者不生)는 옛말을 되생각해 본다.

뒤늦게야 『선석유고』를 입수하고, 이에 대한 선행 연구의 논저들을 살펴보며 얻은 기쁨이 앞서 찬찬히 살피지 못한 느낌이 없지 않다.

그런대로 한 풍류인으로서의 옛어른과 그가 남긴 16수의 시조를 살펴본 것은 큰 즐거움이 아닐 수 없다. 시대적인 공간을 뛰어넘어 오늘을 사는 사람들로도 선암 신계영, 이 어른의 풍류적인 기품을 스스로 되살려서 좋지 않을까.

양파의 풀이 기니 봄빛이 늦어 있다.

를 되읊어 본다.

삼주노인(三洲老人)의 만년 풍류

1

이정보(李鼎輔, 1693~1766, 자 士受, 호 三洲·三洲老人)의 시조 풍류를 살펴보고자 한다. 앞에서도 그의 몇 수 시조를 인용한 바 있었다. 그러나 그것은 그가 남긴 시조의 전 작품을 한자리에서 읽고서의 인용이나 이야기가 아니었다. 보기를 들자면 여러 선인들의 국화꽃을 읊은 시조 풍류를 이야기할 때, 삼주의 시조,

　　국화야 너는 어디 삼월동풍 다 지나고
　　낙목한천(落木寒天)에 네 홀로 퓌엇나다
　　아마도 오상고절(傲霜孤節)은 너뿐인가 하노라

를 인용하고 몇 마디 이야기를 덧붙이는 식이었다. 이 한 수 국화 시조에서 탈속한 그의 풍류성을 엿볼 수 있었기 때문이다.

이번에 삼주노인의 시조를 되챙겨 보고자 한 것은 최근에 읽은 심노숭(沈魯崇, 1762~1837)의 『계섬전(桂纖傳)』으로 하여서다. 『계섬전』에는 이런 이야기가 담겨 있다.

> 이공 정보는 늙어 관직을 그만두고, 음악과 기생으로 자오(自娛)하면서 지냈다. 공은 음악에 조예가 깊어 남녀 명창들이 그의 문하에서 많이 배출되었다. 그 중에도 계섬을 가장 사랑하여 늘 곁에 두었다. 그러나 이는 그의 재능을 기특히 여긴 것이요 사사로이 좋아한 것은 아니었다./ 학사대부들이 노래와 시로 계섬을 칭찬함이 많았다./ 이공이 죽자 계섬은 마치 부친상을 당한 것처럼 곡을 하였다./ 장례를 마치자 음식을 마련해 공의 무덤에 성묘를 가서는 종일토록 술과 노래와 통곡을 반복하다가 돌아오곤 하였다. 공의 자제들이 이 얘기를 듣고 묘지기를 책망하니 계섬이 크게 한하고 이로부터 다시는 가지 않았다. 한량배들과 노닐면서 술이 좀 들어가 노래를 하고 나면 왕왕 눈물을 그치지 못하였다.
> -김영진 옮김, 『눈물이란 무엇인가』(태학사, 2001 참조)

『계섬전(桂纖傳)』의 계섬은 계섬(桂蟾)과 동일인이 아닌가 싶다. 전기에 계섬을 송화현(松禾縣) 출신이라 하였고, 계섬의 시조에 '송화 계섬(松禾桂蟾)'을 밝힌 가집도 있기 때문이다. 뿐만 아니라 그 시조를 수록한 다른 가집들에서도 두꺼비 섬(蟾)자를 썼다. 여러 가집들에 전하는 계섬의 시조 한 수는 다음과 같다.

> 청춘은 언제 가며 백발을 언제 온고
> 오고 가는 길을 아던들 막을났다
> 알고도 못 막을 길이니 그를 슬허 하노라

당대에도 이 시조는 널리 애창되었던 듯하다. 10여 종의 가집에 수록되어 있고, 원세순(元世洵)의 『속소악부(續小樂府)』에는 한역가로도 전한다.

> 問誰持我靑春去　何處擾將白髮來
> 去去來來知未防　抵應此路太公恢

가 곧 그것이다.

『계섬전』에서의 여운은 무엇보다도 삼주노인과의 관계담에 있었다. 벼슬길에서 물러난 삼주노인의 생활이 풍류적이다. 남녀 명창들과 음악을 즐기며, 명기 계섬을 보살피되 오직 '기기재(奇其才) 실무사호(實無私好)'였다면 이 또한 풍류심의 주인공이 아니겠는가.

삼주노인의 시조를 다시금 살펴보고 싶은 마음이 일었다. 심재완(沈載完)의 『교본 역대시조전서』(1972)에는 삼주노인의 시조가 106수 전한 것으로 되어 있다. 이 글을 쓰면서는 일별하기 쉬운 김삼불(金三不) 교주본 『해동가요(海東歌謠)』(정음사, 1950)에 수록되어 있는 82수의 작품만을 추켜들기로 하였다. 82수의 작품을 읽는데도 삼주 노인의 풍류적인 만년의 삶과 『계섬전』의 여운을 떨쳐버릴 수 없었다.

2

나의 대학 재학 중, 삼주 이정보의 이름을 처음 들은 것은 가람 이병기(李秉岐) 선생으로부터였다. 선생은 「시조와 창작론」 강의에서, 농촌생활이 소재인 삼주의 시조 4수를 들어 죽소(竹所) 김광욱(金光煜)의 「율리유곡(栗里遺曲)」과 비교하기도 하였다. 그 4수의 시조부터 다시금 읽어본다.

① 가을 타작(打作) 다한 후에 동네 모아 강신(講信)할 제
  금풍헌(金風憲)의 메더지에 박권농(朴勸農)의 되롱춤이로다
  좌상(座上)에 이존위(李尊位)는 박장대소(拍掌大笑) 하더라

② 현순백결의(縣鶉百結衣)로 소 친 구늘 안에
  창외풍설(窓外風雪)을 모르고 누었으니
  두어라 오경대루화만상(五更待漏靴滿霜)을 나는 아니 부러웨라

③ 올벼 논 물 실어 놓고 면화(棉花)밭 메오리라
　울 밑의 외를 따고 보리 능거 점심(點心)하소
　뒷집의 빚은 술 익었거든 차자나마 가져오시소

④ 묻노라 부나비야 네 뜻을 내 몰래라
　한 나비 죽은 후에 또 한 나비 따라오녀
　아무리 프새엣 짐승인들 너 죽을 줄 모르는다

 이 4수의 시조에서도 삼주노인의 만년 풍류를 엿볼 수 있다. ①에서는 농촌의 가을걷이를 마친 마을 사람들의 강신 모임에 자리를 같이하여 손바닥을 치며 크게 웃음 짓는 소탈한 모습이다.

 삼주는 70의 나이에 대제학 겸 예조판서의 벼슬에서 물러난 노정승이었음을 상기하면 귀천 없이 한 마을 사람들과 어울린 이 어른의 저 모습은 참으로 멋스럽다 하지 않을 수 없다.

 ②는 벼슬길에서 물러나 넉넉하지 못한 삶이어도 마음 편하거니 벼슬아치의 삶이 부럽지 않다는 것을 노래하였다. 풍류스런 마음이란 원래 벼슬길에 있는 것이 아니었다. 자연과 더불어 유유자적하는 삶에 있었다. '새벽에 궁문(宮門) 열리는 시간을 기다려 서리가 가득한 신을 신는 것은 무덥고 긴 여름날 북창(北窓) 시원한 바

람에 흡족히 잠자는 것만 같지 못하다'의 마음을 지닌 사람의 풍류심이다.

③에서도 시골살이의 질박(質朴)한 삶을 볼 수 있다. '보리 능거'는 겉보리쌀을, '차자나마'는 외상으로나마를 뜻한다.

④를 진동혁(秦東赫)은 삼주 시조의 주제 분류에서 '금계(禁戒)'에 두었다. 사실, 환해(宦海)의 험난함을 일깨우고자 한 시조라 할 수 있다. 이 또한 풍류심의 발로가 아니겠는가.

자신이 벼슬길에 있어서도 간언(諫言)을 서슴치 않았다. 불의에는 굽힘이 없었으며 언제나 약자편에 서서 사리를 바르게 밝힌 성품이었다고 한다. 그의 강직·공평한 성품에 대해서는 황경원(黃景源, 1769~1787)이 찬한 삼주의 묘지명에서 살필 수 있다.

삼주노인의 만년 생활에서 고전에 대한 애착 같은 것을 볼 수 있는 것도 그의 시조를 읽는 재미의 하나다.

⑤ 광풍(狂風)에 떨린 이화(梨花) 오며가며 날리다가
　가지에 못 오르고 거미줄에 걸리거다
　저 거미 낙화(落花)인줄 모르고 거미 잡듯 하련다

⑥ 귀거래(歸去來) 귀거래 한들 물러간 이 긔 누구며

공명이 부운인 줄 사람마다 알 것마는
세상에 꿈깬 이 없으니 그를 슬허하노라

⑦ 강산도 좋을시고 봉황대(鳳凰臺)가 떠 왔는가
삼산(三山)은 반락청천외(半落靑天外)연들 이수(二水)는 중
분백로주(中分白鷺洲)로다
이백(李白)이 이제 있어도 이 경(景)밖에 못 쓰리라

⑧ 운담풍경근오천(雲淡風輕近午天)에 소거(小車)에 술을 싣고
방화수류(訪花隨柳)하야 전천(前川)을 지나가니
사람이 알 리 없으니 혼자 논들 어떠리

이러한 시조를 한갓 투식(套式)·투어(套語)·모방에 빠진 꼬잘스러운 옛 선비들의 것으로만 생각할 것이 아니다. 나도 때로 옛시조를 대하며 그러한 생각인 때도 있었다. 그러나 삼주노인의 성품과 치사(致仕) 후의 만년 생활을 살펴본 후의 생각은 단순히 그렇게만 볼 것이 아니라는 깨달음이었다. 이미 알고 있는 역사적 인물이나 고전 시문으로 진고(典故)를 삼아 자신의 만년 생활을 다시금 성찰하자는 데에 뜻을 둔 시조라 할 수 있다. 이 마음의 여유가 풍류스럽다.

⑤는 김구(金坵)의 「낙이화(落梨花)」로 전고를 삼고 있다. 탄핵도 받고 내침도 받았던 자신의 벼슬살이에 대

한 회고도 깃들어 있다. 원시는 다음과 같다.

> 飛舞翩翩去却回　　倒吹還欲上枝開
> 無端一片點絲網　　時見蜘蛛捕蝶來

옛 시나 글귀를 애송하는 것도 풍류다. 애송하며 자신을 돌아보는 시조로 재구성하여 읊는다는 것은 더욱 풍류인의 마음이 아닐 수 없다.

⑥은 도연명(陶淵明)의 「귀거래사(歸去來辭)」를 애송하며 세속적인 부귀공명이란 하잘것 없음을 노래하고 있다. 늦게야 자연에 돌아온 자신의 삶을 즐기며 뜬구름 같은 공명을 놓고 아옹다옹하는 사람들이 많음을 안타까워하는 마음도 엿볼 수 있다. 이 또한 풍류인의 마음 아니겠는가.

⑦은 자신이 거처하고 있는 자연의 아름다움을 이백(李白)의 「등금릉봉황대(登金陵鳳凰臺)」를 들어 노래하였다. 이백이 살아있어 오늘 이곳에 와서 자신이 거처하고 있는 자연의 경치를 노래한다고 해도,

> 둘러있는 세 산이 마치도 푸른 하늘 저 켠에 두둥실 반쯤 떠 있는 것 같고, 앞을 흐르는 두 갈래로 갈라진 내의 물은 백로주를 중간에 끼고 있다.

>   三山半落靑天外　　二水中分白鷺洲

의 아름다움을 들어 말할 수밖에 없으리라는 것이다. 이백의 「등금릉봉황대」 시의 결구는,

>   總爲浮雲能蔽日　　長安不見使人愁

로 맺어져 있다. 구름이 가려 있어 서울을 바라볼 수 없는 것이 시름겹다고 했다. 이 뜻까지 언외언(言外言)으로 담아내고자 한 것인지도 모른다. 그러나 이는 차치하고, 삼주노인은 눈앞 경치의 아름다움을 이백의 시를 이끌어 한 수 시조로 읊조린 것이다. 그 마음부터가 풍류적인 것이 아닐 수 없다.

⑧ 또한 정호(程顥)의 칠언절구 「재호(在鄠)」,

>   雲談風輕近午天　　訪花隨柳過前川
>   傍人不識予心樂　　將謂偸閑學少年

에 전거를 두고 자신의 심한(心閑)을 노래하였다. 이를 한갓 취락(醉樂)의 시조라 할 수 없다.

　진동혁은 이 시조에 대하여 '삼주가 48세 때 수원부사로 부임한 바 있는데 지금도 수원 북문 가까이에 방화수류정(訪花隨柳亭)이 있으니 삼주와 어떤 인연이 있었는

지 모른다'고 하였다. 그러나 이 시조를 꼭 저 정자와 관련지을 것도 없다. '방화수류'는 봄날을 즐기고자한 풍류인에겐 흔히 있었던 일이기 때문이다. 노계 박인로(朴仁老)의 시조에도 '방화수류하야 흥(興)을 타고 돌아오니'의 한 장이 있기도 하다.

그동안 일반적으로 '삼주의 시조는 거의 음풍영월(吟風詠月)하는 평범한 것'으로 일러 왔고, 나도 그러한 생각에 치우쳐 있었다. 음풍영월도 풍류 아닌 바는 아니다. 그러나 삼주노인은 그것이 단순한 취락을 위한 것이 아니라, 그때그때 상황에 알맞은 고전을 이끌어 재음미하고 다시 시조로 엮어 자신의 어제와 오늘을 성찰하는 즐거움을 더하고 있다. 한갓 '시름 많은[千古愁] 인생이니 장취불성(長醉不醒) 하리라'나 '유한한 인생인데 놀 줄을 왜 모르나, 장일취(長日醉)로 놀자구나' 식의 수작이 아닌 점에 삼주노인의 시조 풍류가 있다는 것을 뒤늦게야 깨달은 셈이다.

$$\boxed{3}$$

삼주노인의 사설시조에 대해서도 새로운 것을 깨닫게 되었다.

그동안 학계에서는 삼주노인의 사설시조 작품들을 '대부분이 해학·호색적 시가라 하여 대제학까지 지낸 이정보의 작품으로 볼 수 없다'는 견해들이 많았다.

> ⑨ 간 밤의 자고 간 그놈 아마도 못 잊을다
> 와얏놈(瓦冶:기와장이)의 아들인지 즌흙에 뽐내듯이 두더쥐 영식(슈息:아들)인지 국국이 뒤지듯이 사공의 성령(成伶)인지 사어(沙禦) 때 지르듯이 평생에 처음이오 흉증(凶症)이도 야릇해라
> 전후(前後)에 나도 무던히 겪었어도 참맹세(盟誓) 간 밤 그놈은 차마 못 잊을까 하노라
>
> ⑩ 중놈이 젊은 사당년을 얻어 시부모께 효도(孝道)를, 긔 무엇을 하여 갈꼬
> 송기떡 갈송편과 더덕편포(片脯) 천초좌반(川椒佐飯) 뫼흐로(산으로) 치달아 시엄취(시금치)라 삽주 고사리 그런 묏나물과 들밭으로 내리달아 곤달비라 물쑥 거여목 꽃다지와 씀바귀 잔다귀(잔디)라 고돌빠기 두루 캐야 바랑 꾹게(불룩히) 넣어 가지, 무엇을 타고 갈꼬, 어화잡말한다.
> 암소 등에 언치 놓아 새삿갓 모시장삼 고깔에 염주(念珠)받쳐 어울려 타고 가리라.

이와 같은 음담패설을 '지체 높은 어른'께서 어찌 입에 올릴 수 있었겠느냐는 것이다. 삼주노인의 사설시조

임을 부정하는 이유였다.

⑪ 일신이 사자하니 물껏 겨워 못견딜쇠
 핏겨 같은 가랑니 보리알 같은 수통니 주린니 갓깐
 니 잔벼록 굵은벼룩 강벼룩 왜벼룩 나는 놈 뛰는
 놈에 비파(琵琶) 같은 빈대새끼 사령(使令) 같은 등에
 아비 갈따귀 삼의약이(버마제비) 센 바퀴 누른 바퀴
 바구미 거절이(고자리) 부리 뾰족한 모기 다리 기다
 란 모기 야윈 모기 살진 모기 그리마 뾰로기 주야
 (晝夜)로 빈 때 없이 물거니 쏘거니 빨거니 뜯거니
 심한 깽비리 예서 어려워라
 그 중에 차마 못 견딜손 유월 복더위에 쉬파린가
 하노라

대학 때에 이 사설시조를 배우며 나도 삼주노인의 작으로는 믿기지 않았다. 가람 선생의 감상을 상기해 본다.

　이건 한 탁의(托意)를 한 노래다. 그 옛날 미천한 상민들이 관리와 양반들의 착취를 당하여 과연 살 수가 없었다. 각 관아의 추렴(出斂)도 추렴이거니와 각 서원(書院)의 작폐, 그 일례를 들면 화양동(華陽洞) 흑배자(黑褙子) 따위가 그때 횡행하여 맷맷한 미천한 이들은 실로 부지할 수가 없었다. "그 중에 차마 못 견딜손 유월 복더위에 쉬파린가 하노라"의 쉬파리는 이런 착취계급 중 더욱 심한 자를 말한 것이다. 이 노래는 그때

> 양반이며 교관이던 그런 이의 작(作)이 아니겠고 반드시 미천한 이로서 이런 착취를 당해보곤 그 실감 실정에서 지어진 것이라고 나는 단언하는 바이다.

는 말씀이었다.

이번 기회에 다시금 생각해 보니, 삼주노인의 사설시조로 보아 무리가 없을 것 같았다. 그것은 『계섬전』에서 본 그의 만년생활과 ①, ③의 평시조에 드러난 일반 서민들과 어울린 그의 소탈한 면모에서도 그렇거니와 그보다도 먼저 그의 「묘지명」에 있는 다음 일화로 하여서다.

> 그가 수원부사로 나가있을 때(영조 16년, 1740) 민전(民田)의 허세가 많음을 직접 눈으로 보고 알게 되었다. 조정에서 이를 감해주지 않으면 인정(仁政)이 아니라는 것을 들어 위에 아뢰었다. 마침내 수원 허세(虛稅)를 특감한다는 조치를 받아냈다.

는 것이다. 이처럼 '민정(民情)에 밝고 온정(溫情)을 베푼 지방수령'이었다면 이 사설시조를 노래할 만도 하지 않은가. 원래 풍류심이란 체면치레를 생각하는 옹졸한 마음과는 먼 것이다.

⑫ 생매 같은 저 각씨님 남의 간장 그만 끈소
돈을 주랴 은을 주랴 대단(大緞)치마 향직당의(鄕職唐衣) 항라(亢羅) 속곳 백릉(白綾) 허리띠 구름 같은 북도(北道) 다리 옥비녀 죽절(竹節)비녀 은장도라 금패(金貝) 자루 금장도라 밀화(蜜花)자루 강남(江南)서 나오신 산호가지(珊瑚柯枝)자개 천도청란(天桃靑鸞) 박은 순금가락지 석웅황(石雄黃) 진주당게(당감잇줄) 수초혜(繡草鞋)를 주랴
저 님아 일만냥(一萬兩)이 꿈자리라 꽃 같은 보조개에 웃는 듯 찡기는 듯 천금일약(千金一約)을 잠깐 허락하여라

⑬ 물위의 사공 물아랫 사공놈들이 삼사월 전세대동(田稅大同) 실러갈제
일천석 싣는 대중선(大中船)을 자귀 대어 꾸며내어 삼색과실(三色果實) 멀이갖은 것(골라서 좋은 것) 갖추어 피리 무고(巫鼓)를 둥둥 치며 오강성황지신(五江城隍之神)과 남해왕지신(南海王之神)께 손 고초와(합장하여) 고사할 제 전라도라 경상도라 울산바다 칠산바다 휘돌아 안흥(安興)목이라 손돌(孫乭)목 강화(江華)목 감돌아들 제 평반(平盤)에 물 담듯이 만리창파(萬里滄波)에 가는 듯 돌아오게 고수레 고수레 사망(事望) 일게 하오소서
어어라 어어라 저어 어어라 배 띠어라 지국총 나무아미타불

⑫는 남녀에 관한 것이요, ⑬은 민속적인 것을 노래하였다. ⑫에서의 '천금일약'은 이백(李白)의 「양양가(襄陽歌)」,

千金駿馬換小妾　笑坐雕鞍歌落梅

의 구절에도 들어 있는 위(魏)나라 조창(曹彰)의 고사를 말한 것이다. 조창은 어느날 뛰어난 준마를 보고 사고자 하였다. 말의 임자가 난색을 나타내자 조창은 자신의 애첩(愛妾) 중 한 여인을 고르게 하여 말과 교환하였다는 고사다. 오늘날엔 물론 말도 안 되는 이야기다. 옛날이라고 선비가 어찌 입에 올릴 수 있는 말이겠는가. 그러나 삼주노인은 천연덕스럽게

　　저님아, 나에게 있는 준마까지도 줄 테니 그대의 몸과 바꾸자.

고 노래한 것이다. 육욕(肉慾)에서였겠는가. 농풍류(弄風流)였던 것이다.

⑬의 오강(한강·용산·마포·지호·서호)의 성황당에 모신 신이나 남해 용왕신과 같은 민신(民信), 그리고 불교에서의 나무아미타불도 옛날의 선비들이 추켜들기를 좋아하지 않았다. 그러나 삼주노인은 거리낌 없이 민간신앙에서의 신들을 들고,

전세대동을 실러 나가는 크고 작은 배들의 일이 잘
이루게 하여 주소서

의 바람에 '나무아미타불'까지를 외치고 있다. 삼주노
인의 풍류마당이 일반 서민들과 어울려 얼마나 폭넓
은 것이었던가를 느낄 수 있다.

4

삼주노인의 많은 작품들을 그동안 평시조의 경우엔
한갓 '음풍영월의 평범한 것'으로 사설시조의 경우엔 '정
승과 대제학까지 지낸 어른'의 작품으로 보기 어렵다는
견해들이 주였다.

그러나 구수영(具壽榮)은 『해동가요』 소재 이정보의 사
설시조를 그대로 삼주노인의 작품으로 보았다. 그리고
그는 「이정보론」(한국시조학회 편, 『고시조작가론』, 백산출판사,
1986)에서 삼주노인의 17수 사설시조를 내용에 따라 ① 중
국고사회고류, ② 애상류(哀傷類), ③ 전원한거류, ④ 희작
(戲作) 등으로 나누어 말하였다. 이 논문의 결론을 본다.

이정보의 이질적이고 파격적인 사설시조야말로 영조
시대 평민문학이 본격적으로 대두되면서 양반계층인 유

림(儒林) 시조계에도 그 영향이 파급되었던 사실을 단적으로 찾아볼 수 있는 흥미있는 현상의 하나라 볼 만하다. 이러한 것으로 보아 이정보의 시조가 시사적으로 점유해야 할 비중은 크다고 보아야 할 것이다.

고 했다.

 이 결론엔 이의가 있을 수 없다. 다만 내용 분류에서 저러한 4가지의 세분보다도 전체적으로 삼주노인의 만년 풍류성으로 귀일시켜보면 어떨까. '희작'이라는 용어 자체도 너무 가볍게 느껴지기 때문이다.

 심노숭의 『계섬전』의 여운으로 하여 삼주노인 이정보의 생애와 『해동가요』 소재의 82수 작품을 다시 챙겨볼 수 있었음은 한 기쁨이었다. 무엇보다도 삼주노인의 풍류적인 삶과 풍류정신에 공감 공명(共鳴)할 수 있었기 때문이다.

찾아보기

■ **인명**

(ㄱ)

가람[李秉岐] 10, 38, 83, 144, 179, 211, 355, 388
강경학(姜景學) 104
강익(姜翼) 220
강전섭(姜銓燮) 10
고경명(高敬命) 172
고요(皐陶) 142
공자(孔子) 102
곽종석(郭鍾錫) 216
구수영(具壽榮) 400
구지(求之) 199
권섭(權燮) 188
권필(權韠) 24
권호문(權好文) 126
금춘(今春) 157
금향선(錦香仙) 122
김광욱(金光煜) 88, 274, 388
김구(金坵) 391
김군식(金君植) 122
김군중(金君仲) 120
김기림(金起林) 205
김동욱(金東旭) 60, 244
김두성(金斗性) 356
김명준 369
김삼불(金三不) 236, 387
김삿갓(金笠) 279
김상국(金相國) 169
김상헌(金尙憲) 40
김성기(金聖器) 307
김성후(金聖垕) 252
김수장(金壽長) 91, 170, 188, 238, 250, 265, 352
김용숙(金用淑) 113
김우규(金友奎) 252
김우옹(金宇顒) 30

김유기(金裕器) 73, 92, 252, 274
김육(金堉) 268
김윤석(金允錫) 103
김응서(金應瑞) 157
김익(金熤) 170
김인후(金麟厚) 245, 283, 337
김정희(金正喜) 223
김제남(金悌男) 170
김종서(金宗瑞) 72
김지용(金智勇) 9
김진섭(金晋燮) 182
김진태(金振泰) 170, 206, 327
김질(金礩) 197
김천택(金天澤) 91, 250, 265, 277, 289, 306, 320
김택영(金澤榮) 9

(ㄴ)
나빈(羅彬) 204
나위소(羅緯素) 338
나카노 고오지(中野孝治) 141
남학명(南鶴鳴) 62
노진(盧禛) 152

(ㄷ)
도연명(陶淵明) 166, 392
두보(杜甫) 343

(ㅁ)
맹사성(孟思誠) 249, 270, 375
명월(明月) 11
모흥갑(牟興甲) 123
목호룡(睦虎龍) 307
문수빈(文守彬) 252
문일평(文一平) 161, 214

(ㅂ)
박계숙(朴継叔) 157
박명부(朴明榑) 231
박문욱(朴文郁) 252, 356
박사준(朴士俊) 105, 117
박상건(朴尙健) 252
박세당(朴世堂) 212
박신(朴信) 233
박엽(朴燁) 12
박영수(朴英秀) 326
박용근(朴龍根) 103
박유전(朴有田) 101
박준규(朴焌圭) 338

403

박지원(朴趾源) 289
박화숙(朴和叔) 271
박효관(朴孝寬) 96, 169
박희서(朴熙瑞) 326
박희석(朴熙錫) 326
백호(白湖) 59 → 임제(林悌)
범성대(范成大) 161

(ㅅ)
사방득(謝枋得) 192
상진(尙震) 165
서거정(徐居正) 355
서경덕(徐敬德) 14
서유영(徐有英) 9
석숭(石崇) 258
선조(宣祖) 152
성삼문(成三問) 197
성수종(成守琮) 196
성수침(成守琛) 195
성종(成宗) 149
성혼(成渾) 32, 298, 319
소강절(邵康節) 74
소세양(蘇世讓) 16
소식(蘇軾) 298
손만길(孫萬吉) 101

손오여(孫五汝) 105, 120
손진태(孫晉泰) 67
송강[鄭澈] 23, 154, 182, 204,
   245, 271, 304, 322, 337
송상래(宋祥來) 225
송순(宋純) 163, 243, 260,
   300, 336, 383
송시열(宋時烈) 283
송이(松伊) 60, 199
송익필(宋翼弼) 32
송종관 369
송흥록(宋興祿) 123
숙종(肅宗) 313
순희(順姬) 107
신개(申槩) 207
신계영(辛啓榮) 174
신학준(申學俊) 119
신흠(申欽) 21, 36, 175, 211
심노숭(沈魯崇) 386
심재완(沈載完) 80, 387

(ㅇ)
안민영(安玟英) 96, 110, 166,
   189, 222, 268
안회(顔回) 102

양주동(梁柱東) 58
어몽룡(魚夢龍) 177
오경충(吳敬忠) 207
오경화(吳景化, 吳擎華) 326
오세창(吳世昌) 56
오찌 히로토모[越智宏倫] 265
와까마스 미노루[若松實] 368
요합(姚合) 37
우탁(禹倬) 76
원세순(元世洵) 387
유몽인(柳夢寅) 9
유성원(柳誠源) 320
유세신(庾世信) 206
유소씨(有巢氏) 264
유숭(俞崇) 270
유우석(劉禹錫) 290
유응부(俞應孚) 197
유일지(柳-枝) 12
유호인(俞好仁) 149
유희경(劉希慶) 12
유희춘(柳希春) 182, 270
윤선도(尹善道) 89, 198, 272, 276, 292, 304, 329, 343

윤오영(尹五榮) 196
윤유(尹遊) 234
이가원(李家源) 58, 365
이간(李侃, 號：最樂堂) 236, 311
이공우(李公愚) 225
이구년(李龜年) 102
이규보(李奎報) 380
이긍익(李肯翊) 148
이기풍(李基豊) 122
이능화(李能和) 8
이달충(李達衷) 161
이덕무(李德懋) 266
이덕함(李德涵) 333
이덕형(李德泂) 9
이방원(李芳遠) 147
이백(李白) 25, 102, 257, 392, 399
이산보(李山甫) 34
이산운(李山雲) 212
이산해(李山海) 30
이색(李穡) 180
이세보(李世輔) 110
이수강(李洙康) 218
이수봉(李樹鳳) 157

405

이식(李植) 38
이신의(李愼儀) 176
이양원(李陽元) 152
이용기(李用基) 278
이은상(李殷相) 209
이이(李珥) 29, 195, 286
이익(李瀷) 210, 335
이재면(李載冕) 96
이정귀(李廷龜) 194
이정보(李鼎輔) 166, 235, 330, 361, 385
이정진(李廷藎) 273, 277
이조년(李兆年) 332
이중환(李重煥) 296
이차상(李次尙) 252, 312
이태극(李泰極) 61
이태준(李泰俊) 56
이하(李賀) 26
이하응(李昰應) 223
이항복(李恒福) 362
이현보(李賢輔) 336
이형기(李炯基) 338
이형상(李衡祥) 264
이황(李滉) 219, 284
이후백(李後白) 186

임방(任防) 16
임제(林悌) 12, 18, 78, 156
임포(林逋) 178
임형수(林亨秀) 204

(ㅈ)
장덕조(張德祚) 168
장승업(張承業) 177
장유(張維) 38
장현광(張顯光) 237
전경(全卿) 161
전상국(全尙國) 101
정구(鄭述) 179, 294
정몽주(鄭夢周) 147
정수강(丁壽崗) 216
정약대(鄭若大) 103
정인홍(鄭仁弘) 88
정작(鄭碏) 173
정지상(鄭知常) 177
정호(程顥) 393
제갈량(諸葛亮) 362
조광조(趙光祖) 195
소명리(趙明履) 236
조성립(趙誠立) 157
조수삼(趙秀三) 305

조식(曹植) 220
조운흘(趙云仡) 233
조임도(趙任道) 237
조존성(趙存性) 373
조중원(趙重元) 351
조지훈(趙芝薰) 23, 248, 273
조창(曹彰) 399
조헌(趙憲) 27
조희룡(趙熙龍) 225
주덕기(朱德基) 124
증석(曾晳) 254
진동혁(秦東赫) 390
진옥(眞玉) 155

(ㅊ)
차천로(車天輅) 150
채만식(蔡萬植) 84
채유후(蔡裕後) 81
천흥손(千興孫) 103
최경창(崔慶昌) 53
최기호(崔起鎬) 61
최만리(崔萬理) 61
최인욱(崔仁旭) 291
최치원(崔致遠) 22
최태호(崔泰鎬) 61

최현배(崔鉉培) 210

(ㅌ)
탁주한(卓柱漢) 252

(ㅎ)
한우(寒雨) 59, 156
해애(海涯) 177
향춘(香春) 107
허균(許筠) 9
허금(許錦) 271
허목(許穆) 339
호석균(扈錫均) 188
홍랑(洪娘) 53
홍만종(洪萬宗) 26
황경원(黃景源) 390
황자안(黃子安) 100
황현(黃玹) 179
황희(黃喜) 87, 275, 375

■ 저서

(ㄱ)
『가곡원류』 96, 241
『각수집사』 365

『계섬전(桂纖傳)』 386
『고금가곡(古今歌曲)』 67, 68, 70
『고문진보』 290
『공자가어(孔子家語)』 229
『국보(菊譜)』 161
『금계필담』 9, 13
『금옥총부(金玉叢部)』 96, 99, 107, 110, 223, 241
『기문(奇文)』 365
『기생안책(妓生案册)』 112

(ㄴ)
『나손서실통신(羅孫書室通信)』 61
『논어』 195, 198, 254

(ㄷ)
『담정총서(潭庭叢書)』 365
『대학』 195
『동인시화』 233

(ㅁ)
『매화사8절(梅花詞八絕)』 189
『맹자』 73

『면앙집(俛仰集)』 164, 243
『명엽지해(蓂葉志諧)』 365
『목은집(牧隱集)』 181

(ㅂ)
『부담(浮談)』 362
『부북일기(赴北日記)』 157

(ㅅ)
『사소절(士小節)』 266, 267
『산림경제(山林經濟)』 212
『삼국유사』 313
『삼의당집(三宜堂集)』 146
『생활의 발견』 364
『서경』 142
『선석유고(仙石遺稿)』 369
『성호사설』 335
『소림집설(笑林集說)』 365
『속어면순』 365
『속소악부(續小樂府)』 387
『송도기이』 9
『송암유집』 126, 339, 351
『송암집』 126
『수촌만록』 16
『순오지』 26

『숭양기구전(崧陽耆舊傳)』 9
『시가(詩歌)』 110
『식소록』 9, 14

(ㅇ)
『악부(樂府)』 167
『악장가사(樂章歌詞)』 308
『악학궤범(樂學軌範)』 314
『어면순(禦眠楯)』 365
『어수신화(禦睡新話)』 365
『어우야담(於于野談)』 9
『역대시조선』 55, 83, 164
『역대여류한시문선』 9
『연려실기술』 152
『열자(列子)』 317
『오산설림초고(五山說林草藁)』 150

(ㅈ)
『조선무쌍신식요리제법』 278
『조선해어화사』 8
『죽소집(竹所集)』 88
『지령록(芝嶺錄)』 264
『지봉유설(芝峰類說)』 164

(ㅊ)
『청빈의 사상』 141
『촌담해이(村談解頤)』 365
『추재집』 309
『최경창시선』 58

(ㅌ)
『태평한화골계전(太平閑話滑稽傳)』 355, 365
『택리지(擇里志)』 296

(ㅍ)
『파수록(破睡錄)』 365
『풍아(風雅)』 110

(ㅎ)
『하서집(河西集)』 283
『한국역대한시시화』 58
『한국의 고시조』 368
『해동가요(海東歌謠)』 387
『호주집(湖州集)』 84
『화암수록』 185
『화하만필(花下漫筆)』 161, 214
『회은집(晦隱集)』 62

409

■작품

(ㄱ)

「강호구가(江湖九歌)」 338
「강호사시가」 249, 270
「갱재가(賡載歌)」 142
「걸주(乞酒)」 37
「경설(經說)」 380
「계거(溪居)」 296
「계주문(戒酒文)」 29, 31, 35
「고금영(古琴詠)」 305
「고산구곡가(高山九曲歌)」 286, 288, 347
「광야」 181
「구일한거(九日閑居)」 171
「국명(菊銘)」 175
「국화탄(菊花嘆)」 162
「권주의 노래(將進酒)」 25
「귀거래사(歸去來辭)」 301, 337, 392
「기욱3장(淇奧三章)」 364, 367

(ㄴ)

「낙이화(落梨花)」 391
「낙화」 338
「난초사」 223

「난초시삼절(蘭草詩三絶)」 222
「난초찬」 214
「난초」 227
「노병중불감무료략기평생사적(老病中不堪無聊略記平生事蹟)」 381
「노저가(鷺渚歌)」 153
「농암가(聾岩歌)」 337
「누실명(陋室銘)」 290

(ㄷ)

「다정가(多情歌)」 332
「단심가(丹心歌)」 148
「도리고송가(桃李孤松歌)」 383
「도화원기(桃花源記)」 295
「독락8곡(獨樂八曲)」 126
「독서여유산(讀書如遊山)」 285
「등금릉봉황대(登金陵鳳凰臺)」 392

(ㅁ)

「만파식적(萬波息笛)」 313
「만흥(漫興)」 90
「매농곡(梅儂曲)」 184
「매설(梅說)」 185

「매화사(梅花詞)」 107, 190
「매화사장(梅花四章)」 188
「매화찬」 182
「면앙정가(俛仰亭歌)」 300
「면앙정단가」 337
「면앙정장가」 337
「면잠(面箴)」 380
「무이구곡(武夷九曲)」 347
「무이산중(武夷山中)」 192

(ㅂ)
「방옹시여(放翁詩餘)」 39, 42, 44
「백련 문익주에게 보낸다(贈文白蓮益周)」 186
「백발가」 76
「번방곡(翻方曲)」 55, 57
「복거총론」 296

(ㅅ)
「사난수원앙(沙暖睡鴛鴦)」 343
「산수가(山水歌)」 187
「산중독언」(山中獨言) 40, 43, 46, 47
「산중속신곡」 292

「산중신곡」 90, 292
「상춘가(傷春歌)」 260
「선진편(先進篇)」 254
「성수패설(醒睡稗說)」 365
「성중야작(省中夜酌)」 85
「세한삼우도」 177
「소나무 송(頌)」 205
「송시(頌詩)」 210
「수운정중수기」 351
「시첩(試帖)」 56, 57, 61, 62, 66

(ㅇ)
「아로가(鴉鷺歌)」 153
「야반문제손독서성(夜半聞諸孫讀書聲)」 372
「야언(野言)」 39, 48, 49, 50
「양양가(襄陽歌)」 399
「어부가(漁父歌)」 337, 343
「어부사시사」 90, 292, 343
「역노가(驛奴歌)」 144
「연군가(戀君歌)」 372
「오우가」 199
「월매도」 177
「월선헌십륙경가(月先軒十六

411

景歌)」 369
「육송정기(六松亭記)」 207
「율리유곡(栗里遺曲)」 88, 388
「이주가(伊州歌)」 327

(ㅈ)
「자배가(炙背歌)」 271
「자상특사황국옥당가(自上特賜黃菊玉堂歌)」 164
「자연가(自然歌)」 284, 299
「재호(在鄗)」 393
「전원사시가(田園四時歌)」 174, 372
「전적벽부(前赤壁賦)」 298
「조선어문학명저해제」 68
「주도유단(酒道有段)」 23, 24
「주문답(酒問答)」 348
「죽시(竹詩)」 279
「중양(重陽)」 173
「즉음 채미정(卽吟 採薇亭)」 246
「증반금(贈伴琴)」 304
「증별(贈別)」 58
「지주사객(止酒奢客)」 35
「진담론(陳談論)」 365

(ㅊ)
「청금(聽琴)」 305
「청산별곡」 308
「청야음(淸夜吟)」 74
「추사(秋詞)」 90
「충의가」 197
「치사가(致仕歌)」 336

(ㅌ)
「탄로가(嘆老歌)」 372

(ㅍ)
「포절군전(抱節君傳)」 216

(ㅎ)
「하여가(何如歌)」 148
「한거18곡(閑居十八曲)」 126
「한림별곡(翰林別曲)」 307
「한송정가」 232
「합강정가(合江亭歌)」 236
「행장(行狀)」 40, 370, 382
「헌근가(獻芹歌)」 182, 271
「헌매가(獻梅歌)」 182
「현옹 자서(玄翁自叙)」 41
「호아곡(呼兒曲)」 373

「홍백매십정병(紅白梅十幀屛)」 177
「화목구등품제(花木九等品第)」 184
「황국가(黃菊歌)」 383

「회은집(晦隱集)」 62
「효빈가(效嚬歌)」 336, 337
「훈민가(訓民歌)」 64, 348

후기

〈시와 시학〉 연재의 '시조 풍류'가 책으로 나오게 된 것을 기쁘게 생각한다.

처음부터 연재를 생각하였던 것은 아니다.

당시 〈시와 시학〉 주간이셨던 김재홍 교수와 편집 실무를 담당했던 이지은 여사의 적극적인 독려가 있었기 때문이다. 또 〈시와 시학〉 독자들의 부추김에 힘입은 바도 많았다.

연재는 24회로 매듭을 지었다. 매회 2백자 원고지 50매 분량이었다.

책 제목을 『시조로 본 풍류 24경』이라 하였다.

내 80여 평생 내세울 것은 무엇인가, 생각하니 그 세월 참 아득하다.

　철들자 끝난다는 말이 있지만 내 딴엔 풍류심을 그리며 살아왔다.

　때론 뚱딴지같은 말이라 여길지 모르나 쉽게 말하여 청풍유수, 맑은 바람과 맑은 물 흐름 같은 삶을 살고 싶었다.

　『시조로 본 풍류 24경』이 현대를 살아가는 독자들의 마음자리에 한줄기 맑은 물소리와 맑은 바람 같은 시조 세계로 가득하길 바란다

2012년 입동 무렵

허 승 범

■ **최승범** 崔勝範
1931년 전북 남원 출생.
시인. 문학박사.
現)전북대학교 명예교수, 고하문학관 관장

《현대문학》(1958)에 시조를 발표하여 문단에 오름.
한국문인협회 전북지부장, 한국문화단체총연합회 전북지부장,
한국문화재보호협회 전북지부장, 한국언어문학회장을 지냈으며,
정운시조문학상, 한국현대시인상, 가람시조문학상, 한국문학상,
목정문화상, 민족문학상, 제1회 한국시조대상 등을 받음.

　저서로《한국수필문학연구》,《남원의 향기》,《선악이 모두 나의 스승이라》,《시조에세이》,《풍미기행》,《한국을 대표하는 빛깔》,《한국의 먹거리와 풍물》,《3분 읽고 2분 생각하고》,《벼슬길의 푸르고 맑은 바람이여》,《꽃 여인 그리고 세월》,《소리 -말할 수 없는 마음을 듣다》,《돌아보며 생각하며》,《시를 생각한다》 등이 있고, 시집으로《난 앞에서》,《자연의 독백》,《몽골기행》,《천지에서》,《가랑잎으로 눈 가리고》,《발해의 숨결을 찾아서》(2009년 문광부 우수교양도서),《먼 풍경》,《맵시·맘씨·솜씨》, 그리고 일본어역시집《モンゴル紀行》,《伴侶》등이 있음.

시조로 본 풍류 24경
ⓒ 최승범 2012

▶
초판인쇄 | 2012년 11월 9일
초판발행 | 2012년 11월 15일
지 은 이 | 최 승 범
펴 낸 이 | 권 호 순
펴 낸 곳 | 시간의물레

▶
등 록 | 2002년 12월 9일
등록번호 | 제1-3148호
주 소 | 서울특별시 마포구 마포동 332번지 1층
전 화 | (02)3273-3867
팩 스 | (02)3273-3868
전자우편 | timeofr@naver.com
ISBN 978-89-6511-048-4 (03810)
정가 12,000원

* 이 책의 판권은 지은이와 시간의물레에 있습니다.
* 잘못 만들어진 책은 교환해드립니다.